清国留学生

法政速成科纪事

（原《法政大学史资料集第十一集》）

日本法政大学大学史资料委员会 编

裴敬伟 译

李贵连 校订

孙家红 参订

QINGGUO LIUXUESHENG
FAZHENG SUCHENGKE JISHI

GUANGXI NORMAL UNIVERSITY PRESS
广西师范大学出版社
·桂林·

图书在版编目（CIP）数据

清国留学生法政速成科纪事 / 日本法政大学大学史资料委员会编；裴敬伟译. —桂林：广西师范大学出版社，2015.9

ISBN 978-7-5495-7009-6

Ⅰ. ①清… Ⅱ. ①日…②裴… Ⅲ. ①留学教育—教育史—研究—中国—清代 Ⅳ. ①G649.29

中国版本图书馆 CIP 数据核字（2015）第 155486 号

广西师范大学出版社出版发行

（广西桂林市中华路 22 号　邮政编码：541001
网址：http://www.bbtpress.com）

出版人：何林夏

全国新华书店经销

广西大华印刷有限公司印刷

（广西南宁市高新区科园大道 62 号　邮政编码：530007）

开本：880 mm ×1 240 mm　1/32

印张：9.875　　字数：230 千字

2015 年 9 月第 1 版　　2015 年 9 月第 1 次印刷

印数：0 001~3 000 册　　定价：48.00 元

法政大学史資料集 第十一集

（法政大学清国留学生法政速成科特集）

法政大学大学史資料委員会

（明治三十八年二月三日第三種郵便物認可 每月二回五日二十日發行）

明治三十八年二月二十日發行

第貳號

法政速成科講義錄

楊樞署

大日本東京 法政大學發行

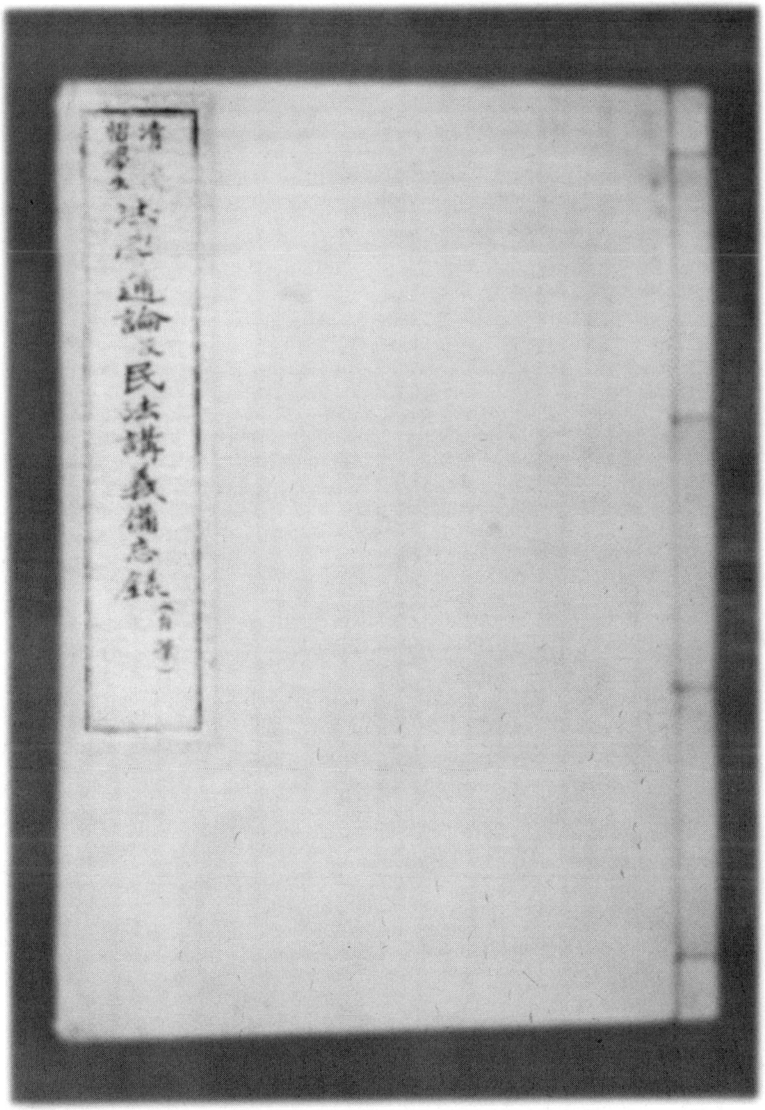
清国留学生法学通论及民法讲义备忘录（自筆）

清国留学生法政速成科設置　文部省公文

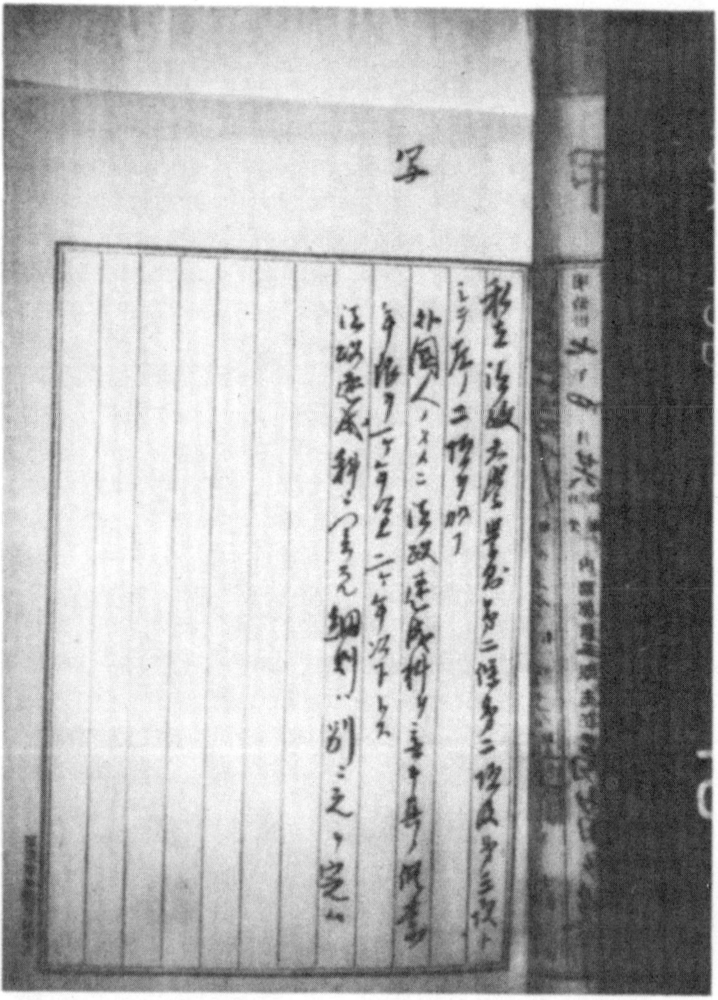
写

私立法政大学学則第二條第二項及第三項トシテ左ノ二項ヲ加フ
外国人ノ為メニ法政速成科ヲ置キ其修業年限ヲ一ケ年半乃至二ケ年以下トス
法政速成科ニ関スル細則ハ別ニ之ヲ定ム

認可申請書

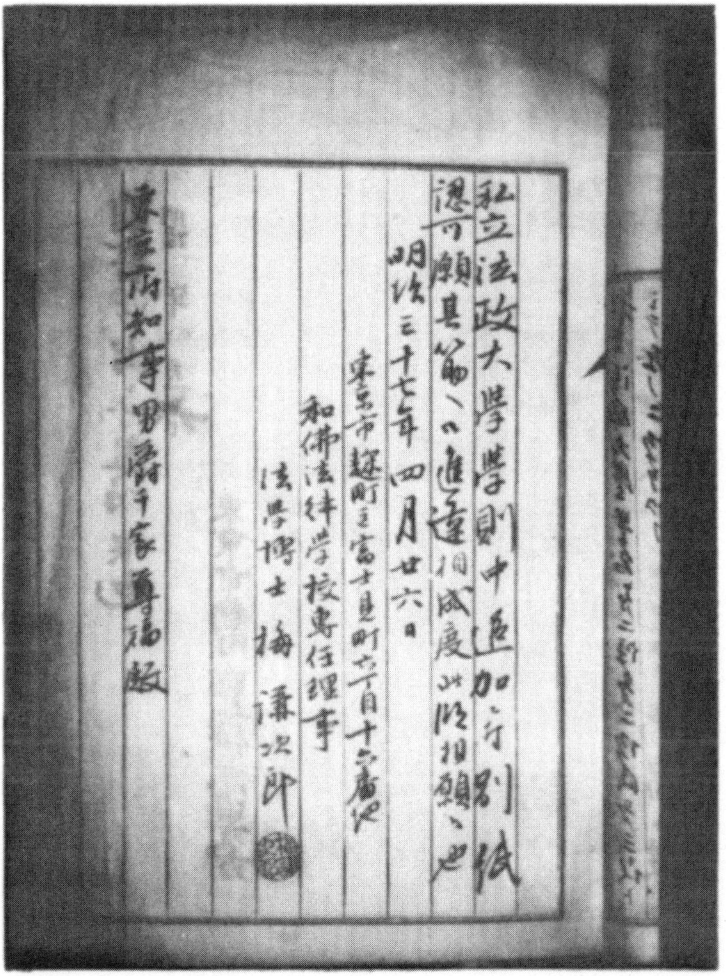

私立法政大学学則中追加ノ件別紙
通リ願其筋ヘ御進達相成度此段相願候也
明治三十七年四月廿六日
東京市麹町区富士見町六丁目十六番地
和仏法律学校専任理事
法学博士 梅謙次郎
東京府知事男爵千家尊福殿

明治39年清国留学生速成科卒業記念

编者序

晚清立法与日本法律专家的聘请
——以梅谦次郎创办的法政速成科为中心

（李贵连）

用西方法律来改造中国的传统法律，这是晚清法律改革的主旋律。这一倡议的始作俑者，是当时中国最有实力的督抚首领，时任湖广总督的张之洞和两江总督刘坤一。最早提议聘请外国法律专家参与中国法律改革的也是他们。光绪二十七年（1901）六月初五日，他们在联衔会奏变法的奏折中，提议先制定因近代工业出现，旧法没有的规范近代工商业的矿业法、铁路法、商法和交涉刑法。制定方法是，由总理衙门出面，电令清朝驻外使节，“访求各国著名律师，每大国一名，来华充当该衙门编纂律法教习。博采各国矿务律、铁路律、商务律、刑律诸书，为中国编纂简明矿律、路律、商律、交涉刑律若干条”。受聘条件是：（1）所有各国受聘律师，“必须确系律学著名，曾办大事之人”；（2）订立合同，“议定归矿路商务大臣节制，并随事与该衙门提调商办”；（3）来华后，薪水从优——也就是高薪请人。从上述内容可以看出，这个提议的背景是鸦片战后领事裁判权形成而带来的频繁教案，以及19世纪60年代以来近代工商业的出现而带来的利权之争。因此，他们的动议实质上还不是法律改革的倡议，而是应急之法。所以，他们设计的“编纂律法”的主持机构是总理衙门，也就是不久就改名的外务部；编纂者全为外国律师，没有中国法律专家；所要编纂的法都是漂洋过海而来的西方法。

按照他们当时的设想，这些高薪聘来的外国律师，除了编纂上述四法之外，还要帮助中国培养法律人才和担任司法审判。他们设计了一个方案：(1)总理衙门下设立专门的矿律、路律、商律、交涉刑律学堂，挑选在职官员和进士、举人、贡生充当学生，帮同聘请的外国律师翻译缮写外国法律，熟悉国外上述四法内容。(2)四律纂成后，外国律师对学生进行讲解，带领学生“学习审判一两年”。(3)四律颁布后，全国各省“有关涉开矿山、修铁路，以及公司、工厂、华洋钱债之事，及其它交涉杂案”，全按新定法律审判，“两造如有不服，止可上控京城矿路、商务衙门”。(4)上控案件，或在京城审判，或派编纂新法的外国律师前往各省，会同有关方面审判。(5)毕业学生，随同外国律师学习审判，学成后分派各通商口岸，充任审判官。参加编纂四律的外国律师则长留北京，“以备谘访而资教授”。

这是中国近代第一个聘请外国法律专家参与中国制定新法草案的方案，是晚清立法修律聘请外国法律专家的滥觞。

晚清立法修律是时代的逼迫，聘请外国法律专家参与制定法律草案也是时代的逼迫，无可奈何的选择。从国内当时的情况看，戊戌维新的思想领袖康有为、梁启超，虽然口不离西学西法，实际上他们对外国法律一窍不通，而且还亡命海外。法律改革开始时，熟悉了解外国法律的人实际可能只有三人：伍廷芳、严复和黄遵宪。从《日本国志》可以看出，黄遵宪熟悉了解日本明治维新后施行的新法。但是，早在戊戌政变之时，他就被慈禧斥革，并令严加看管，不准再涉官场。连官场都不准进，当然不能参加立法修律。严复以翻译西方政治法律学说名世，虽然没有法典翻译，对英国法应该是了解的。可能也是戊戌变法时期的表现吧，他也没有成为修律人选。剩下一个就是专门学过英国法律，后来又担任过香港法官的伍廷芳。他是胜任法律改革、草拟新法律草案的人才，因此得以入选。不过，入选之时他还在驻美国公使任内。至于熟悉了解旧律的人才，时人公认的法律专家是薛允升、赵舒翘、沈家本。改革开始时，薛、赵都已辞世，沈家本成了唯一人选，他入选了。我曾写过一篇短文，叫作“最佳选择”，讲的就是沈、伍的结合。

法律要改革，而改革人才缺乏，这是聘请外国专家的直接原因。但是，法律改革启动后，实际聘请没有按照刘坤一、张之洞的上述方案进行。在沈家本的主持下，修订法律馆在将近十年的时间里，聘请的全部都是日本的法律专家。为什么会有这么大的变化？对此，我的《近代中国法律的变革与日本影响》[①]一文，曾就社会、地域、财力三个方面做过一些分析，认为：

就社会原因而言，它是戊戌时期取法日本的滥觞。晚清法律改革距戊戌变法不过三五年时间，而且是在变法遭受镇压而导致民族

① 李贵连：《近代中国法律的变革与日本影响》，载刘俊文、池田温主编《中日文化交流大系·法制卷》，浙江人民出版社，1996年，第184—220页。

危机加深的局面下提出的。因此戊戌时期所造成的社会认同,不但没有从人们的思维中消失,反而更加强烈。社会认识如此,清政府的高层官僚也是如此。其中,刘坤一、张之洞、袁世凯会保沈家本、伍廷芳修订法律的奏折说得最明确:"近来日本法律学分门别类,考察亦精,而民法一门,最为西人所叹服。该国系同文之邦,其法律博士,多有能读我会典律例者,且风土人情,与我相近,取资较易。"这个奏折出自袁世凯,由刘坤一、张之洞联名上奏。可见刘、张在法律改革开始时,便已放弃了他们前面所说的方案。这是社会认同,所以法律改革一开始,取法日本的方向就已确定。

其次是地域原因。沈家本等在受命修订法律之初,即负"参酌各国法律"之责。要"参酌各国法律",就必须了解各国法律;要了解各国法律,就必须翻译各国法律。"欲明西法之宗旨,必研究西人之学,尤必编译西人之书。"编译成为参酌各国法律必不可少的环节。但是,当时的翻译存在两大困难:一是翻译人才缺乏,特别是既懂英、法、德等西方国家语言文字又懂法律的专才极少。二是西方法律法学著作数量大,下手翻译,极为不易。对这种困难,沈家本身在其中,体会极深:"欲取欧美之法典而尽译之,无论译者之难其人,且其书汗牛充栋,亦译不胜译。"如果以日本法律法学为对象,这两个困难,都较易克服。(1)20世纪初年,由于留学日本热潮的出现,成千上万的知识分子东渡日本,其中学政法者为数最大。通过几年的学习,出现一批既掌握日本语言,又粗具政治法律知识的人才。"译和文又非若西文之难",译才问题较易解决。(2)日本新法,来自西方,了解了日本法律,也就了解西方各国的法律。这里要特别提出的是,沈家本非常推誉日本学者学习西方的态度，不止一次地指出：

> 日本之游学欧洲者，大多学成始往，又先已通其文字，故能诵其书册，穷其学说，辨其流派，会其渊源。迨至归国之后，出其所得者，转相教授，研究之力，不少懈怠。是以名流辈出，著述日富。[①]
>
> 日本旧时制度，唐法为多。明治以后，采用欧法，不数十年，遂为强国。是岂徒慕欧法之形式而能若是哉？其君臣上下，同心同德，发愤为雄，不惜财力以编译西人之书，以研究西人之学，弃其糟粕而撷其英华，举全国之精神，胥贯注于法律之内，故国势日张，非偶然也。[②]

既然经过日本学者的努力，日本已将西方法律的"英华"尽收其内，取法日本，就能达到目的，事半功倍，又何乐而不为呢？

最后，就财力而言，由于当时清廷库储枯竭，修订法律馆的经费十分困难。光绪三十三年(1907)，法律馆离部独立，沈家本请求清廷年拨法律馆经费七万两。对此，清廷长时间未作答复。无可奈何之下，沈家本不得不主动请求减少到三万两，才使法律馆得以运转。这笔经费，既要支付高薪聘请的日本专家，又要高薪挽留任职法律馆的"海归"们，还要支付前往日本考察司法，以及国内派往各省调查民情风俗商事习惯人员的费用。如此等等，即此已是焦头烂额。因此，就

---

① 沈家本：《法学名著序》，载《历代刑法考》附《寄簃文存》，中华书局，1985年，第2239—2240页。

② 沈家本：《新译日本法规大全序》，载《历代刑法考》附《寄簃文存》，第2242页。

当时的财力而言,也只好以日本为主要学习对象。

基于上述原因(此外,急功近利,也应该是原因之一),借鉴取法日本,聘请日本法律专家,可以说是时代的宿命,法律改革的必然选择。

选择方向既定,接下来的问题是,日本法律专家众多,该聘请谁呢？这似乎又是一个宿命。因为当日聘请的是:东京帝国大学法科大学教授、法政大学法政速成科讲师冈田朝太郎、志田钾太郎,东京控诉院部长松冈义正,监狱事务官、法政速成科讲师小河滋次郎。由他们分别担任刑法、法院编制法、商法、民法、诉讼法、监狱法等法案的起草人,同时在京师法律学堂讲授法学课程。

稍微留意就可发现,受聘起草新法的四个人,三人都有法政大学法政速成科教习的身份。我个人一向认为,这样的聘请,与1904年创办的法政速成科这所特殊学校有莫大关系。这所学校,除了专门为中国留学生开设、专门讲授法政这种特殊性外,还是中国赴日学习法政人数最多最集中的地方。据明治三十八年八月七日《朝日新闻》的统计,当年在法政大学速成科就读的中国学生达295人。[①] 这个数字不但其他学校无法比拟,就是所有其他学校学法政的总人数也无法比拟。在这里留学学习法政的中国学生成分复杂,对中国近代社会颇具影响:(1)这些人中,有不少清朝举人、进士,甚至还有中国读书人一辈子梦寐以求的状元。他们会聚速成科,速成科简直成了清政府新式官僚的预备科。(2)这里也是清政府通缉追捕的革命亡命客的聚集地,胡汉民、汪精卫、宋教仁、居正等后来的民国政要也在这

① 参见"史料集",1029清国留学生之校别及在籍数。

里会集。(3)这里还是立宪党人的聚集地,著名党人如沈钧儒、汤化龙等也不期而至。不知是阴差阳错,还是风云际会,速成科的开办时间与清朝修订法律馆开馆办事正好都是1904年。开馆之时便已确定要聘请日本专家的修订法律馆,关注近邻出现的这样一个中国各类精英,特别是士大夫群集,没有语言障碍、专门讲法的法政科,逻辑上应该是意料中的事。因此,三位速成科讲师受聘是一个不难理解的问题。

法政速成科存在时间,虽然只有短短几年,毁誉也不一致,但对当时中国的影响是不容忽视的。开学之日,清朝驻日公使杨枢到会演说祝贺,稍后张之洞在给杨枢的复信中,也是赞赏不已。这封信在过去张之洞的文稿中都没有见过,最近由北京大学孙家红博士发现。现将其照录如下:

星垣仁大人阁下:

迭奉惠函,辱承饰注,浣薇复诵,篆竹难宣。敬维秉节勋高,乘槎望重,揽辔极蓬瀛之胜,折冲推尊俎之才,引企云天,钦迟曷已。执事于留学诸生,既加以钤制之方,复广其裁成之路,具见志存宏奖,训诫得宜,曷胜佩慰。近复承示梅博士特设法政速成科,拟请中国选派官绅来东学习,并已举行开校,登筵演说,甚为盛事,闻之神往。中外法律政治,各有不同,各行其是,以致办理时形歧杂,交涉益见繁难。非得有中外并习之人,融会贯通,参酌尽善,未易悉臻妥恰。梅学士设立此科,意在造就中国人才,实为今日切要之举,未可视为缓图。学章简要详明,已传示各官绅，均为激赏。鄂省前派学生，多次赴东学习，人数不为不多，而学法政者尚尠。以后如有续派，及官绅中如有愿学此科者，当即备文咨送前来，俾得专心学习，蔚为通才，藉以仰副尊意。译报亦均阅悉。日人水陆现均获捷，而北徼未必遽能降志相从，正不卜弭兵何日，以后如有续闻，仍望随时密示，至为盼幸。未即布覆，敬请勋安，惟希詧照不备。①

这封信没有日期，从“近复承示梅博士特设法政速成科”的词意看，应该是1904年速成科成立后不久的事。1905年梅博士撰文反驳对速成科的攻击。1906年8月31日梅博士来到北京，经武汉、长沙，一路南下到达广州，时间长达一个多月。根据《申报》的记载，他的活动大体如下：

光绪三十二年七月十二日(1906年8月31日)到达北京，入住六国饭店，当天便在颐和园晤见袁世凯，谈编纂法典和收回领事裁判权问题。据报道，梅博士对袁世凯说：“编纂法典一事洵属国之大事，须与欧美诸国比美，毫无逊色。然假令法律称尽善尽美，非得良裁判官不可。不然，则徒法不能行，难使外人受我法权也。要之，法律之良否，与改正条约关系非浅，务须期于勿生窒碍。”梅氏在京逗留期间，还与肃亲王善耆晤谈，但未见正式报道。七月底，偕结城、永原二人南下游历，抵湖南，会见湖南巡抚庞鸿书，谈及教育问题，“甚为明晰”，具体内容不详。八月初二(9月19日)，启程赴湖北。初三是湖广总督张之洞七十寿辰，梅博士一行是否受邀赴宴，未见任何消息报

① 张之洞：《张文襄公四六函稿》，致杨星垣，清末稿本，无卷次。

道。但据《申报》八月十六日(1906年10月3号星期三)报道,张之洞于生日宴会之后,行事"异常秘密",是否在此期间与梅博士见面,不得而知,离开武汉的具体时间亦不详。从武汉南下到达广州,接待他的是清朝戊戌科状元、1905年法政速成科特别试验毕业生、广东法政学堂监督夏同龢。夏氏宴请老师,还有从台湾归来的著名人士丘逢甲作陪。丘氏《岭云海日楼诗钞》卷十诗云:

法政学堂宴日本法学博士梅谦次郎,同行结城琢,即席有诗,因次其韵

沉沉大陆宝华饶,南岭秋迎国士轺。
海上钓鳌三岛近,人间相马九方遥。
烟云过眼资探讨,珠玉挥毫破寂寥。
自笑捉刀闲处立,西风长啸越江朝。

这是梅谦次郎中国之行的大体情况。他所见到的袁世凯、善耆、张之洞是当时中国政坛最炙手可热的关键人物。他们见面谈了些什么?资料阙如,尚无法得知其中详情。

1906年,清朝廷宣布预备立宪,开始草拟适用立宪政体的新法律。京师法律学堂也于这一年开学。冈田朝太郎首先应聘到达北京,时间应该是年末。松冈义正、小河滋次郎紧跟其后,志田钾太郎最后到达,都是一边授课,一边起草新法律。现存两种《京师法律学堂笔记》中,都有他们的授课记录。说到这里,有人会问,聘请法律专家既然与速成科有关系,速成科创办人梅博士是日本当时最著名的

民法专家，名气更大，上年还来过中国，且与袁世凯、张之洞、善耆等人见面，为什么没有受聘呢？

我过去也是这样问自己，不得其解。台北"故宫博物馆"所藏光绪三十四年(1908)十月初四日的沈家本奏折，为我解开了这个疑团。

这份奏折的名称叫做"议覆朱福诜奏请慎重私法编"，我将讨论的问题抄录如下：

(1)朱：亚洲民族程度去英美稍远，而于德法为近。中国居亚洲上腴，较其层级，与同洲之日本正复类似。日本明治二十九年始敕法学博士梅谦次郎等修正民法，三十一年复修正商法，次第颁行。法典内容皆尚德法而绌英美，此中国所最宜取法。

沈：臣等伏查欧洲法学统系约法、德、英三派，日本初尚法派，近则模范德派，心摩力追。原奏所陈确有见地，臣等自当择善而从，酌量编订。总之，无论采用何国学说，均应节短取长，慎防流失。

(2)朱：日本修正民商法时，梅谦次郎曾拟提议合编。以改约期近，急欲颁行而不果。中国编纂法典之期后于各国，而所采主义不妨集各国之大成，为民商法之合编。

沈：查自法国于民法外特编商法法典，各国从而效之，均别商法于民法，各自为编。诚以民法系关于私法之原则，一切人民均可适用。商法系关于商事之特例，惟商人始能适用。民法所不列者如公司、保险、汇票、运送、海商等类，则特于商法中规定之。即民法所有而对于商人有须特别施行者如商事保证契约利息等类，亦于商法中另行规定。凡所以保护商人之信用而补助商业之发达，皆非民法之所能从同。合编之说似未可行。

(3)朱:请聘日本法学博士梅谦次郎为民商起草员,而以中国法学生参议。

沈:查延聘外国法律名家一节,上年宪政编查馆于请派修订法律大员折内声明,应俟开馆后由该大臣奏明办理。旋经臣等奏陈,俟聘定后另行具奏等情。奉旨:知道了。钦此钦遵。在案。臣等一再斟酌,以聘用外人,至有关系,不得不加意慎重。遂于今年三月馆事粗定后,派令臣馆提调、大理院推事董康前赴日本详细访察。该员在日本将及半载,深悉梅谦次郎为该国政府随时顾问必不可少之人,断非能轻易聘用。访有日本法学博士志田钾太郎为商法专家,名誉甚著,禀经臣等公同商酌,聘充臣馆调查员,电请出使日本国大臣胡惟德,妥定合同,约其来京。此外,另订旧在京师之日本法学博士冈田朝太郎、小河滋次郎、法学士松冈义正,分任刑法、民法、刑民诉讼法调查事件,以备参考。

三个问题,重点在(2)(3),即民商合编还是分编,以及梅谦次郎的聘请问题。据这份奏折,法律馆于光绪三十三年十一月二十二日收到军机处交给他们覆议的朱氏奏折,直到光绪三十四年十月初四日,才向清廷上奏答复朱氏的建议,为时将近一年。为什么花这么长的时间?原因就是派董康到日本,“详细访察”后,才做答复。董康三月出发,“在日本将及半载”,加上前后时间,正好将近一年。通过一年时间派人“详细访察”的结果,就是民商分编,梅谦次郎无法聘请,转而聘请志田钾太郎。于此也可见当日对民商法编订的慎重。对这两种不同意见,清廷的最后决定,载于《德宗景皇帝实录》:

翰林院侍读学士朱福诜奏,慎重私法编订,请聘日本法学博士梅谦次郎为民商法起草员,下修订法律馆议。寻奏:查欧洲法学系统,约分法、德、英三派。日本初尚法派,近尚德派,自当择善而从。惟合编之说,似可不用。至聘用起草员一节,已商请日本志田钾太郎等分任调查员,以备参考。报闻。①

“梅谦次郎为该国政府随时顾问必不可少之人,断非能轻易聘用。”这是没有聘请的官方记录原因。“报闻”,就是知道了,按你的意见办。梅博士本人因“政府随时顾问”而未被聘请,他的代表作《日本民法要义》则在中国不胫而走。1910 年商务印书馆出版这部著作的中译本,分五册发行。民国后又多次再版。其中孟森译《总则编》《债权编》,陈承泽、陈时夏译《物权编》,陈与燊译《亲族编》,金泯澜译《相续编》。这部著作的翻译出版,正是《大清民律草案》拟订之时,两者之间的关系,现在还无人进行研究。孟森两册译本,则由孙家红博士辑入《孟森政法著译辑刊》,作为《孟森著作集》之一种,由中华书局于 2008 年 4 月重版发行。

① 《德宗景皇帝实录》卷五八三,光绪三十三年十一月己酉。

目 录

二 典礼

三　教员

四　广告

五　课外活动

六 学生

七　其他相关记事与评论

卷首语

本历史资料集正如题名所示，以中国留学生即法政大学清国留学生法政速成科史料为专集，用以展示日本近代史上问题横生之日俄战争时期所开设法政速成科之快速发展。

在此收录者，主要为现阶段日本所能收集到之历史资料。为求精准，本应尽力于中国收集相关资料，但短时内无法完成。因此本资料集虽在准确度上尚有几分自信，但仍可能存有偏差，特别是人名方面。

尽管存在以上问题，于今日“国际化”呼声弥高之际，仍值参考。有鉴于此，虽存诸多未决事项，最终仍付梓刊发。

本集史料收集时，校外之东京大学法学部“明治新闻杂志文库”提供阅览等方便。同时，与中国相关人名、地名等之校正，亦获“日中实业”有限公司宗椿扬，与来自大连外国语学院、在本校攻读政治学硕士课程之郑希宏的帮助。在此对他们表示感谢。

以上所述,如蒙谅解,并能被有效利用,实甚荣幸,期待读者诸君不吝赐教。

昭和六三年三月一日(1988年3月1日)

法政大学大学史资料委员会

一　校规·制度

明治三十七年(一九〇四)

914 日法法律学校校规修订·清国留学生法政速成科设置许可

（第四集　再录资料编号 749）

〔文书目录〕

一　校规修订许可　日法法律学校

私立学校校规修订许可指令送付案

麹町区富士见町六丁目十六番地
日法法律学校专任理事
法学博士　　梅谦次郎

一　校规修订许可指令

以上第四式盖章后，送付麴町区役所。

……………………………………………………………………

辰东专三七号

日法法律学校专任理事

法学博士　梅谦次郎

依本年四月二十六日申请，许可私立法政大学校规变更事项。

明治三十七年四月三十日

文部大臣　久保田让　印

……………………………………………………………………

私立大学校规追加申请书转呈案

三甲三一三七之二

转呈本府所辖私立法政大学校规追加申请书

年　月　日

东京府知事

文部大臣收

私立法政大学校规第二条第二项以及第三项中，增加以下二项：

为外国人所设法政速成科，其修业年限为一年以上、二年以下；

法政速成科相关细则另外制定。

……………………………………………………………………

转呈私立法政大学校规追加之许可申请。

明治三十七年四月二十六日

东京市麴町区富士见町六丁目十六番地

日法法律学校专任理事

法学博士　梅谦次郎　印

东京府知事　男爵　千家尊福阁下：

前书申请附印。

明治三十七年四月二十六日

东京市麹町区区长 伊志田友方

【东京都公文书馆　明治三十七年　文书类纂　第一种 学事 私立各种学校　第二　图书编号　626C511】

915 清国留学生法政速成科设置趣意书

〇清国留学生法政速成科设置趣意书①

今清国锐意维新，知新学之不可缓，爰遣学生，来学我邦，数年以来，数以千计，洵盛事也。顾目下之来于我邦者虽多，而修业于法律、政治之学者尚少。诚以我邦之官私立学校之授斯学者，其讲述皆以邦语，其课程皆须三四年而毕。清国学子之有志于斯者，不得不先从事于本邦语言，从而入专门各学校，综计前后须得六七年。夫以六七年岁月之久，是非立志坚定者，鲜克见厥成功。即成矣，而其数必又居于最少，是可惜也。夫清国而欲与各国抗衡也，固非厘革其立法、行政不为功，而欲着手于立法、行政之厘革，又非先储人才不为功，然则养成应用人才，谓非清国今日先务之尤者乎？本大学有见于此，爰与清国留学生之有志者谋，又得清国公使之赞成，特设法政速成科，授以法律、政治、经济必要之学科，以华语通译教授，俾清国朝野有志之士，联袂而来，不习邦语，即可进讲专门之学，归而见诸施行，以扶成清国厘革之事业。夫以清国时势之

① 校订者注（以下简称校注）：为求接近历史语境，本资料集部分译文直接采自清末旧报所刊译稿，同时具有中文版本者，即采录中文。此趣意书采自《秦中官报》1904 年第 26 期。以下类此情形，相应出注，请读者诸君注意。

蹙,需才之亟,有若今日,欲养成多数新人物,舍斯其奚由哉！昔我邦明治维新之初,亦尝聘欧美学者,设速成科,以邦语通译,而教在位者及有志者矣。今日居枢要之位,其出于当年速成科者,盖不尠。然则本大学此速成科之设,其有补于清国变法之前途者,必非浅鲜也。

明治三十七年四月

法政大学总理、法学博士　梅谦次郎

【《法学志林》五十六号　明治三十七年五月十五日】

916 法政速成科规则

〇清国留学生法政速成科规则

第一条　法政速成科以华语通译,教授法律、政治、经济等学科。

第二条　法政速成科教授学科如下:

法学通论及民法　商法　国法学　行政法　刑法　国际公法　国际私法

裁判所构成法　民事刑事诉讼法　经济法　财政学　监狱学

第三条　法政速成科修业年限为一年,共分两个学期。第一学期自四月一日始至九月三十日止,第二学期自十月一日始至翌年三月三十一日止。

第四条　法政速成科之学科课程如下:(略)[1]

第五条　清国留学生应通过本大学铨衡试验,方可入学法政速成科。

---

① 译者注(以下简称译注):此处为原书略而不载。以下类此者不赘。

第六条　法政速成科入学时间为每年四月及十月，但亦可临时补缺。

第七条　入学法政速成科者应缴纳入学费两元。

第八条　法政速成科课程费如下：

本科学生未满八十人，每月六元；

本科学生八十人以上，每月三元。

第九条　法政速成科试验，适用法政大学试验规则第三条至第八条第一项、第二项，以及第十九条之规定。

第十条　本规则未定事项，适用法政大学校规，但保证人及暑假停课之规定不在此限。本规定因法政速成科之设置，增加私立法政大学校规第二条第二项及第三项，如下：

为外国人所设法政速成科，其修业年限为一年以上、二年以下。

法政速成科相关细则另外制定。

【《法学志林》五十六号　明治三十七年五月十五日】

917 法政速成科无休假

○法政速成科无休假

法政大学内特设清国留学生法政速成科，学员渐次增加，现或已达百人以上。因其修学年限，时仅一年，夏季并无休假。学员皆冒酷暑，每日来校学习。诸位讲师，亦深为所感。梅总理暨其他讲师，亦暂弃地方避暑，专心教学。该速成科留学生次第增加，至今年秋季，约有数百人之谱。此等生徒皆为清国未来法政革新之良种，多多益善，堪为清国贺。

【《法学志林》五十九号　明治三十七年八月十五日】

918《法政大学沿革概要》中“法政速成科”

〇法政大学沿革概要(摘录)

四月,为清国留学生特设法政速成科,乃应清国人之请,并与驻日清国公使协议之结果。该科为清国留学生提供华语通译,教授法律、政治和经济等科,修学期限为一年,已于五月七日举行开讲式,且停废暑期休假。该科设置趣意如下:

清国留学生法政速成科设置趣意书①

今清国锐意维新,知新学之不可缓,爰遣学生,来学我邦,数年以来,数以千计,洵盛事也。顾目下之来于我邦者虽多,而修业于法律、政治之学者尚少。诚以我邦之官私立学校之授斯学者,其讲述皆以邦语,其课程皆须三四年而毕。清国学子之有志于斯者,不得不先从事于本邦语言,从而入专门各学校,综计前后须得六七年。夫以六七年岁月之久,是非立志坚定者,鲜克见厥成功。即成矣,而其数必又居于最少,是可惜也。夫清国而欲与各国抗衡也,固非厘革其立法、行政不为功,而欲着手于立法、行政之厘革,又非先储人才不为功,然则养成应用人才,谓非清国今日先务之尤者乎?本大学有见于此,爰与清国留学生之有志者谋,又得清国公使之赞成,特设法政速成科,授以法律、政治、经济必要之学科,以华语通译教授,俾清国朝野有志之士,联袂而来,不习邦语,即可进讲专门之学,归而见诸施行,以扶成清国厘革之事业。夫以清国时势之艰,需才之亟,有若今日,欲养成多数新人物,舍斯其奚由哉!昔我邦明治维新

① 校注:本趣意书采自《秦中官报》1904年第26期。

之初，亦尝聘欧美学者，设速成科，以邦语通译，而教在位者及有志者矣。今日居枢要之位，其出于当年速成科者，盖不尠。然则本大学此速成科之设，其有补于清国变法之前途者，必非浅鲜也。

【《法学志林》六十号　明治三十七年九月十日】

919 法政速成科规则

〇清国留学生法政速成科规则

第一条　法政速成科以华语通译，教授法律、政治、经济相关学科。

第二条　法政速成科教授科目如下：

法学通论及民法　商法　国法学　行政法　刑法　国际公法　国际私法

裁判所构成法　民刑诉讼法　经济学　财政学　监狱学

第三条　法政速成科修业年限为一年，分为两个学期。第一学期自四月一日始至九月三十日止，第二学期自十月一日始至翌年三月三十一日止。

第四条　法政速成科学科课程如下：

法政速成科学科课程			
第一学期		第二学期	
学　科	每周课时数	学　科	每周课时数
法学通论及民法	十	商法	六
国法学	四	行政法	六
刑法	四	民刑诉讼法	六

续表

国际公法	四	国际私法	二
裁判所构成法	一	财政学	四
经济学	二	监狱学	一
合计	二十五	合计	二十五

第五条　清国留学生应通过本大学铨衡试验,方可入学法政速成科。

第六条　法政速成科入学时间为每年四月及十月,但亦可临时补缺。

第七条　入学法政速成科者应缴纳入学费两元。

第八条　法政速成科课程费如下:

本科学生未满八十人,每月六元;

本科学生八十人以上,每月三元。

第九条　法政速成科试验,适用法政大学试验规则第三条至第八条第一项、第二项,以及第十九条之规定。

第十条　本规则未定事项,适用法政大学校规,但保证人及暑假停课规定不在此限。

【《法学志林》六十号　明治三十七年九月十日】

920 法政速成科规则修订

○法政速成科规则修订

法政速成科修业年限原为一年,分两个学期。自今年五月开始授课,至十月第一学期课程结束。然从第一学期经验观之,以一年为期修完全部课程,并使卒业,颇为困难,同时亦感必要增设二三学科。因此,修订规则第二条至第四条之规定,修业年限改为一年半,分三个学期,增加学科学时。更将原"裁判所构成法"与"民刑诉讼法"并为一科,在"监狱学”中加入“警察学”，并更名为“警察监狱学”，增设“政治学”“西洋史”“政治地理”三科。自十月新学期始施行之。

法政速成科规则第二条、第三条、第四条修订见下。

明治三十七年十一月

第二条　法政速成科教授科目如下：

法学通论及民法　商法　国法学　行政法　刑法　国际公法

国际私法　裁判所构成法及民刑诉讼法　政治学　经济学

财政学　警察监狱学　西洋史　政治地理

第三条　法政速成科修业年限为一年半，分为三个学期。各学期自四月一日始至九月三十日止，或自十月一日始至翌年三月三十一日止。

第四条　法政速成科学科课程如下：

法政速成科学科课程表					
第一学期		第二学期		第三学期	
学　科	每周课时数	学　科	每周课时数	学　科	每周课时数
法学通论及民法	五	民法	四	民法	五
国法学	五	行政法	六	商法	六
刑法	三	刑法	三	国际私法	三
经济学	四	国际公法	四	民刑诉讼法	四
西洋史	五	裁判所构成法及民刑诉讼法	三	财政学	四
政治地理	二	政治学	四	警察监狱学	二
合计	二十四		二十四		二十四

【《法学志林》六十三号　明治三十七年十一月十五日】

明治三十八年(一九〇五)

921 法政速成科规则修订

〇校规修订

本大学经文部省许可,修订校规第二十三条、第二十八条(专业部实业科)、第四十四条(大学预科)以及清国留学生法政速成科规则第八条。

清国留学生法政速成科规则第八条修改如下:

清国留学生法政速成科第八条中"一个月六元"改为"一个月四元"。

【《法学志林》七卷二号　明治三十八年二月十日】

922 新设法政速成科银行讲习科

〇法政大学新设银行讲习科

法政大学前为清国留学生特设法政速成科,已招收学生五百余名,此事夙为世人广知。其中七十名学生已于去年六月卒业归国,并担任重要职务。该大学今番更设银行讲习科,六个月即可学成卒业。分为理论与实务两个方面,理论由法学士山内正瞭负责,实务由日本劝业银行员工、法学士多贺义三郎负责。据言已于上月二十一日开课授业。

【《法律新闻》三〇〇号　明治三十八年八月三十日】

923 法政速成科银行讲习科开讲

〇银行讲习科开班

本大学为法政速成科清国留学生新设银行讲习科(修业期为六个

月)，分为理论与实务两科，理论由法学士山内正瞭负责，实务由日本劝业银行员工、法学士多贺义三郎负责。自上个月二十一日开讲以来，申请人员非常之多，以上两位教员亦热诚教学。

【《法学志林》七卷九号 明治三十八年九月二十日】

924 法政速成科政治部开班

〇法政速成科新班政治部第一学期开班

法政速成科新班(政治部第一学期)课程于十月二十四日开始。本月二十五日，梅总理到校，讲述特设该科缘由，以及规则修订之主要内容，并就学生修学心得等进行恳谕。

【《法学志林》七卷十一号　明治三十八年十一月三十日】

925 法政速成科法律部、政治部设置

〇法政速成科规则修订

现经文部大臣许可，清国留学生法政速成科规则第二条至第四条及第六条修订如下：

第二条　将法政速成科分为法律部与政治部。

法律部教授科目如下：

法学通论　民法　商法　宪法总论　行政法　刑法　国际公法

国际私法　裁判所构成法及民事诉讼法　破产法　刑事诉讼法

经济学原论　监狱学

政治部教授科目如下：

法学通论　民法　宪法总论　比较宪法　行政法　地方制度　刑法

国际公法　政治学　经济学原论　应用经济学　财政学　警察学
近代政治史　政治地理

第三条　法政速成科修业年限为一年半,分为两个学期。各学期自四月始至十二月止,自一月始至九月止,自十月始至翌年六月止,或自七月始至翌年三月止。

第四条　法政速成科学科课程如下:

法政速成科法律部学科课程			
第一学期		第二学期	
学　科	每周课时数	学　科	每周课时数
法学通论	二	民法	二
民法	七	商法	五
宪法总论	四	行政法	五
刑法	四	国际私法	二
国际公法	四	裁判所构成法及民事诉讼法	五
经济学原论	三	破产法	二
		刑事诉讼法	二
		监狱学	一
合　计	二十四	合　计	二十四

法政速成科政治部学科课程			
第一学期		第二学期	
学　科	每周课时数	学　科	每周课时数
法学通论	二	民法	二

续表

法政速成科政治部学科课程			
第一学期		第二学期	
学　科	每周课时数	学　科	每周课时数
民法	七	比较宪法	二
宪法总论	四	行政法	五
国际公法	四	地方制度	一
经济学原论	三	刑法	四
近代政治史	三	政治学	三
政治地理	一	应用经济学	三
		财政学	三
		警察学	一
合计	二十四	合计	二十四

第六条　法政速成科法律部入学时间为每年四月，政治学部入学时间为每年十月，但亦可临时补缺。

【《法学志林》七卷十二号　明治三十八年十二月二十日】

明治三十九年(一九〇六)

926 法政大学清国留学生宿舍章程

(第五集　再录资料编号 792)

〇法政大学清国留学生寄宿舍章程

第一章　入舍及退舍

第一条　允许入学者，须先具入舍证，其书式如下：

入舍證

印紙

原籍

現住

何科生

本人　姓　名

年齡

右何某蒙許入學自當使確守程本人一切事情唯余是問不誤

明治　年　月　日

現住

保證人　清國監督　姓　名　印

舍監　何　某　殿

第二条　欲退舍者，须请保证人连名，先递退舍理由书，受舍监允许。

第三条　若有感染时疫，罹其他疾病，有传播之虞者时，或命其退舍。

第四条　不遵守舍则，或不从舍监之命者，得命某退舍。

第二章　舍费及食费

第五条　舍费、食费列下：

舍费　每月金六元九角。

食费　每月金八元。

第六条　舍费、食费须先纳本大学会计人。

第七条　入舍学生虽在外久住，亦征其每月舍费全额。

第八条　外宿至三日以上时，食费则按日数征收之，但须先通知庖人。

第三章　舍室

第九条　舍生之居室，由舍监指定之。

第十条　舍生每朝必一次扫除室内，舍监临时点检。

又每月一回，第一礼拜清晨行大扫除，舍监点检。

第十一条　若破坏室中所设置器物，则使之辨偿。

第四章　起眠

第十二条　舍中所规定列下：

起床　上午六点钟。

闭门　下午九点钟。

灭灯并就眠　下午十点钟。

此期限按时季当有伸缩。

第五章　外出

第十三条　有外舍之必要时，须豫受舍监之允许。

第十四条　在他所骤罹疾病，或有不得已事，遂宿他所者，应呈医师诊断书、保证人证明书。

第十五条　出门当着本大学之定服，否则亦必戴制帽着袴。

第六章　应接

第十六条　应接来客，必当于应接室。若有不得已事，须经舍监允许，而后可延至其居室。

第十七条　不许使来客宿泊于其室。

第七章　食堂、澡堂

第十八条　欲款待来客时，应自庖人取食券，待供膳而后食。

第十九条　若破坏食器等物，应得赔偿。

第二十条　澡浴时限，特别提示。

第八章　班长

第二十一条　全舍分为数班，于各班选举班长一人。

第二十二条　班长任期，凡四个月，但不妨再选。

第二十三条　各种通告，由舍监告班长，由班长告舍生，舍生亦可经班长为各种请愿。

第九章　舍生须知

第二十四条　舍生依章程所定，应遵守舍监之命令及班长指示。

第二十五条　严禁室内饮酒。

第二十六条　舍生常守静肃，不可妨他人用功。

第二十七条　他额之金钱及贵重之品等，托保管于会计课。

第二十八条　舍生平日当谨慎严正，清洁其身体及居室，又时时洗涤衣服，以重卫生。

第二十九条　舍生不得使役，舍仆若有疾病，又不得已事情，则请舍监允许而后役之。

（参照）

（1）本科教员于讲堂教授外，更时率本科学生实践日本司法及行政各官衙、其他官私之设营物，为实地教授。

（2）通译诸费，临时定之。

（3）有入本科资格者：清国在官者及候补官员；清国地方之士绅，及年龄已满二十岁之有志者。但汉文均须学有根柢者，方许入学。

（4）凡入学者，均须有清国公使之绍介。

（5）凡入学者，须先具履历书、在学证书各一通于总理。其书式如下：

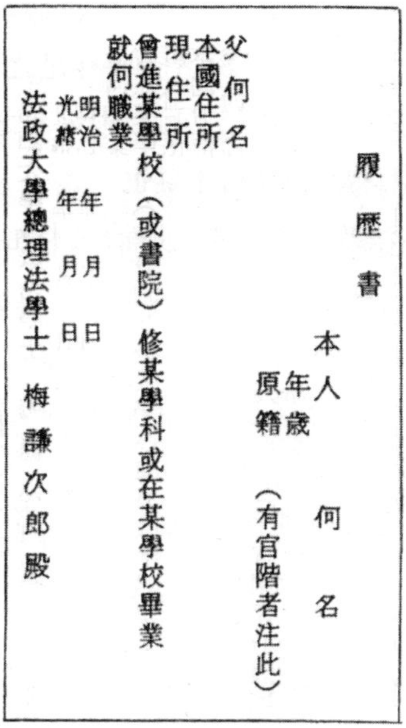
履歴書
本人 何 名
年歳
原籍（有官階者注此）
父 何 名
本國住所
現住所
曾進某學校（或書院）修某學科或在某學校畢業
就何職業
明治 年 月 日
光緒 年 月 日
法政大學總理法學士 梅謙次郎殿

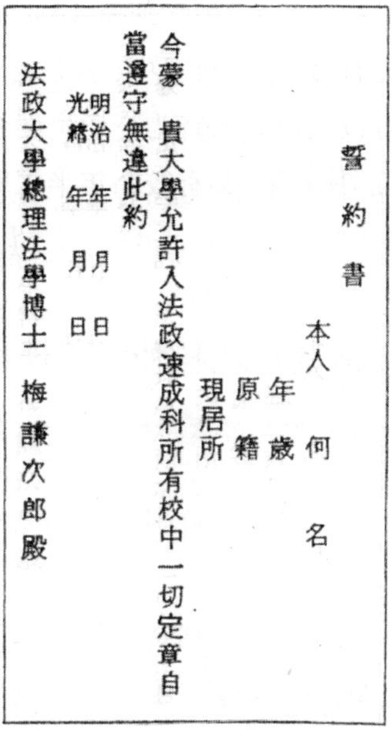
誓約書
本人 何 名
年歳
原籍
現居所
今蒙 貴大學允許入法政速成科所有校中一切定章自
當遵守無違此約
明治 年 月 日
光緒 年 月 日
法政大學總理法學博士 梅謙次郎殿

(6)凡入学者,均须着用本大学制定之制帽及制服。(制帽及制服另有样式。)惟奉有常职在日之官员,不在此例。

(7)本大学得附设寄宿舍,由本大学直接监督。

【《大日本法政大学纪要》,明治三十九年】

927 法政速成科补修科趣意书

○补修科趣意书

本大学自前岁因清国公使及其他有志者之希望,设法政速成科以来,既见第一次之卒业生。兹第二次、第三次卒业生又将见矣。此等卒业生,皆已治毕政法学科中之必要科目。为清国计,余深信其为有用人才。然得陇望蜀，人情之常。法政速成科，仅以一年半卒业，无论讲师如何胜任愉快，学生如何奋发励精，固不能即抵于完备之域。若更假以一年之日月，就各科目中，学生之未修者，或已修而未深造者而补足之，庶几可以无憾。兹特为卒业生设补修一科，以一年修了。顾仅以一年之补修，而其效果，必有较一年半之所得而犹大者，盖无所于疑也。

【《大日本法政大学纪要》，明治三十九年】

928 法政速成科补修科规程

（第五集　再录资料编号 791）

〇补修科规程

第一条　补修科单〔为〕清国留学生已卒业于法政速成科〔者〕而设。

第二条　补修科教授之学科如下：

民法　商法　宪法　行政法　刑罚　破产法　经济学　财政学　外交史

第三条　补修科修业年限一年，分为两学期。各学期自十月至翌年三月，自四月至九月。

第四条　补修科授业料如下：

本科学生未满八十人，全体学生授业料一月二百四十元。

本科学生八十人以上时，每人每月三元。

第五条　补修科学生每月须纳通译料一元。[①]

【《大日本法政大学纪要》，明治三十九年】

---

① 校注：通译料即翻译费，授业料即学费。鉴于二词在清末汉文中屡见，今皆保留。

明治四十年(一九〇七)

929 清国留学生普通科设置

〇清国留学生普通科

本大学已设法政速成科,教授清国留学生法政之学,致力启发邻邦文化。今拟新开普通科,以增强普通学之修养。该科教授科目如下:

修身　国语　外语　历史　地理　数学　博物　理化学

法政经济　图画　歌唱　体操

【《法学志林》九卷一号　明治四十年一月二十日】

930 清国留学生普通科设置许可

〇清国留学生普通科许可

该科设置情况业经本刊前号报道,兹已获许可。

【《法学志林》九卷二号　明治四十年二月二十日】

931《法政大学之过去及现在》(石原三郎)

(第一集　抄录资料 100)

〇法政大学之过去及现在(石原三郎)

第三班(明治三十六年—现在)

明治三十六年三月,政府颁布新专门学校令。同年八月,我校根据该令进行改革,更名"法政大学",并获文部大臣许可。其时,校长亦改称"总理",大学部、大学预科、专门部(法律科及实业科——后改商科)之组织,渐形齐备。同年十二月,新建校舍落成。

明治三十七年,应清国留学生之请,并与清国驻日公使协议,设置法政速成科。即修业限以一年半(最初定为一年,后经延长),采华语通译形式,教授法律、政治、经济诸学科之学习制度。该科之设,一方面,基于清国留学生之请,另一方面,则为应清国当时需材之亟,即便速成,养成多数新人,亦属必要。开班以后,愿入校学习者远超预想,课堂人满,几不能容。此速成科学员大部为官费生,卒业回国后皆担任要职,并已取得相当实绩。然速成之法,究属草创时不得已而用之。明治三十九年夏,梅总理漫游清国,对张之洞、袁世凯、肃亲王恳切劝说,言速成非国家长久之计,年轻者仍应遵循相当顺序,修习法政之学乃可。归国后,为清国留学生开设普通科,以便他日接受专门教育基础。该科主任为保科孝一。另设补习科,以补速成科不足,并作为科外课程,兼授通信、行政之学,以及地方自治制度概要等。我校为增进清国智识,不遗余力,相信此举既为友邦,亦属我先进国家理所当为之事。

(后略)

【《法学志林》九卷十一号　明治四十年十一月二十日】

二　典礼

明治三十七年(一九〇四)

932 清国留学生法政速成科开学式

〇清国留学生特设法政速成科开学式

本大学鉴于清国留学生目睹时运之亟,急施进取,现特设法政速成科。上月七日下午一时,于校内举行盛大开学式,当日莅场来宾、教员、校友、清国留学生等一千余名。来宾中之要员,有司法大臣波多野敬直、清国公使(钦差大臣兼管游学生总监督)杨枢两位,以及山川健次郎、穗积八束、名村泰藏、珍田舍己、柏原与次郎、高桥文之助、中川谦二郎、福原镣二郎、田中唯一郎(鸠山和夫代表)等诸位,以及在日清国著名人士数十名。教员则有梅谦次郎、富井政章、岩野新平、板仓松太郎、岩田一郎、挂下重次郎、清水一郎、小河滋次郎、金井延、山口弘一、笕克彦、冈田朝太郎、松浦镇次郎、山内二郎、中村进午、志田钾太郎、松本烝治、冈实、西河龙治、远藤忠次、山田三良、加藤正治、吉原三郎等。仪式开场之先,梅总理作开学致辞,清国公使(通译黄汉)、司法大臣先后进行演讲,清国留学生总代表曹汝霖致答谢辞(日语)。闭会后,来宾于别室一同进餐。关于该科之必要、目的及其方法等,通过下列梅氏致辞,以及来宾演说、速成科设置趣意书、规则等,尚祈亮察。

○法政大学总理梅谦次郎开学致辞

今日本大学在此举行清国留学生特设法政速成科之开学式。诸位来宾以及各位教员、校友阁下,能于百忙之中枉驾莅临,本大学深感荣幸之至。此次法政速成科得以设立,乃因前与清国留学生中有志者谈,据云为清国设置此类速成科,已成当务之急,余对此深表同意。后经仔细研究,复与清国公使阁下会商,签订协议,开设本速成科。文部大臣亦速颁许可,后日即开始授课。

迩来清国深感输入新知识之必要,派往我邦之留学生,已达千有余名,洵为盛事。唯须适当处置,就中学习法律、政治、经济等科之留学生尚少,而其他师范科(如宏文学院)及军事科(如振武学校),各有数百名留学生在校学习。斯法律、政治等科,少有留学生前来就学,想必有种种原因。最主要者,师范与军事学校均主速成,仅一年之内便可卒业。即使不通我邦言语,仍可入校学习。问以何种学习方法,均以华语通译授业,即使不通我邦之语者,亦可就学也。

余思今日清国频繁引入新知,情非得已。其中类如立法、行政改革,皆有非常之需。而欲办好此等事业,端赖众多研习法律、政治学科之人。若无此等人从事之,立法、行政改革终究难成。势将奈何?若不学本邦语言，则不能研修此类学科。学习语言，则必费三四年岁月。并且无论何种学校，不经三四年教育，不能卒业。通计前后，花费不下六七年光景。以故，试思欲令有志来我邦者，研修此类学问，可有便捷之法？需才孔亟，必采应急之法，开设速成学校，此为吾等之实感也。切思清国各方，亦应具此同感。

诚如各位所知，昔我邦输入汉韩文物千有余年。约三四十年前，更将欧美文物输入我邦，并以之为范，改革法律制度，其后又经种种变迁。自三四十年前将欧美文化输入，采其长，补我短，黾勉努力，以迄于今。唯如此，我邦今日方能与欧美文明诸国比肩而立。今清国亦欲与文明各国并辔驰骋，仍应采我邦所取方针，输入新知，以俾实用。清国政府有见及此，派遣多数留学生，且其大部派至我邦，甚得其宜。何以言之？诚如前言，我邦自输入支那文物，制度自多模仿之处，语言更由其变化而来，所用文字亦以汉字为主。故云三四十年前之学问，则几尽为汉学也，文章多为汉字，公文亦多用汉文。《大宝律令》《三代格式》等，以汉字所记公文，非常之多。是以，平日语言虽有不同，文字殆皆同之。故考诸语言，清、韩自我邦取获文明，比诸取自语言全异之欧美，利便实甚。况风俗、人情相似，我邦始终以孔教立国，故道德标准多所相同。其他风俗、人情一致者，亦所在多有。且考诸地理，比邻之国，一衣带水。故从距离、风俗、历史、人情任何一点观之，从迥异之欧美获取新知，皆不如从我邦获取便利，固无待鄙人多言也。况我邦文明原由我邦固有文明与汉文明相融而成，三四十年前强忍语言相异之不便，自欧美输入文明，并尽可能采取其长，以合我邦国情，调和实行，至于今日。故于风俗、人情相似之清国，摄取新知，与其从风俗、人情相异之国家输入文明，不如自东洋风俗、人情相合之我邦输入文明，更为便利，且少违误。清国朝野有志之士，或早见及此，以致今日多有来我邦留学者。此次本大学于法律、政治等科，开设速成，采通译汉文形式，以为一时养成多数人才之便法，皆为清国利益起见，诚所谓以侠义之心开设此科也。

顾三十年前，请欧美学者来我邦讲学，能直接听讲者甚少，唯有附以通译，方能听晓讲义。时或任职司法省者，以布瓦索纳德（Boissonade）先生讲义，附以口译，听讲两年，则予卒业。再或有志官吏，集体雇觅外国教员，佐以通译，听讲受业。迄今我等之中，尚有当时承乏通译者也。时至今日，欧洲学成归来者，人数渐多，其他诸生或可直接听晓外人讲义，或听晓与国外大学同等程度之本国讲义。回首既往，与今日中国绝相类似。三十年前，以种种非常之法，或成立所谓速成学校，养成人才，或采他种办法，通译讲义，俾使听讲，如今多身居枢要。故本速成科诸生，将来卒业归国，清国首开改革，理应竭尽努力。

本大学得以设置速成科，自感无上荣耀。本大学所持主义，对任何事皆以真心相待。从来学子，我等皆以真心教之。诸生在校期间，姑且不论，即卒业之后，本校、教员亦皆如此。我等教员必以十分真心，教授本速成科。速成科诸生，不仅应真心向学，更望诸君以真心待之。今有传闻，目下师道将衰，但本大学深望能够率先垂范，以全师道。并本此精神，定制本校校帽，帽子以心为形，顶戴之下，即表适才所谓之真心也。聊申一言，以作开学致辞。

〇清国公使杨枢氏演说

梅博士，任法政大学总理，今为中国留学生特设法政速成科，以期望中国早事维新，热心可感。中国士大夫，应深体博士之意，联翩来学，但愿中国人才愈众，则博士名誉益广。本大臣预为中国祝贺，并为博士祝贺。犹忆明治初年，本大臣随使是邦，正值政府锐意维新，改革政治，订正法律，选各县府贡进生，肄习法政速成科，聘欧美学士为之师，而以和文通译之，人才因之蔚起，当时国家深得其力。此以往之明征也。今中国时事多艰，需材孔亟。各省所派游学生，虽属众多，然待其学成致用，为期尚远，非设法政速成科，不足以济目前之急。譬如筑屋，必须先立栋宇，然后丹楹刻桷，可成轮奂之美。今梅博士念同种同文之谊，专为中国诸生设此特别速成科，即先其所急之意。本大臣深望来学诸生，奋力图功，务达诸科之目的。而通译诸生，类皆积学之士，尤当不惮烦劳，善承宗旨，以尽合群团体之义务。本大臣现拟将此事先达政府，俾诸生学成归国，则可见用，不至怀才不遇。诸生勉之，毋负梅博士教育之诚，本大臣期望之切也。至于来宾显要诸公，俱能深维公义，乐于赞成，从此两国益敦亲睦之情，永享平和之福，微特东亚大局之幸，抑亦环球各国所深愿者也。

光绪三十年三月二十二日

〇司法大臣波多野敬直演说

今日贵校特设法政速成科开学式，本人受邀参加，并得进一言，自感荣幸之至。现今日俄战事正酣，影响所及，两国国民自不待言，世界民众之耳目，皆为耸动。当此之时，学者并未因之脑热，冷静自处，视讲学为重且要，并于校内开设速成科，研究法政之学，实堪庆喜。盖战争者，非常事也，克伐之后，必待文治。治国要道，文武兼之，平时不可怠于武道，战时亦要重视文道，理则同一。即法政诸科，精讲励学，自属当然事理。贵校今日之举，必应将来之需。本大臣深具同情，敢将满腔私愿，披沥陈之。

抑清国与我邦友好，非一朝一夕之故。今为其所托留学诸生，特设此速成科，虽云托付，荣耀随之。相信此义举，益增两国友好，且其方法得宜，将来所获，必甚远大，不惟学业耳。聊抒芜辞，以祝盛典。

○清国留学生总代表曹汝霖答谢辞

余为清国留学生总代表曹汝霖。今日乃法政大学法政速成科开学之日，鄙人临此盛会，得聆梅博士开学致辞，及司法大臣演说，拜听之下，不胜喜悦。

抑此法政速成科之设，固为吾等所深愿。今日夙愿得偿，仰蒙梅博士热心创立，及诸先生鼎力赞成，如此厚意，万分感谢。从来一国兴衰，可自法律优劣见之。法律良，其国日进，法律不良，其国必败。此所谓法律为立国之要素，影响所及，实甚广大。故今日文明各国，皆以修订法律为急。且我清国现今情形，如众所知，在在困难。及至近年，稍事改革，着意陆军、实业、教育等。惟于修订法律，一般之观念，尚付阙如。现今来贵国留学诸生，计有千五百余人，就中有志法律、政治之学者，不过五六十人。梅博士向来关心此事，更为我国前途考虑，期其进步，兼为我等学生便利起见，承蒙文部大臣阁下许可，及我公使赞成，设立此法政速成科。此后我国政府派遣留学诸生，及各地有志之士，势将涌入贵国，法政速成科必益加进步。今日于此，余愿作一预言存之。此法政速成科诸生卒业归国，必将于本国前途从事改革。其结果，于我国家言，使浴于文明法律，以进幸福。此皆为梅博士所奠定之先基也。

余今日聊作答辞，无任欢忭，为吾国家、政府、人民，喜不自胜，特申谢忱。

【《法学志林》五十六号　明治三十七年五月十五日】

933 法政大学第二十回卒业证书授予式

○总理梅博士致辞(总理梅博士学务报告中训诲演说)

(第三集　抄录资料编号 714)

现作本学年学务报告。

本校于本学年中大行种种改革。先以去年八月之专门学校令,改组本校,一面依专门学校令,施以改革,一面考虑大学组织之必要,进行修正,期在必行。次以本年四月,于专门部下新设实业科,使该部之下法律、实业两科分立。继以本年五月,为清国留学生特设法政速成科。此三点,余认为重要之改变也。本校乃据专门学校令设立,成为政府指定之专门学校,相较原来,终属进步,加之大学组织改革,进步视以往更觉显著。虽然,此事非惟本校之事,其他各法律学校亦行改组,本校无甚特别,无待详说。其次,鉴于时势,设置实业科。从来各法律学校,所欲养成人物,多在司法官、辩护士及行政官员。是以,包括本校在内,各法律学校卒业生,向以多数在此等方面供职。既往司法部人员年老退职,离开法界,新进之士大抵亦均各校出身。然将来每年必要之数,未必如此之多,现已显其倾向。再如辩护之士,每年试验及格,业此者甚多。城市之中,大多均已开业,甚或边鄙之地,需求亦趋饱和,似前大量人才成为辩护士,殆无用武之地。至于行政官员,情势亦多类此。即如审判之官,为数较众,年年补充者不少,中央常在饱和,惟地方欠员较多。学校出身者,欲求进身之阶,成高级官员、大臣、次官、局长者,必非易易,时势使然也。然则,今后青年诸子,求其发挥之地,端在实业。在于今日,余以实业最为急务,是以,有此实业科之设。又为清国留学生设置法政速成科,以慰清国公使等人之所请。本年初设该科,采用方法,以一年为限。虽难言养成完全人才,但能使清国来此留学诸生,不习邦语,即可入校学习,且仅用一年时间,于法律之学略有会通,学成而归,对于今日清国,最为得利。

如众周知,当下清国与我相较,输入新文明,或曰欧美文明,既少且浅。彼泱泱大国,若欲似我邦,一时开发,在在困难。是以,首要之务,在各地方安排代表人物,作育新风,逐步输入新式文明。自我邦经验观之,仅凭中央政府如何程勉,输入新式文明,不易奏功。此外,普通留学生来日学习,必先肄习日语,方能学习普通课程。学习语言,约需三四年光景,学习法律、经济专门课程,且耗三四年时间,费时甚久。而我校速成科,采用通译,不懂日语,亦可听受。且仅需一年,即可卒业。以如此短暂时间,养成多数人物,安排于清国各地,窃以为最佳之法,故应清国公使等人之请,于本校设立此速成科。所幸今日入学者已多,并不负众望,获致佳绩。

余依例在此报告今日卒业生总数,及其他数字。本校卒业生中,今日授予卒业证书者百有四名,其中四名为优等生。明治十八年前亦有卒业生员,但未正式授予卒业证书。明治十八年至今,卒业生总计一千零六十四名。现在学生总数一千一百五十二名,另有清国留学生法政速成科学生六十八名。

卒业诸君,吾有一言相告。诸君经历此番困难试验,并能全部及格,诚可庆贺!现今国家多事之秋,我辈宜共同勉力,渡此时局,以收最大之效。诚如诸君所知,所幸战争连战连捷,有战必胜,有攻必取。今后之事,虽难预计,然以目前形势测之,以皇帝陛下之威稜,海陆军之勇武,必致最终之胜利。且于战胜之后,上有内阁诸公之才智,下有国民一致之觉悟,必收此战之最好结果。自诸君一面而言,诸位出生于非常时代,并于难得时节,自本校卒业,势必与一般国民同担重任。且以诸君受此高等教育，理应比一般国民责任更巨。或谓诸君生于幸福时代，自为幸福时代之本校卒业生也。即战胜之后，我邦有形无形之进步，吾人所能从事之事业，必更增加。事业增加，则需才亦必随之更迫。诸君十分勤勉，掌握以上知识，谅可找见各自相当之职。然每年自各校卒业之人较众，人才济济，非俗所谓“棚落牡丹饼”[1]，工作自然落于头上。但以诸君之努力、技能，觅得良好事业，亦甚可期。诸君亟当奋勉，莫失良机，为国为己，竭尽全力。余每年对各卒业诸生所述者，大略相同，今无待烦言，愿与诸君，共聆教员代表、来宾代表及校友代表之祝辞。

【《法学志林》第五十八号　明治三十七年七月十五日】

934 法政速成科新学期开学

○法政速成科新学期开学

清国留学生法政速成科新生授课，已于十月十八日开始。当天出席者有总理梅博士、清国公使杨枢以及公使馆成员。梅总理、杨公使、范源廉各自发表讲话。

【《法学志林》第六十三号　明治三十七年十一月十五日】

明治三十八年(一九〇五)

935 法政速成科卒业式

○法政大学清国留学生卒业

于法政大学就读之清国留学生，已达四百余名。其中，七十余人此

① 译者注：原文之义如此，与中文“天上掉馅饼”相类，今照译原文。

次卒业,自四月起接受试验,并于本月下旬举行卒业证书授予式。

【《法律新闻》二七七号　明治三十八年五月五日】

936 法政速成科新班开学式

○法政速成科新班开学式

本大学法政速成科新班,于上月八日开始授课。当日上午十一时,在讲堂举行开学式。梅总理、清国公使杨枢对学生发表训谕演说,通译黎渊讲解听讲注意事项。

【《法学志林》七卷五号　明治三十八年五月十日】

937 法政速成科第一班卒业证书授予式①

○法政大学清国留学生法政速成科第一回卒业证书授与式

湘乡　胡子清译

明治三十八年六月四日午后二时,在本大学讲堂,举行清国留学生法政速成科第一回卒业证书授与式。于时来宾,清客则公使杨枢氏,及马廷亮、黄汉,李宝巽,汪森宝,陆梦熊、赵理泰、吴春康、徐显、潘文澜、谢武纲、蹇念益、张孝移、黎迈、刘良浔、李盛衔,其余数氏。我朝野之客,则波多野司法大臣代理柏原与次郎、穗积八束、辻新次、名村泰藏、仓知铁吉、铃木宗言、鸠山和夫代理服藤利夫、松田道一、松井修德、大桥五郎、户野周二郎,其余十数氏。讲师则梅、寺尾、中村、秋山、山田、乾、若槻、山口、シロトド、光冈、阿部、金泽,其余十数氏。校友约百名,参观之学生数百名,其过半数,则清国留学生也。开场系梅总理进卒业生六十七

① 校注:以下八则文字采自《法政速成科讲义录》第9号,明治三十八年九月二十日。

名，一一授与证书，学生受之，皆态度谨严，且有得得之色。对于优等者，则授与本大学之赏品，法政速成科讲师一同之赏品，及书肆有斐阁寄赠之品。赏毕，梅总理对卒业者述告别之辞，既而有讲师总代中村进午氏之祝辞，杨公使之祝辞，柏原氏则代读司法大臣之祝辞，次则又有东京帝国大学法科大学长穗积八束氏及校友总代信冈雄四郎氏之祝辞。除杨公使外，其余演辞，皆李盛衔及黎渊氏通译之以汉语。最后则卒业生总代王运震氏，以日本语述答辞。既毕，乃于别席饷来宾，过午后六时乃散会。兹将诸氏之演辞，揭之于下。

○梅总理告别之辞

仆今愿一言，致祝贺于卒业生诸子。嗟尔诸子，去年五月，本校从贵国公使阁下，并留学生中有志者之希望，为设法政速成科，以一年卒业，是为我邦从来未有之例。原欲修此法律、经济等学科，则须从事豫备学科，不先修豫备学科，而遽望于此学科十分修明甚难。又我等讲师，不知贵国之语，须以日本语讲述其义，此而欲令诸子皆知，势不得不藉通译之力，因而所谓隔靴搔痒者，亦所不免。当时贵国留学诸君，虽欲定为以一年卒业，仆窃念任设如何方法，欲于一年间，总此最广博之法律、经济等学科而教之，就令但揭其大要，殆亦有所不能。故愿少延年限，思定为二年，即不然，亦须定为一年有半。顾贵国留学诸君，以为学期万不能太长，无论如何，须以一年教毕。仆虽再四思维，又屡与一二讲师谈及，然皆素无若何经验，谓一年必无成功，固不得而断，抑或一年即可望有成功，亦不得而断，特姑允为试办。且定谓一年半有成，仅一年则无成，亦无此理，务必为设方法也，但此举实属试验的事业。今仅一年，或终不免于失败，亦不之知。总之，此次为试办之始耳。既而此速成科，开办至半年之久，已满先初豫定期间之半，则所授之学科，亦不得不达其半，然进行甚难如意。于时仆亦大具苦心，适留学生诸子之间，亦觉合后半年计之，即已一年，恐亦不能十分有成，因欲于始初所定一年之年限，加延半年，而为一年半，由留学生之总代申出。仆窃念自一年而一年半，自一年半而二年，虽年限仅稍稍加长，殆亦可庶几得有好成绩。此其比例，非一年半比诸一年，仅增三分之一，二年比诸一年，仅为加倍，盖果延半年，则比一年之所得，殆能成倍加之学业，二年则殆能成三倍之学业，斯乃仆等所私度者也。故其希望既出，同时仆等亦与之同意。然虽更定为一年半，而当去年五月开班时，即行授业之人，已豫期一年卒业，但其新来学生，则定为一年半。今日卒业诸子，则仍系以豫期之一年卒业者也。虽当时仆之所思，又有与仆之所思相同者，亦以为万难期其有成。即于一年间，但授以法律、经济之大要，以勉令觉悟，然无论何种学科，视其内容何如，通常日本诸学校费三年乃至四年所学之事，今仅以一年教其大要，而其讲义又须用通译，因而正课殆不及半分，即二时间之讲义，殆不足抵一时间之讲义之价值，则虽谓一年之授业，仅与半年之授业相当亦宜。非不废夏日之休暇，授受时间，亦又甚多，务令内容最多之讲义，得以毕宣其蕴，然其内容，亦特分揭其大凡。而听讲诸子，知日本语者盖寡，又凡教法律、经济学科，所必要之预备学科，从游诸子，未修者盖居其多数，故此次卒业之际，谓得有十分成绩，或十分会得其纲要，殆不可望。亦谓诸子能见其一斑，纳诸脑里以归贵国，则于贵国亦有一斑利益，是实设此学科，教至今日之本意也。而学年之终，从规则当行试验，此试验之成绩，仆亦默揣以为必不能有十分之优，预期落第生，多则或有半数，少亦当有三分之一。初不意试验之成绩，竟如此优异。此次全科受试验之总数，凡七十三名，其中落第者仅六名。本校之试验，向不轻易评判取列，即对于日本之学生而行试验，其落第生少数之比率，亦尠有如此者。盖落第生之额多，则约十分之二，少亦十分之一有半，此本校常有之事也。如上所陈种种之点，欠点本多，而诸子之试验，其成绩终如此，实非豫想所及，是实有意外之愉快。加之就其中今日授与赏品之十一名而言，其前六名试验之成绩，尤最盛美。傥与日本学生行同一之试验，则日本学生，将可与诸子并驾乎，抑将为之却步乎？自仆揆之，恐亦难望有如此之好成绩。今诸子之成绩竟如此，是盖讲师诸君教诲之勤，又由通译诸君，通译无所误，使诸子皆能了解，其结果自不相违。虽然，是实由诸子于此一年之间，刻苦奋励，虽炎夏三伏之时，每日来此校听讲，又在寄宿所，亦极勤勉，严冬大寒之时，其用功仍无异平日，乃能有如此之结果。夫今日卒业之人，自仆观之，以一年之短期日，而言语又不通，此诚可谓得最上之成绩。故一年间之授业，望欲有驾乎是而上者，断难其人。虽然，任诸子如何奋勉，又任诸子如何之秀才，而仅于一年间，学他人不可不费三四年之学，故所学，决不得遽言完全。诸子自是归本国，必分任各种职务，其中随而占枢要之地位者，当不乏人，必在贵国，亦常读我邦人士所著书，思益奋勉于学问。即仍在此留学者，亦为期甚短，归国后，不为补加奋勉，则不可。幸我邦人士所著书，内中贵国文字几居其半，因此在学之日月虽短，其间诸子读日本之书，既能了解者，日以多。勖哉诸子，宜先专以书籍为师，在贵国，不可不益益奋勉。此一年间所修，断未甚十分充裕，以此实地应用，乌可不极其慎重。诸子若以仅一年间所得之知识，直应用之于实地，或行种种之改革，此必不免有误事之虞。以故，研究宜十分慎重，一面益益深修学问，一面锐意攻究贵国实地之事情，徐本其学理，以应用于实际乃可。诸子为我法政大学之法政速成科第一期卒业生，诸子从此或有成效，或竟至失败，于此法政速成科之影响颇大，即诸子之责任，于此点亦甚重，此事实为本校之代表者。仆窃愿诸子，不可不注意于此。诸子乎，仆等自今有法政速成科第一期之卒业生，若仆等或至失败，则其影响大及于法政速成科之全体，以是思之，诸子由是进而深造，所希望也。

兹余所陈者既毕，愿来宾诸君一言。日前此度之全科受验者，凡七十三名，其中及第者六十七名，于今日受卒业证书，落第者仅六名耳。此外因病气及其他故障，不及受此次之试验者，亦有数名。就中如夏同龢氏等二名，则惟除一科目外，皆受试验，付于一科目，因病气及其他事故，以致缺席，不及与今日卒业式之荣。且此中例如夏同龢氏试验之成绩甚优，惟缺一科目未试验，若经补试，其必以名誉卒业，可豫决也。

○讲师由总代中村博士祝辞

今日者，诸君卒业矣，敢以极简单之言致祝。今诸君亦既卒业，固甚为诸君喜，亦为我等讲师喜。何则，诸君于短日月之间，治如此困难之科目，而得甚良好之结果以卒业，诸君之有过人之才力，固不待言。顾我等之言，诸君果甚了解，自能信其有此结果。若于我等在教场所言，诸君尚未能一一了解，则诸君受试验之时，亦自不能作十分答案，此乃必然之势。今如顷间梅总理阁下所述，谓所成就极其盛美，固当为诸君贺，并为我等讲师所甚喜。今亦非有别言为诸君告。贵国与我国，自昔为有甚重大之关系之国也。昔者我国，殆无事不受教于贵国。在于今日，日本之留学生亦多往贵国学习各种学问，此甚为我邦喜，又甚为贵国喜者也。然我国之留学生，虽常往贵国而习学，迄近年则贵国之人来游于我邦者，几绝无矣。迨至最近，而贵国乃有多数之人，来游我邦，以交换其知识，此甚为学问喜，又甚为两国国民所大喜也。我等既相互以研究学问为职，由是在于教场，苟关于学理，有益于学问之事，凡贵国法律之表面，见为有缺点者，辄痛陈之而甚无忌惮。仆亦思稍饰其辞，顾不免有是甚无忌惮之言者，盖于学问上，若学校之讲义上，以及其他之点，欲曲为掩饰，而心甚不安。盖口中出以掩饰之言，则与腹中之旨相违异，根诸正心诚意，斯口中言之若剑，因此本真心以相告语者，往往有之。将来诸君既归国，亦必令此学问日益上进，使所学适用于所任职务之上，乃足表学问之真正，仍须以无所顾忌适用之。又从不在适用之地位之人言之，亦有所希望，盖学问以独立不羁为必要，故苟应用于政治上，若情实上，而有所瞻顾，则不仅我等讲师所不愿，又不仅为诸君之不利，并不得不谓为学问之甚不幸也。故学问上所必要者，于政治上之事，能十分严立区划，所希望也。且贵国与我国，各有短长，由是均以其所长，与所短互相交换。例如我邦咀嚼物之力强，贵国则能大大造成其物，其力亦最强。大大造成是物之力，与分而咀嚼是物之力，若相俟而适用之于学问之上，则将来为文明之指导者，又为世界学问之霸王，当亦无所难也。

今日虽为祝诸君第一期之卒业而述一言，亦尚有一言希望。今诸君有从是而去日本之人，亦有尚居日本，赓续研究者。其去日本之人，归贵国后，亦须赓续研究，且将来亦以距离甚近，自是常来日本，或二年、若三年，而再来游，以藉交换其学问及知识者有之。又我等往贵国之时，何者极为我等之所短，又为我等所忽略之处，窃愿有以教我。又我等或往贵国，或仍居于我国，愿君等时时惠以手书。今为诸君之卒业贺，而有宜同时称庆者，勿论诸君，即我等亦不可不致谢。夫诸君不拘一年，或一年半，悉能了解，用得如此之良好成绩，顾选诸君联翩而来者，实大有人，是又宜向贵国之公使阁下，大申敬礼。又我等讲师得十分自尽其所积，以相讲论者，盖由梅总理阁下为种种经营，煞费苦心，乃臻是程度，因亦宜向之大表谢意。今日者,唯申述一言之祝,而将来之希望,敢以极简单者致颂焉。

○杨公使祝辞(原文)

立国之基,在乎法政。奥稽古昔,我国之法政,非不粲然大备,乃行之数千百年,历久弊生。倘使闭关自守,即墨守成法,或不至相形见绌。乃海禁既弛,万国交通,各国群出其新智识,以与我相周还,不愤不启,不悱不发,自古然矣。近者国家振兴学务,修订法律,盖亦有鉴乎此。于是有志之士,联袂东来,研究日本维新以来之政策,及近世富强之效果,亦以法政入手。明治初年,其政府选派国中高材生,游学欧西,肄习法政,卒业归国,立法政学,设速成科,并研究其国俗民习,与其所学相比例,相机改革,国基以立垂三十年,已足与欧西列强相鼎峙,至今执国柄者,犹多当年法政学生。以彼例我,窃自惭恧,又窃自忭慰,爰于前年与法政大学总理梅谦次郎,商略数四,特设法政速成科,专备我国游学员绅肄习之所,并通咨各省督抚,多派员绅之学有根柢者,来东留学,不数月而事成。乃于去年夏始,开班教授,佐以译员,俾通讲说,学生共七十余人,是为甲班。议定一年卒业,闻者莫不诧舌,盖法政科学之烦,虽三四年不能竟其功,乃缩至一年,收效几希。当时梅君亦毫无把握,惟其热心教育,有足多者,至教习之讲解不厌精详,译员之传述能擘奥窍,加以学生勤敏,惟日孳孳,虽盛暑严寒,未尝休息。迨至今年五月,试验卒业,各生成绩俱优,乃于月之二日,行卒业式。总理梅君,亲授诸生文凭,奖赏有差。余亦亲诣会场,不独为卒业诸生贺,亦为乙、丙各班前程贺,并以谢总理及教习译员之功焉。然学虽速,犹未深造,诸生归国之后,切勿遽思改革,譬学医粗识《汤头歌诀》,出而应世,是直草菅人命已。但愿诸生出其所学,转授同胞,以开民智,譬犹造屋,有良工师而无材木,亦不足以展其地,并望广搜法政书籍,以资研究,务期升堂入室,然后考察我国之国俗民习,与所学相比例,斟酌而损益之,乃出执政柄,以期实行,富强或有望乎。

〇波多野司法大臣之祝辞

临法政大学速成科第一回卒业式而得一言,本大臣之所最喜也。盖法政之事,实随乎文化之发达,虽经古来许多学者之专攻,未易达完全之域。诸子以不挠之精神,离桑梓而从事斯学,于兹有年,幸缘教官之恳笃,与各自之勤勉,致有今日,其光荣亦大也。虽然,诸子之所修了,尚不过窥法政之门户,至实地应用,当不免有隔靴搔痒之叹,故进而升其堂与否,在诸子之决心如何。诸子克体此意,益积钻研之效,不负初志,所深望也。

明治三十八年六月四日

司法大臣　波多野敬直

〇帝国大学法科大学长穗积博士祝辞

兹法政大学,举行速成科之卒业式,仆受招而申致祝辞,此诚为可喜,而又极光荣之事也。去年恰值此顷,为速成科开始之时,受梅博士招而与列其式。于时窃谓以此繁杂之法律各科目,而于一年之短时间教之,实甚困难。且又受教者远自外国而来,多系于我邦言语不十分通晓之人,其困难尤甚。是其能有成功与否,实大可疑之事也。虽然,仆多年与梅博士为极亲密之交,十分惬洽,梅博士学识深远,又系处理事务极敏捷之才,兼兹二者,诚为难得之人。以此人为此事,窃以为所期,殆十可得九者。然今日所见，实收最盛美之结果，以满其希望。是盖因梅博士有极周密之经营，又由讲师诸君学识之丰富，复循循然善诱，且又卒业生诸君，亦皆勤勉于学问，故其结果得有此好成绩，诚大可喜之事。在座之清国公使阁下，亦满足而愉快，可想也。

此速成科者，闻不限于今回，尚须继行之，此诚最美之事。方今为东洋多事之秋，东洋之运命，实系于清国与日本两国之责任。两国互相提携而进于文明，对于欧罗巴诸国，能占无耻之地位，则为我东洋之地位，得保安全之时代矣。当此时代，两国各有无相通，而交互启发其文化，诚所望也。由是两国间之交际，必日以亲密，由是东洋之文化，必益益有进步。缘是以思，即如此速成科，但谋个人之事业，则无庸言，今诸君皆修学术之士也，教员又授之以学术，必无但谋个人之利益者，思有彼我两国之利益，又思有东洋全体之利益，则对于诸君，不为个人祝，宜广广为我两国祝。

今有一言当为诸君述。元来法律者，国之骨，能整顿之，其国乃有发达之基础。夫国无财力，又无兵力，则其国无价值。虽然，谓无骨而能有力者，未之有也。故凡富国强兵之基础，仍在法律制度，因是而国家社会之秩序，得以维持，国亦富，兵亦强，国家之运命，得以伸张。在于我邦，维新以来，亦先以整顿法律制度，为第一著步之方法。今诸君归国，从事于贵国之改革，所宜十分注意者。夫历史所见，亦谓国家之大发达，社会之大改良，常由于有大大之立法事业。罗马之振威于欧罗巴全部，并及于亚细亚、亚弗利加，今思其时代之事而可见者，则仍为法律最盛之时代也。英国近世，亦大有势力于欧罗巴，其国力发展之基础，果何在哉？彼以完备之宪法，成其根据也。佛兰西当第十九世纪，为欧罗巴之中心点，不复问其为善为恶，凡为欧洲之原动力者，佛实占绝大势力。彼佛之大革命，仍依法律制度而成就，又依法律制度，而其结果得以保存。自古英雄豪杰，或大民族，成盛美之事业者，历史亦多。虽然，不以法律制度保存其大事业者，亦但如花火之发而已，其盛美亦仅放光辉于一时，而无所留遗于后世。亦见历史有以大民族放光辉于后世者，必系以法律制度为之骨，而后于其基础之上发展焉。由是观之，则专从富国强兵着手，绵力而非骨，必无所成，欲使社会国家之改良，第一不可不先整顿法律制度，无庸疑也。虽然，法律云者，各国每有特别之法律，不可以越其国境。若法律之学问，则异是，实系各国所共同者，以彼之法律，采为我用，断非如船舰与机械，自外国输入，即利用之而能有济。故凡法律制度，不宜仅学其迹，必研究法律之理论学问，因此采其学问，以供我之用，而不采其方法者，往往有之，固由国各有历史，且各有国体，故也。即如我日本，当初若悉以欧罗巴诸国之法律制度，用之于我国，则不得不弃我历史，弃我国体，此其可虑之事。惟不取彼法律之形式，而取其精神，以用之于我，我之历史与国体，亦毫无所动，其结果，但采用其法律制度之宜者。在于贵国，必仍同此方针以进乃可。思此，而甚望诸君归而为贵国尽力，今实为诸君有此荣誉之成绩谨祝。

又仆今日非以法科大学长之资格而来是，亦非以是资格而受招。虽然，法政大学与东京帝国大学，同教授法律之学术，不啻兄弟姊妹之大学也，以兄弟之大学，得举如此之好成绩，实为大学相互之交际所甚可喜之事。且仆多数之同僚，亦同具此意，而无有或异，故敢以东京帝国法科大学之名，向于法政大学得此成绩之好结果，申庆祝焉。

○校友总代信冈雄四郎君祝辞

余今日际此盛大之法政速成科卒业式，得为校友总代而述祝辞，此亦最有光荣者也。诸君由贵国而留学于兹，久积萤雪之劳，首尾圆满而卒业，且以好成绩卒业，本日于此式场，受卒业证书之授与，实可喜之事。谨一言以表贺祝之意。

法律、经济之学，无论何国，皆为必要。在贵国今日，其俟法律、经济之学为尤切，恰如大旱之于云霓，此余所代为熟筹者也。诸君今回修法律、经济之学理之大要，归而应用于实地，则当与贵国之国家人民以鸿大之利益，余甚为诸君之成功祈。

凡文明之国家及其人民所为可贵者，在有权利之思想，苟为我权利之所存，事理正大，意义明确，俯仰不愧于天地，则一步亦不枉，一寸亦不屈，以防护之，力为伸张以行之，则独立之志，焕乎而发，自营之气，郁勃而起，从此国家之富强，可唾手而收其效。顾权利之思想，果若何而后可以养成乎？盖胚胎于法律思想者也。元来法律者，实保护权利之城壁，大而国家之权利，小而个人之权利，皆依法律以为保护。法律思想盛，则权利之思想亦从之而盛，法律思想衰，则权利之思想亦从之而衰。法律思想与权利思想，殆犹影之于形，信不可以须臾离。在于贵国，仁义忠孝之教甚盛，圣贤说之甚详且大尽力。对于此点，我国受贵国之教泽颇大，又如孟子谓“王何必曰利，亦有仁义而已”，当时贵国言利之思想，虽尚不甚盛，贤人即为极力排斥，以救济时弊。嗣余等鉴近来书籍，又与漫游贵国而归之人语，询所闻见，知贵国利之观念甚盛行。虽非全部如此，而内中一少部分之人，则断定其利之观念，非常之盛，当非过甚之辞。然利之云者，不伴权利而生，则无毫末之价值，无权利之利，不为真利。余窃谓，使贵国权利之思想普及，盖分外容易。诸君之中，归国而就枢要之地位，担任种种事务者，必居大部分。君等果于仁义忠孝之教，加之以权利之思想，图其十分普及发达，则贵国之前途，必大有可望，瞬息之间，将成为富强之国。而得如此绝大成功之人,自本日之卒业生诸君中而出,不仅为诸君之名誉,本校亦有名誉,大之则信贵国之有名誉,又信我国之与有名誉,从此诸君益尽力于兹,所甚希望也。虽然,今诸君者,不过修法律、经济之学理之大要耳,勿论其蕴奥,即所修法律学理,亦尚未克十分完备。如顷间梅总理及其余诸博士等所述甚明,故诸君归国后,仍以在本校之勤敏者,十分从事于斯科之研究,从此应用于实地,当无失误。顾诸君注意焉,若有未当,而以之适用,则只今以好结果相期许者,必反至惹起非常之恶结果。惟益钻研斯学而不怠,自应用之于实地,而无有失误矣。此诸君所宜日夜服膺者也。

○卒业生总代王运震氏答辞

清国留学生王运震,今回谨代法政速成科卒业生全体,而陈谢辞。今日总理阁下,暨各位教师,各位来宾,临我等之卒业式场,实我等最光荣之事。抑我国自近年启留学之途以来,逐日益益盛大,诚现今之良现象,然而言教育,言军事,言实业,虽皆为最重要之学问,苟政治思想未发达,而欲着手于百般之整顿,恐秩序的统一的之文明进步,终难有望也。

兹总理阁下,容我公使阁下及有志者之议,而苦心经营,于去年五月,设此法政速成科。当此短期日之中,因总理暨各教师先生教授之热心,我等虽性质鲁钝,而共受一年以来之熏陶,颇自信各有心得焉。

从兹以后,我等益加研究,他日于我国之前途,当有裨益。一一皆总理阁下,及各先生教育之赐,兹谨敬致谢。

明治三十八年六月四日

【《法学志林》七卷六号　明治三十八年六月二十日】

938 法政大学第二十一回卒业证书授予式

〇梅总理告辞报告

（第三集　抄录资料编号715）

现进行本学年学务报告。本学年中,进行种种改革,现予概略总结。去年十一月修订法政速成科规则,将原来一年卒业期限改为一年半,同时增加教学科目。其次,修正专门部实业科与大学预科规则,增加教学科目,且增聘教员,总体在于扩张教学规模。又刊行法政速成科汉文讲义录,现仍继续为之。此举乃为本校创行,困难非常。必先由日本人笔记讲义,后由我等校阅无讹,再请清国留学生诸君为之汉译,迨后我等完整校阅,改定其应行订正之处,最后才刊印发行。与普通讲义录相较,至少加倍劳动。且通译之事,与一般摘抄讲义,再行校阅相比,亦烦劳数倍。揆其实际,约耗普通讲义录至少三四倍以上之力。是以,虽欲从速发行,殊难达致理想,然正谋加紧为之。继则特别报告,本年六月四日举行法政速成科第一班卒业证书授予式,时过月余,当日场景历历在目。奈何大部清国卒业诸生,以种种情事,从速返国,难待今日,少数此前归国者,甚至六月四日举行之卒业式,亦不能列席。六月四日,举行卒业式,卒业人数六十七名。参加全部科目试验者七十三名,不及格者仅六名。因不得已之缘故,无法与于试验者,另行追加试验。今日授予卒业证书者,有夏同龢一人。此法政速成科第一班卒业试验,取得意外良好之成绩,我辈深感高兴。回想本校创办该科之始,对其成绩尚存几多疑虑,但以此第一班卒业成绩,我辈确信,必可收到意外之结果。

（中略）

接受清国留学生法政速成科第一学期的全部科目试验者共二百五十六人,其中及格者二百二十三人,不及格者三十三人。

（后略）

【《法学志林》七卷九号　明治三十八年九月二十日】

明治三十九年(一九〇六)

939 法政速成科授业开始

〇法政速成科授业开始

经漫长假期,法政速成科于上月十五日开讲。梅总理出席,并对众学生发表训谕。

【《法学志林》八卷一号　明治三十九年一月二十日】

940 法政速成科第二班卒业证书授予式

〇法政速成科第二班卒业式

法政速成科开设已历三年,去年第一班卒业生卒业,此次第二班卒业生有二百三十名,盛况空前。上月二十四日举行卒业式,今刊载其概况。当日午后二时,随三声铃响,卒业生、教员、校友及来宾依次入场就坐。梅总理为各卒业生授予卒业证书,并给卒业生中优等者颁发奖品,接着发表学务报告并对卒业生致告别辞。其后,教员代表山田博士、清国公使、来宾代表松田司法大臣、校友代表守屋律师分致祝辞。最后,卒业生代表孔昭焱致答辞。仪式结束,简单茶点,并照相留念。

上述梅总理学务报告。暨对卒业生谆谕之辞,如下所示。其他对于诸生刻苦励精之赞赏,并于前途之训勉,限于版面,只能适当揭载,甚感遗憾。

〇梅总理学务报告并告别辞

现在开始学务报告。

今日卒业者，为我法政大学法政速成科第二班学生。此第二班始于明治三十七年十月，当初入学者总计三百三十六名，其中退学者有十六名，转科至专门部者一名。除此十七名以外，尚有仅通过第一、二学期试验，或未参加试验者，以及未通过者，总计七十四名。除去各种原因没有通过此次试验者，剩余二百四十五名。至于本班卒业试验成绩，第一学期及格者二百三十七人，其中特别试验及格者二人，补试及格者十二人；第二学期及格者二百四十八人，其中特别试验及格者十九人，补试及格者三十五人。在此需要说明，第一学期未及格者，依据规则，可同时参加第一、二学期试验。且参加特别试验及补试及格者较多，是以，第二学期之及格者比第一学期及格者多。参加第三学期试验者，总计有二百四十六人，其中及格者二百三十人，不及格者六人，缺席试验者七人，试验归于无效者三人，合计十六人。换言之，在二百四十六人中，因不及格等原因没有通过试验者仅十六人。今天除已接受试验及格者外，尚有第三学期即第三班学生，及现在第一学期之第四班学生。五月末，此两组现在人员，第三学期第三班学生一百六十一人，第一学期第四班学生三百五十七人，且该学生中尚有兼修日语者。现在临时设置之银行讲习科，教授银行相关知识与实践，该生兼修日语者二十三人，银行讲习科学生六十五人。此为去年卒业式以来，法政速成科规则中所修订者。去年(明治三十八年)十一月六日，获文部大臣许可。修订之事项若何？法政速成科从原来一部分为二部，即法律部与政治部。原为三学期制，本次卒业班级，及第三班开班者，皆为三学期制。但自现时起，改为二学期制，即以每九个月为一学期。学务报告完毕，继则余有数言，以告今日卒业诸生。

去年五月，本法政大学开设法政速成科，定以一年卒业，然据实际经验，一年学习，究难达致此科目的，于是延长半年，以一年半卒业。然因此为去冬所定，今日卒业第二班卒业诸生，恰值规制修订之际，来至我邦。窃思其中大部，料可一年卒业，惟逢修订规则，以致改为一年半。清国公使阁下，亦向清国各地政府发出照会，获诸生认可，得将期限延长为一年半。拟来诸生，因延长半年而难来者自不乏人。各位认可该期限，学至今天卒业，余深感笃志于学，亦确信此为诸君之利，殆无容疑。初拟一年半课程，以一年成之，对于初来我邦者，想必甚难。其间种种情事，诸如授课必有休讲，以致讲授延后，又蒙诸君首肯，以多数人所望，延长两月。对此，颇劳公使阁下费心。诸君或感十分艰苦，所幸忍此艰苦，并于延长之二月内，努力完成全部课程，实缘诸君热诚向学，是亦确为诸君利之所在。诸君如此热心学问，每日授课，几无缺席之人。教员诸君亦黾勉从事，虽皆忙于职务，仍能悉心备课，不误教学。又通译诸君，学有专科，皆能尽力从事，不避闲暇。有此讲师、通译之努力，兼以诸君勤奋好学。按照规定需费一年半或两年时间，竟能以仅仅一年半，甚或两年时间成之，自始至终，皆教者与受教者不懈努力之结果。今日诸君卒业，能得非常成绩，甚感欣慰，余愿足矣。

今日卒业诸君取得非常成绩，诚如报告所述，卒业生有二百三十名，纯然不及格者仅六名。本校向以试验严格著称，大学部、专门部等日本学生，试验不及格者平均有一成半，有时甚至两成之多。关于法政速成科，此前或有一成、一成半不及格者，然本次诚如所述，相对于二百三十名及格者，不及格者不过六名。窃思此成绩已属非常，不惟及格者人数较众，就及格者成绩言，亦非常之好。从来敝校试验评判不失于宽，即有此心，亦从未为之。且法政速成科试验，因采通译授业，未免隔靴搔痒，难收直接授课之效，曾存几多疑虑。然从此次试验观之，多半成绩极优，教授科目获如此成绩，疑虑顿减。如此良好成绩，非速成科，其谁能之？退而思焉，速成科究属速成，仅以年余，采通译授业，绝难谓其完善。虽以短时不完之法，亦可取得非常成绩，但难言完善，或接近完善。故诸生中年轻者，应于卒业后仍留我国，或入专门部，或入补习科，于既有学问之上，继续研习，此乃余所期望也。若入专门部，较之自始即入专门部之日本学生，学习法律，想必更多一成效果。或入补习科，以不足一年时间，使法律、经济、政治知识稍较完全，荣归贵国。如此，余甚望年轻之人，能入专门部或补习科，继续研习。然余亦知诸位中之多数，实为法政速成科而来本国，难以悉数滞留本国，继续学问。今日卒业诸君，多数衣锦还乡，临别之际，余有数言相赠。余义无他，今日贵国所处，乃非常切紧之时代，阻碍时代前进之危险，亦相伴而生。若言现今为生存竞争之世，非也，从来历史皆然，将来历史亦必如此。当此生存竞争之世，各国皆求自国生存，而威胁侵略他国，此乃优胜劣汰。强国吞并弱国，其事实必将加多，恶意侵略他国，亦必参互出现。概言之，从其自国角度，皆必要力求生存，不得已而侵略他国，任世界如何进步，皆难避免此现象。随世界进步，生存竞争必愈演愈烈，此为将来必然之事实。是以，各国皆谋其优胜地位，现为优胜者必谋永久保持其优胜地位，而劣者亦必体自国之将衰，亟谋跻身优胜，以免他国侵略，终焉坠落。优胜因素綦多，一言以蔽之，知识程度高者得优胜之地位。诚然，若无国家精神、国民毅力，国家亦终难立足，然仅此则不可。与此同时，若非从知识水平努力提高，优胜地位亦将不保。诸如军事，即使国家精神、国民毅力旺盛，若知识程度低下，到底终难战胜。所以，必要提高知识水平。然此知识中，亦包含种种知识,不容偏执一端。若明知识高者为优胜,则劣者于知识未提高前,不甘其位,则应增进知识,以跻于优胜。余请诸君莫要误解,所谓知识非仅形而下之知识,如文学、技艺者,原本包含磨砺国民精神、旺盛国民毅力之成分。若非所有知识皆处优胜地位,国家于生存竞争中终难胜出。贵国现在状态果如何也?处优胜乎?抑劣势乎?虽甚失礼,然现在究未处于优胜者也。是以,欲速进于优胜地位,新学诸君,必团结奋斗。当国家处劣势之时,多少会受他国侮辱,或种种威压,而不能相抗。自处弱势,若妄作反抗,或将沦于更弱之地。是以,劣弱者处此之际,必坚忍而虑将来。所谓“尺蠖之屈,以求伸也”,方今劣者受屈,待其优胜,必可伸张,以抗列国,是以能忍则安。我日本维新以来,长处劣弱地位,其间屡受外国侮辱。当此之时,忧国之民皆感愤慨,欲大作反抗,所幸政府执“尺蠖主义”,料今日委屈,必为将来之崛起。彼时即国民大部谩骂攻击,政府毫无自尊,仍坚持“尺蠖主义”而不怠,终跻身当世列强。初以无为,免受外国侮辱,窃谓贵国亦应持此主义,以求发展。诸君必要考诸贵国现状,注目大局,未可拘于区区小事,以图贵国将来之福。兹将与诸君别,苦口婆心,以致此辞。

○松田司法大臣祝辞

法政大学速成科第二班卒业式举行之际,获此发言机会,本大臣甚为高兴。法政相关之学理研究,本极深奥,而于实际应用,更形复杂,殆难穷极。犹有要者,随文化进步,于实际应用中,不应与民情相悖。诸君不屈不挠,志于斯学,在校学习,兹届一年。所幸教员恳笃,各位勤勉,方得今日之荣光伟绩。今清国文运日进,法治国之路渐开,宪法实施,或已不远。值此之秋,诸君远来我邦,钻研斯学。然所学不过法政初步,应更勉求勿怠。他日诸君返乡，于清国文化所资必多，此不仅为清国幸也。诸君勉之！

○杨公使祝辞

光绪三十二年五月初三日，法政大学举行中国留学生第二次卒业式，济济一堂，使者窃以一言为诸生告。今中国朝野上下，莫不曰立宪，莫不曰改良法政，此诸生之所知也。顾欲为立宪之预备，而改良法政，必先储养法政人才。欲储养法政人才，必使人人具有法律政治思想，而后能固立宪之基础，此又诸生之所知也。诸生肄习法政，虽在学期间未满二年，而据梅博士之所称述，试验成绩表之所品评，莫不学业优异，于法政奥蕴，确有心得，使者实为诸生贺，更为中国前途贺。虽然，法政之学，千条万绪，未易贯彻其源流，尤难申明其运用。矧法政学分理论、实用两派，理论不嫌其高深，只就法政学范围，而考究其利害得失，并悬拟其原因结果，实用则必征之历史之沿革，参之民风之习惯，暨社会目前之状况，故理论、实用两派，常不相容。诸生所学法政，理论之法政学也。卒业归国，施之实际，必斟酌时势，体察民情，使无扞格不通之患，乃不愧为实用之法政家也。且诸生所学，虽为速成，而以梅博士之热心维持，暨各教师之殷勤训诲，出其所学，卓有可观，然则诸生之各宜潜心钻研，力求精进，并沟通理论、实用两派，而发为言论者，即可措诸事实，俾举国人民，咸兴起法律政治思想，因以辅佐立宪之治，而巩固国家亿万年有道之基，此不独梅博士深以相期，抑亦使者之所厚望焉。

当日临场之人，如下：

今村有邻君　　市川由吉君　　乾政彦君

岩佐善一郎君	石原三郎君	今井万吉君
板仓松太郎君	伊藤俊风君	原田十卫君
萩原敬之君	日报社西川龙治君	户田和光君
陈绍祖君	茶谷京之助君	刘蕃君
李穆君	刘泽熙君	小野冢喜平治君
小河滋次郎君	奥隆三郎君	大泽荣太郎君
渡边襄君	渡边应太郎君	河濑龙雄君
何福麟君	横山胜太郎君	
读卖新闻社员横山宽平君		吉留宽夫君
杨枢君	言田左一郎君	高野岩三郎君
竹内义一君	多多纳泷藏君	竹内利太郎君
多贺义三郎君	丹武四郎君	高木益太郎君
田中鬼外君	中司文次郎君	内外通信社
中泽福松君	村中清司君	栋居喜久马君
梅谦次郎君	草间正之君	山田三良君
山口弘一君	矢野芳弘君	安田正夫君
松田久次郎君	松浦鹤磨君	蹇先渠君
江庸君	丁惟鲁君	寺田市正君
坂寄美津君	结城琢君	宫地佐之助君
清水一郎君	重利俊夫君	周先登君
守屋此助君	守谷富之助君	森原嘉逸君
关安之助君	角居寅八君	

【《法学志林》八卷七号　明治三十九年七月二十日】

941 法政速成科第五班开讲

○法政速成科第五班(清国留学生)

因此前预为招生,该班已从本月十二日开始上课。招收学员虽限四百名,但希望入学者踵至。开课当日,业已满额,大有难容之盛况。当天,乾学监表示,梅总理漫游清国,不在校,是以开学式需另举办。对于诸位新入学生,恳谕其在修学处世之心得。

【《法学志林》八卷十一号　明治三十九年十月二十日】

942 法政大学寄宿舍开舍式

○法政大学寄宿舍开舍式

本大学在麹町区富士见町六丁目三番地为清国留学生新建寄宿舍,面积百数十坪。上月二十八日,于该宿舍内举行开舍式。当日,梅总理,清水干事,乾学监,牧野编辑主干,石原、竹内正副主事,千田舍监,以及清国公使馆书记官梁继泰,通译官黄汉、马永宽,监督谢崇基,其他大学职员一同与会。在享用中式午餐后,午后一点,仪式开始。梅总理致开舍辞,之后梁继泰致祝辞,钱维骐致答谢辞。仪式结束后,作为余兴,演太神乐(日本舞蹈)。午后三点,式散。

【《法学志林》八卷十二号　明治三十九年十一月二十日】

943 法政速成科第三班卒业证书授予式

○法政速成科第三班卒业式

上月二十三日,于本大学第一讲堂举行该式。现揭其概况。当日午后二时,卒业生、教员、校友及来宾依次入场就坐。因为梅总理染病,由清水干事为各卒业生授予卒业证书,为优等卒业生颁发奖品,并作学务报告。乾学监致告别辞，教员代表志田博士、清国公使、来宾代表松室检察总长、校友代表武田辩护士致祝辞，末由学生代表李景龢致答辞。仪式结束后，摄影留念，并另设简餐茶点。

前述学务报告、告别辞、祝辞等见下。

〇干事清水学士学务报告

今因梅总理染病，不能出席，由余代作学务报告。清国公使阁下、松室检察总长阁下及其他诸君，能于百忙之中驾临会场，实为本校荣光。依例首先进行学务报告。

我法政大学为清国留学生设置法政速成科，专门教授法律、政治学科，于今已有三年。明治三十七年五月，第一班卒业生共六十九人。所幸第二班卒业生人数更多，共计二百三十九人。如今第三班学生卒业，于今日举行卒业式。

今日卒业生即第三班学生，于明治三十八年即去年五月初开始授课。最初入学者总计二百零一名，其中转入政治科三十九名，转入专门部一名，退学一名，罹脚气病不幸死亡者一人。参加第一、第二班试验者，有及格者，亦有不及格者。参加第三学期即本次卒业试验者，总计八十一人。除因上述事由及退学者，剩余七十九人。该七十九人经此第三班卒业试验。

至于第三班学生试验之完整经过，第一学期试验及格者八十九人，再作区分，普通学期试验及格者六十七名，特别试验及格者六名，补试及格者十六名。第二学期试验及格者八十名，其中普通试验及格者五十六名，特别试验及格者十六名，补试及格者八名。继述第三学期卒业试验经过。参加卒业试验者七十九人，其中及格并参加今日仪式授予卒业证书者六十六人,不及格者九人,试验无效者二人,由于中途缺席而未经全部试验者二人。

最初二百余名由于种种事故,或不及格而渐少,今日卒业获得名誉者减至六十六人。本班学生严守校规,勉励学习,试验之际,尤为严肃,绝无不当。吾信其几无逾规之举,此既为诸君名誉,实亦本校第三班清国留学生教授经验之累积,精神上之感召,深值欣慰。学监乾学士、教员代表志田博士等,将于本次卒业之人发表训谕,吾不赘言。本次卒业者,诚如前言,此六十六人于二百余人中脱颖而出,不仅品行优良,且于考场无任何不当之举。相信诸君今后仍能一如学生时代,于社会中脱颖而出,再创佳绩,博取声名,正所谓德立功成。希望诸君步入社会后,学以致用,多所建树。

最后,今日取得卒业证书者外,于本校法政速成科学习之清国学生尚有两班,一为第四班,一为第五班,前者有学生三百九十名,后者较多,至有六百余名。第五班又分政治、法律两部,今日正在上课。

以上依例作学务报告。今日举行卒业式,清国公使阁下、松室检察总长阁下等,诸位能够拨冗莅临,谨此深表感谢。

○学监乾学士告别辞

承蒙阁下及诸君允许,得为卒业诸生进一言。

诸君立志浮海,来游我邦,虽言语不通,却能从事深邃精密之法律,仅用一年半时间,获致卒业。虽教员及通译诸君之热心,自不待言,若无诸君热诚向学,则绝不能得如此佳绩。此堪为诸君贺。我等直接承乏教务者,其高兴欣慰,不亚诸君也。诸君故国,今缘种种原因,深梦忽觉,努力输入新文明,改革诸般文物制度,甚以难与世界列强比肩为耻。方今清国需用人才,如大旱而望云霓。诸君此时修得有用之学,获取新知而归,施诸实际,前途必大有希望。

诸君归国后,才能学识发挥之机,实不可限量。每当一国勃兴,需才孔亟,诸君怀有用之才,投身其间,欲成之事,必能成之。诸君担此大任,一举手,一投足,皆与清国四万万民众之利益休戚相关。大而言之,诸君双肩所担负者,实清国之未来也。且责任之重,不单有此觉悟,诸君经历一年半之努力学习,所获虽云不菲,然法政学问博大精深,欲至精通,诚为不易。若于实践中施用无误,更属困难。以一年半之短时言,诸君所获已多,然与法政之茫茫学海相较,诸君所学尚浅,远非足够。

诸君所学之浅薄,归国后无论在野在朝,于实践中必有所感。是以,诸君归后,决不可满于今日所学,如情况许可,应常努力作知识上之补充。补充知识之不足,有若干方法。诸君多数能阅日本参考书,或有未达,稍加学习,亦即能为之。闲暇时,诸君务努力阅读日本参考书,外语素养较高者或能有所增进。且正在增进者,应从世界上广求知识,以补学识才能之不足。

获取知识最为切近之法,便为读书。然自另一方面言,诸君于实践中发挥才能,踏入社会,必遇诸般问题,每次皆将研究如何解决。社会实为一大学校,诸君今番卒业,仅属学校卒业之一种。自此归国后,步入社会,又更进入另所学校也。于此谨记,每遇问题,不可轻易看过,要常正心诚意,寻求正解。如此,昔所不明之法理焕然冰解,其效不亚读书也。

窃愿诸君补充知识之不足。知识即为力量。有知识者与无知识者,其间相差千万里,所谓知识力量也。诸君养成知识,便为获得力量。力量并非为自身存在,亦非惟自身效用,必见诸实用,其效方显。但力量足以利其用,亦足以害其用。特别如法律知识,往往有害用之虞。诸君从我等学习法律知识，如怠于更进一步研究，可能会害其用，所以，应促其利用也。

欲利用知识力量，即为公益而用之。仅为一身一家之私益而用之，甚非其宜。如前所述，诸君责任綦重，可谓清国兴败悬于诸君双肩。当此之时，诸君既为清国之先觉，为“先天下之忧而忧”之君子，利用此知识，不应为一身一家之利，而应为国家公益。然非言诸君皆为官吏，窃亦不愿作如是之劝。易言之，无论诸君从事何种事业，即为图私利之直接目的，亦不应忘却增进国家公益。

诸君为公益而利用所学，必徐徐渐进，且求实著，欲一蹴而就，则决然不可。诸君虽为知者，与无知者相较，自有千万里之差，然不可过于自信，为诸君自身，为清国将来，为世界人道，而采急进立功心态。

犹有要者，余不厌其烦，望诸君为公益而善用知识。换言之，即为支那之将来作贡献。若言知识，不应仅以法律知识为足。为先导者必先自进，诸君既为清国先觉，心忧天下，欲唤醒支那四万万民众，必先自身具备相应见识。养成见识之法多端，今虽无法一一列举，首须面向世界，求取适宜、渊博之知识。其次，阅读新书、新闻杂志，获取新知，明确清国居于世界何种地位，常存此念，针对地位形势，相应设施经营，必要以诚实从事。

诸君学习法律之学，需特别注意一事，授受之际，当领会法律非常有益之处，然以此认为法律万能，则大为误解。世间万事皆可以法律治之，怀此想法，皆属错误。法律诚为治世之要具，但仅此并不足以治世也。俄国圣人托尔斯泰曾言，法律之力实甚强大，但吾人生活关系中以法律支配之分量，恰如海滩上之一沙而已。法律以外治世之要具，非常之夥。此之念头，不可离须臾也。

诸君大部即将返国，其一部仍留日本，继续攻究深奥之学术。于此等诸君，吾更进一言。诸君此后，应竭力以日本语从日本人处直接获取知识。然自法律言之，不能仅从书本求取知识，必广泛研究社会诸般现象，求得理解，且能适用，方无遗憾。是以，继续留下研读法律者，希望注意及之，努力学习。

无论留下继续研究，抑或马上归国就职，诸君皆为清国利益而应用学识。唤醒清国四万万民众，直接为支那之将来，间接为世界文明与人道，希望诸君竭尽所能。如以诸君之力，能臻于此，我等从事教授者，及帮助我等成就此事业诸君子，必皆共感满足与光荣。

今临此席，衷心祝贺诸君光荣卒业。难堪惜别之情，愿诸君为邦国身家，多加自爱。

○教员代表志田博士祝辞

阁下、诸君，作为教员代表参加此卒业式，得为诸君进一言，自感无尚光荣！

诚如欧洲哲学家曾言，第一原理即最终原理。兹当分别，略申鄙见，即最初吾人教授诸君之动机也。

众所周知，我邦教授法律之学校众多，负笈东京学习法律者不计其数。故以吾等微力，担任教授我邦学生之责，已极难得研究余暇。研究不足如我等，在许多学校执掌教鞭，殆所难堪。即便如此，教授诸君之任，吾等不仅欣然应承，且热心从事，甚或推辞其他学校教席，特备时间，以教诸君。何以教授诸君如此热衷？余有几句烦言，尚祈诸君清听。

诚如乾学监前面所述，诸君之母国——清国长夜梦觉，现正欲行一世界性大飞跃。当此之时，研究法政诸学为当务之急，是以如诸君来我邦肄习法政者甚夥。虽有言语不通，种种违碍，但有努力出国来游，为国报效之深衷。吾等从事法政诸学研究者，一旦察此，勿论如何，必愿助一臂之力。然清国现状，与诸君衷心，并非促吾等决心来校执教之理由也。

又自我邦于世界上地位考之，虽难言政治冰人之天职，但若离开政治问题，在学术上以冰人自认，并奉为天职，敢说确定无疑。何以言之？无他，我邦之地位及我民之秉性，于融和东西文明并创造新文明，最为适当。稽之既往，其一部已经完成，将来更欲向西方逐步绍介东方文明，并向东洋诸国绍介西方文明。故今日清国欲输入西方文明，首应求助我邦，最为便利，且属应然之义，此为世所公认。我邦虽有如此天职，并得清国信赖，但亦非吾等为诸君授业之理由也。

然使吾等执教之根本动机为何？此亦无他，抑人种与人种之关系，为今日世界大问题也。世界许多人种，平等、尊敬、友爱等观念，各人种全同一致。无论本国人民，抑或他国人民，无论人种如何差异，不应更设人为之别。此固从来正当理想也。相信遥远将来，亦必如是。然可悲者，当今由人种差异，引起种种难题，或有人种蒙受他人种压制，蒙受非常迫害。现白色人种于美洲、非洲等土著，所谓黑色人种、棕色人种之待遇，仅较禽兽稍优。所幸我黄色人种，较之黑色人种、棕色人种，于智力财力及其他方面，决然隔绝，未受如此迫害。然亦由人种差异，直接或间接致受不平等对待。今日所受不平等对待，如前之清国民移住美国，受到限制，现我邦同胞于旧金山受该国教育界之排斥等，皆属明证。

这些原非出于一地或一国，或其部分人之偏见，但豁然观之，不外人种相异，弱势人种受强势人种迫害所致。遥远将来，或再无此等情事，目下或晚近将来，于此绝难一扫而尽。故同一人种互相帮助，保其利益，全其体面，若云其种所属人人之义务，宜也。清国为世界最古帝国，今无人认其固有文明全然落后西洋文明。但因西洋文明发达显著,为富日远,其他各种事项,及表现国力诸点,皆居非常劣势,此为诸君所公认。我邦幸自维新以后,有所醒觉,稍能于武力上与西洋诸国比肩。但我邦面积过小,人口无多,以此与西洋诸国相较,非常悬殊。虽与西洋诸国于人种上得相对抗,然即自负再强,亦不无危惧之念。况黄色人种,除我邦外,以清国为首,尚有二三之国存焉。若黄色人种大半受西洋诸国压迫,遂至我邦亦受其压迫,其结果可想而知。是以,日清两国国民应相互提携,以对抗西洋诸国人种压迫。此非仅吾等主张也。此人种对人种问题,恒为某私下所忧虑。岂仅忧虑,更为来此学校,热心为诸君执教之根本动机也。

遥远将来,此人种对人种问题必一扫而光。世界万民,同一交际,所谓同胞,于斯可见。首先,吾等日本人,与占黄色人种大部之清国,携手并进,堪以对抗西洋诸国所谓白色人种压迫,以期世界进于大同。为求实现,窃愿诸君倾力相助。所幸诸君学得法政诸学,特具实现此目的种种必要之法。我等以最大热心执鞭教授,还请体察吾等苦心。将来诸君建设祖国,言念及之,此不仅为吾等荣耀,自小处言,乃为东洋各国民之利益,自大处言,即为世界人民之福祉也。耑此向诸君深表谢忱。

〇杨公使祝辞

本日为法政大学举行清国留学生法政速成科第三次卒业式,使者窃以一言为祝。今日朝廷颁布宪政,中央官制已经厘定,地方官制改革案亦行将宣布。夫欲实行宪政,必先为立宪之豫备,而豫备之作用,在于养成法律政治之人才,俾各知其权利义务,盖必人人具有法律政治之思想,而后宪政可以施行,亦必人人具有权利义务之观念,而后施行宪政,能收实效。诸生今所肄习，皆法律政治专门之学也，诸生今卒业而归，莫不负有地方上之权利与义务也。矧比者国家更订法律，会议商约，改良裁判，仿行地方自治，无不赖有研求法律政治之人。溯自法政大学开速成科以来，已卒业两次，今又举行第三班卒业式，深荷博士梅校长暨各教师训诲殷勤，不遗余力，各生学业斐然可观，以短期之岁月，而通完全之学问，其有俾于吾国豫备立宪之前途，匪浅鲜已。惟以吾国幅员之广，行省之殊，仅此区区法律政治之才，诚不足以敷分布。然诸生归国后，果能以法律政治之思想，权利义务之观念，而父诏兄勉，推及全国，则蹇始虽微，收效甚巨，有如泰山之云，不崇朝而普通天下矣。果尔则诸生之责任已重，诸生之自待，尤不宜轻，此则使者所深有望于诸生者已。

〇来宾代表松室检察总长祝辞

清国留学生诸君，诸位研究我日本法律学，远道来游我邦，苦学一年有半，今兹举行卒业荣典，一则为诸君贺，二则为本校而致大祝贺也。

支那帝国于世界各国中开化最早，窃谓其特有文明亦非常先进。

虽我邦今日文明，于支那文明所负甚多，其文明诸点与世界各国相较，亦不遑多让，然仅限该国特有文明。欧洲各国与东洋各国相较，不免互有长短。支那帝国今日鉴此，对固有文明舍其缺点，以取世界各国之长。近据报道，正值推进方针之良机也。

藉此改革良机，诸君适习法律之学，归国后，或为官，或为民，羽翼伸张，前途甚有希望。基于此点，余深为诸君贺！然值此致辞之际，余特向诸君表一希望。诸君于此一年半时间，修习法律学问，乃由博学之教员诸君所授，诸君机敏如斯，堪以了解。相较而言，以极短促时间，诸君勉学，成绩十分优异。然法律学中有极深奥处，牵涉广泛，无论诸君如何勉励,或成绩如何优秀,亦仅为一年半之学问,不过法律学之初步也。诸君尚难称法律学者,应秉初涉法学之心,归国后,每当临事,尚须作深入研究。

因此,今后应进行充分研究。法政大学所授,绝非粗陋之事,且清国学生留学东京者非常之多,其中进入法政大学学习者应发挥实际作用。希望诸君,特为本校多举实绩,以彰本校学者之仪范。

余与本校关系甚久,可追溯至此学校所称和法法律学校时代,乃至更前。近年与学校虽无甚多关系,对其近况亦少了解,然恒望本校能长盛不衰。现法政大学不仅养成日本学生,也养成很多支那帝国留学生。此次举行第三班卒业式,深为本校表示祝贺。

恰值清国改革良机,诸君研习日本法律,修成归国,法政大学之名声,必然传遍支那各地。此深值为双方庆贺也!学无止境,诸君勉旃,后必雄途大展,本校之令名,亦必随诸君之令名日益发扬。是所至望。

○校友代表武田律师祝辞

谨代校友,以申祝辞。今选新尝祭日①,举行清国留学生法政速成科第三班卒业式。吾等校友得一同列席仪式,实吾等之荣耀也。

谨此,余想略申感想,以代祝辞。

卒业诸君远离父母之国,积萤雪夜读之功,今日各界绅士临场道贺,于欢呼声里得受卒业证书。卒业诸君获如此成绩,实因诸君非常坚韧,勤奋学习。且诸君本国先辈,排除几多障碍,为诸君提供就学之便。更有我法政大学,于诸君夙加重视,为诸君采用便宜之法,亦为一大原因。

① 译者注:后改为“劳动感谢日”。

故诸君自当喜悦，而于直接或间接担任教育之本校教员、其他诸人，诚如适才乾学监所言，彼等亦非常高兴。

诸君及本校教员之欣喜，虽如上述，吾等校友之欣喜亦不多让。无论如何，吾等校友新得六十六名校友兄弟也。

诸君祖国当下，正如适才所言，亦如诸君所知。诸君以今日所获成果，回归故国，恰如饿者求食。换言之，余认为此实诸君未解行装，便尽瘁国事之时代也。

若果如此，余思诸君责任綦重，亦为男儿甚快意之事。

但凡处理事务，须知责任。不知责任，则其事多失序，规则紊乱。诸君双肩既担负如此重任，归国后，遇事应竭尽全力，以免失其规则秩序。诸君暨诸君前辈，应对本校直接或间接教授之教员，心存报恩，以副吾等校友希望。

今日能得如此成绩，仰蒙本校教员及直接从事诸君之佑护。吾等校友尽管仅为列席今日盛典，然思念及此，难遏感谢之意。易言之，提升本校价值，亦即提升本校校友价值也。希望今后能秉此方针，竭尽全力。

谨向卒业诸君提出期望，同时对本校教员等直接相关诸位表达感谢，并以此代作祝辞。

当日莅临者如下：

板仓松太郎君	乾政彦君	岩村成允君
石原三郎君	井田忠信君	伊藤俊风君
六嘉秀孝君	萩原敬之君	户田和光君
茶谷京之助君	奥村信夫君	渡边武左卫门君
若野定次郎君	渡边应太郎君	片冈宽喜君

加部成兴君	杨枢君	吉留宽夫君
横山胜太郎君	武田良吾君	竹内义一君
丹武四郎君	田中端君	多多纳泷藏君
曹广权君	永原寿太郎君	中泽福松君
村田任太郎君	久保田坚次君	草间正之君
矢野芳弘君	安田正夫君	松室致君
松浦鹤麿君	青木彻二君	阿部秀助君
青山义堂君	宫地佐之助君	水野应佐君
清水一郎君	志田钾太郎君	庄辰三郎君
重利俊夫君	樋口兼则君	守谷富之助君
森原嘉逸君	关安之助君	角居寅八君

【《法学志林》八卷十三号　明治三十九年十二月二十日】

明治四十年(一九〇七)

944 法政速成科第四班卒业证书授予式

〇法政速成科卒业证书授予式

第四班卒业证书授予式于本月五日下午二时在本大学第一讲堂举行,谨记其要。先是卒业生、校友、教员、来宾依次入场,就坐。梅总理为各位卒业生授卒业证书,并为优等卒业生颁发奖品,次发表学务报告及告别辞。教员代表小野冢博士、杨清国公使、来宾代表一木博士、校友代表田中,依次登台发表祝辞。最后,卒业生代表张智远致答谢辞。仪式结束后,别设简单茶餐。当日列席者有:一木喜德郎、五十岚矿三郎、伊藤丰次郎、刘蕃、李穆、刘士骥、小野冢喜平次、加濑武夫、杨枢、杨芾、横山胜太郎、田中端、丹武四郎、永原寿太郎、工藤铁男、山口弘一、松室致、藤芽丰彦、寺田市正、黄汉、阿部秀助、阪崎斌、祁耀川、宫地佐之助、菱谷精吾、守屋此助、关安之助等，以及梅总理，清水干事，秋山、乾两学监，石原、竹内正副主事等本校职员数十名。

学务报告及告别辞、答谢辞等如下所示。

○梅总理学务报告及告别辞

现在进行学务报告。

今日卒业之第四班学生，于明治三十八年十一月开班。在此班学生授业之始，入学者总数达三百八十八人。其中退学者六人，除名者三人，共减少九人，现在总数三百七十九人。

此第四班学生，前后接受两次学期试验。自第一学期试验成绩看，明治三十九年七月参加定期试验者二百一十五人，其中及格者一百七十四人，不及格者四十一人。此后于明治四十年一月举行特别试验兼补试，当时参加试验者总数九十六人，及格者七十七人，不及格者十九人。后于明治四十年四月举行第二次特别试验兼补试，当时参加试验者十九人，及格者十八人，不及格者一人。前后参加试验者总数三百三十人，及格者二百六十九人，不及格者一百六十一人。需注意者，此中有参加两次以上之试验者。据本校规则，得有两次以上参加试验机会，将此等合计，致总数有所重复。此为末节，在此不赘。参加第二学期试验者，即参加本年四月试验者二百六十一人，其中及格者二百四十人，不及格者二十一人。根据试验结果，本日授予卒业证书者共计二百三十八人。

另披露法政速成科原有卒业生以及现在学生数。自法政速成科第一班开办以来，至今已满三年。其间，第一班卒业生六十九名，第二班卒业生二百四十一名,第三班卒业生七十六名,总计三百八十六名。若以今之第四班卒业生二百三十八名合计,共六百二十四名。

继言法政速成科现在学生数。第四班余下学生一百四十一名,第五班八百二十八名,其中政治部四百二十四名,法律部四百零四名。此外,尚有补习一科,专为速成科已卒业者进一步补习知识而设。在补习科学习者,现有七十六名。与前所报告之普通学生合计,总数恰为一千零四十五名。

学务报告既终,吾欲对卒业诸生,以数语告别。

如今日报告所述,我法政大学法政速成科,乃三年前专为清国留学生而设。迩来已有三班卒业,今日乃第四班。迄今三班卒业诸生,现已大部归国,从事各种职务。此等人中,不乏担任枢要之职。如天津为调查地方自治制度而设之调查局,于吾去年参观清国时,任命八十一名调查员,其中十一名悉为我法政大学法政速成科卒业生。后接侨居天津者来信,言道:近参与天津地方法院旁听,其重要职员,悉为我法政大学法政速成科卒业生,见其热心审案,深感佩服。至于其他地方,本大学卒业生或如天津般受到重用。然吾去年清国旅行,其间目睹各地执掌要务者甚少。且常闻之,自日留学归国者,或多具排外思想,或多倡革命主义。此虽为吾去年清国旅行前及归来后所闻,然主要为现居清国或已经回国之日人所言。自清国留学诸君言,于我邦留学者,以本大学为最。本大学所授,即所谓法政之学。法律、政治皆支配社会之工具也,法律制度之学最关实践。且此学生多数,已于本国获进士及其他学位,具有相当官职,是以归国后即可担任冲要。若留学日本者多怀排外、革命思想,就中肄习速成科,持此排外、革命思想者尤多,则本大学最应受其评判。

此排外思想甚恶。我邦曾有一时代,亦所在多有。即以今日观之,或亦不能完全无之。总之,排外思想于国家有损无益。何也?当今文明国家间友好交往,变他国之利为己之利,此非强制,而在和睦平常交往中,从外国谋取自国利益,是文明国家努力方向。欲图充分获取外国利益,平常必与外国保持友好关系。若果排斥外国,或可避外国之害,然亦不能获取外国之利。退一步言,为避免外国侵害而采排外行动,并非得策,尽力不引起外国不快之感者,其害则愈小。如此以观,排外思想实为一种错误思想。然此排外思想,往往于熟谙外国事情者中尚且存在。若言个中缘由,或谓外国有诸般事情,既有其长,亦有其短,仅见其短,则外国一无是处,觉其不足模仿。另一方面,各国利益常难一致,甲国利益动为乙国之不利益,仅见其利益冲突,则外国尽属敌对也。难解此者,动辄怀有排外思想。怀排外思想者,亦非所谓冥顽不灵、固陋无知之辈,于新社会具一般之了解者,亦时常怀排外思想。诚如前述,若仅见外国之短,或仅见外国与本国利害冲突,难免皆视外国为不友好,宁排斥之。此种想法甚谬。

留学我邦,学成归国者甚多,其中多少或具排外思想,余决不信此辈皆怀排外思想。如前所言,来我邦留学之人,于留学期间,兼知我邦及欧美诸国之优缺点。若过分看重此中缺点,感觉外国不堪处此重要位置,且于长期留学日本,对于种种问题,或日本与清国、欧美各国与清国之间利害不甚一致,或相冲突处,深有感触,抑或不自觉生成排外思想。余觉未必留学我邦者,惟其思想如此;留学他国者,亦必有类此者。仅以留学他国者极少,留学本邦者转多,其中具排外思想者自然较多。然则我邦爱国心盛,如误解此爱国之心,亦易启排外思想。感于日本爱国之心,赞许此种精神,同时从中养成排外思想者,虽不乏人,但余断难信此为常态也。

其次，所谓革命，甚不祥之物也。余深信，若国家依一定规则进化发展，则不应有革命之事。若在上者始终依法而行，以支配在下者，又在下者仅采依法方式实现己之希望，决不会发生所谓革命。革命殊惨，切莫发生，吾等常抱此希望也。然闻于日本留学而归者，其中即有速成科卒业，高唱革命主义之人。余闻之，不便置评，甚觉遗憾。细想之下，若非具有多少新知识，革命思想即无由发生。昔者以野蛮之行动扰乱一国，酝酿变乱，无论任何国家，任何时代，所在多有。然人民希望国家进步，获致安宁、幸福生活，自此观之，若非具文明思想，便不会起革命思想。而留学我邦之人，学得所谓新知，实即欧美迄今政治历史，以及国家组织，于今日社会如何进化之规律也。将之应用本国，而本国今日状态不符众人期望，意颇不满。于是力图改变，欲最快实现文明进化，往往不暇择取方法，难免有人思以所谓革命促其进化。此亦非留学日本方出此种人物，必须承认，于当今文明国家留学者，皆易生此思想。惟如前言，留学日本者非常之多，其中具有革命思想者如此之多，窃以为诚所难免。

此所谓排外思想或革命主义，其思想或主义本身，绝非良好之物。排外思想，其恶固无论矣。革命主义作为一种主义，亦固非所望。具此思想或主义之人，多不甚了解外国情事，或未充分研究他国进化轨迹，所以易启此种思想。就清国留学诸生言，若非十分研究日本及其他国，未充分研究各国至今史迹，未深刻研究国家发展应采最为安全、有益之法，则不应轻易倡导革命主义。今日卒业诸君，定需十分注意此点，即贵国多数人倡排外思想，因其谬误，诸君莫要采纳；即多数人倡革命主义，因其甚恶，亦不绝不可加入。至今仅以一年半时间在校学习，知识实未充分，请于此基础上再加研究，同时莫有任何排外主义或革命主义思想。

余思诸君以种种原因，直接回国者居多。此等回国之人，大抵可任重要职务。然诸君学问,如前所言,未必十分充分,即材料如何齐全,学习如何努力,仅以一年半修习学问,遽难完全。就中即便采用通译,通译如何精巧,亦难免隔靴搔痒,与直接听受讲义者比,难免不全。诸君以如此不全之法,不充分之时间,修习法政之学,若认诸君所学已足,所具学识能顺利解决任何事情,实为大谬。诸君自始即知其非也。余甚望诸君,一边处理实务,一边加强学问。倘年龄尚轻,或情况允许,尽可能留在日本,在此基础上继续攻究深奥之学。

诸君同来本校,研究学问,已经一年有半。此次诸君卒业,多数将回故国。惜别之际,余甚望诸君皆成贵国有用之才,或在朝,或在野,皆图维护贵国之利益。今当离别,与惜别之情相较,望诸君将来发展之情更切。"无为在歧路,儿女共沾巾",为诸君将来,聊陈鄙见,以作告别之辞。

〇教员代表小野冢博士祝辞(摘要)

本日忝列诸君光荣之卒业证书授予式,作为教员代表发言,甚感愉快。谨借此机会,恳请列位先生宥恕,聊陈鄙见,以代祝辞。

余所欲言,在于两点,即对清国留学诸生,日本有识者所持之念,及行将卒业诸君,将来需注意我等之期望。

首先,我等欢迎留学诸君之原因,约有四端。其一,诸君欲求学问,来至日本,学友如斯,日本有识之士,特别从事教育者非常欢迎。其二,清国于世界将来有重大关系,诸君来自清国,始终倾注心血,望其发展,于清国未来必产生至关重要影响。吾辈必欢迎之。其三,日本与支那有特别关系,即面向未来,两国于促进文明日益发达基础上,具有相互提携前进之共同运命。第四,稽诸往古,日本文明负于清国文明者多,今日本人欢迎清国留学生,以还前日所负之债。此为又一种原因也。

诸君回国后，如何安身立命，吾等始终萦怀。是以，对于诸君将来，不得不有所希望。此甚重要，约有三点。

第一点，即继续研习学问。诸君经过一年半之研究，于法政学问大体通晓，但研究并未达其蕴奥，是非继续研究不可。在方法上，余拟重申三点：第一，即外语学习，尤其学习日语；第二，注意读书，并非为读书而读书，书籍选择亦很切要；第三，不可只读书，甚有必要力行实践考察。

对于诸君之期望，第二点，是诸君品性。对于品性修养，窃谓诸君须要注意二三点。其一，谦让，但与此同时，在应该表达反对意见时，必要态度坚毅。其二，应固守自身权利，即对一方严格履行义务，同时充分主张自己权利，也非常重要。对于义务一方，应自觉履行义务，即尊重一国国法，甚为关键。以适当手段尝试变更，只是例外，不合自己利益时，必须严格禁止破坏之。其三，勤俭及善用财产。理应竭力勤俭，自不待言。欲独立成就事业，或免罹世间诱惑，甚为必要。但惟有勤俭，尚非足够，对于财产应善于使用，甚属切要。

希望之第三点，是要诸君注意健康。其一，要注意衣食住。并非劝诸君穷奢极侈，所谓简单生活，于卫生上有益。如重视清洁，并不需何种费用，若能做到，则对健康有非常重要影响。其二为运动。非言何种技艺性运动，如不具其手段，进行他种游戏，即使散步，亦宜。其三为精神上卫生。没有精神之慰藉，心则难安也。

以上所述，于他国家或他时代之人，事属相同。然诸君处清国过渡时代，且为其先觉，特以如此期望。清国前途辽远——所谓辽远，非言日暮道远，而为长夜梦觉，现已是旭日初升，非常乐观之时也。吾等相信诸君前途非易，惟望诸君奋发自励，光明前途则大有希望。是为至嘱。

○杨清国公使祝辞

光绪三十三年三月二十三日,即阳历五月初五日,法政大学举行中国学生第四次卒业式,济济一堂,使者窃以一言为祝。盖尝闻之,当万国竞争之世,无政治之国,固不足以图存,即政治之稍未完备者,亦不足以自立。故综古今之沿革,考各国之利病,著为论说,以备参考,此政治学之所由来也。虽然政治学之范围甚广,而政治学之研究甚难,非先通各种科学,不足以立政治学之基础;非专就政治学而讨论其利害得失,不足以窥政治学之效果;非穷探社会之状态,洞悉民风之习惯,不足以奏政治学之运用。今诸生肄业法政速成科,其期固甚短也,而以梅博士之热心维持,暨各教师之殷勤训诲,得以短促之岁月,而闻高深之绪论,从此而加以考验,出以经历,则斟酌时势,浃洽舆情,何有扞格不通之病。矧自法政大学开速成科以来,卒业四次,人材辈出,其前此归国诸生,手握政柄,躬膺民社者,已大不乏人。诸生固无患有材而不见用,但患所学之不完备耳,此则使者深为诸生勗勉者也。若夫豪杰有志之士,不囿于速成,不限于所学,具上下千古之识,负纵横五洲之材,旋转乾坤,经纬天地,维新中国,臻于自强,使尚论者,咸曰某也某也,皆当日法政大学之卒业生也。使者不敏,窃愿馨香祷祝以求矣。

○来宾代表一木博士祝辞(摘要)

余今日得出席此隆重仪式,获发言机会,自感非常荣幸。诸君今日光荣获得卒业证书,岂独为诸君贺也。诸君将知识携归本国,无论在朝在野,担任各种重要职务,将所学付诸实践,对东洋未来发展影响甚巨。于此观之,窃以为深值祝贺。

与此同时,余尚欲就诸君将来聊表希望。诸君于本校所学,及于本邦所见闻者,皆为最重且有益知识,可谓诸君精神上之营养。然知识亦同于食物,若无消化,则生弊害。原无论日本国民,或支那国民,皆致力学习泰西日新之学。诸君特以一年半时间,欲全盘掌握法律、经济等学。窃思以如此短暂日月,欲消化全部知识,颇为困难,故希望诸君能尽力消化此富有滋养之食物,即此有益之知识也。

适才,梅博士言及排外思想、革命思想。据言革命思想本即存在于具有新知者中,而排外思想在具有新知者中,却意外加多。此或因没有充分消化知识之结果,或盲目比较本国与外国状况,慨叹本国输于外国之余,企图急进变革,或于外国粗有了解,但知其非尽为光鲜之事,甚或弊端丛生,转而蔑视外国。梅博士适才所言,余甚表赞同。外国固有其长,亦有其短,努力扬长避短,时刻发达自国,此等情事,必要深加领会。

我邦迄今所历种种制度变迁,想诸君必能了解,消化所学知识,实为必要。即不能详述沿革,但应明其重点为门户开放国策及其次序。门户开放国策历史较久,于广阔世界求取知识,乃明治初年以来方针。明治二十二三年,条约改正时,稍有议论。当局者力排狭隘舆论,改正条约,坚持门户开放。又有一种极端思想,即直接将外国文化移入我邦,然自整体观之,应重视历史渐进发展之秩序。于日本法制方面,必先理解但凡解释法律制度,欲充分消化,必知其沿革变迁。换言之,国家法制之发达,必以一定次序,又须不与世界大势相悖。是以,今日特望诸君能充分消化所学知识。

〇校友代表田中君祝辞(摘要)

本大学即我等母校,为清国留学诸君举办卒业证书授予式,余得忝列,感到非常荣幸,在此代表校友深表感谢。尤自我等校友角度观之,新获近二百四十名校友,何等愉快。“有朋自远方来,不亦乐乎”,乃贵国圣贤之语,今我等终于得见其实。

诸君仅于一年半之短时,习得法制、经济范围极广之学,一则因为诸君才思敏捷,一则自梅总理阁下以降,教员诸君秉持普及东洋文明之国家观念,夙夜陶育。今环视宇内,真正战争所闻较希,然文明战争即生存竞争却日益激烈。希望诸君深体自梅总理以下教员诸君训诲,勉励学习。考诸贵国圣人孔夫子,其事甚明。作为迄今无数人榜样,孔子十有五而志于学,终生不怠,视社会为学校,不辍研究。

兹欲以一二句经验之谈,终此芜辞。余现任府下北丰岛郡郡长。自来清国留学生诸君卒业后,总来我郡村镇,调查地方制度,每问常得要领。就中有如是之问:实施地方制度,地方代表机关与议决机关之间为非常竞争时,是否会扰乱民心?此为一极难问题。余对此应讲一遍地方制度实施之沿革,起初并非无害,但为巩固地方行政,鼓吹团结民心之思想,除实施地方制度外,别无他法。给予人民参政权,参与地方行政,甚或扩大之,使进而成为举国一致之国会制度。遇有重大之事,其效立见,日俄战争即为明证。举国一致,以村镇团结为基发展而来。窃愿贵国能采诸君所学法理,完善立宪之基,凝聚地方集团之力,进而四亿人齐心一致。而其责任,悬于诸君双肩之上也。

又有问曰:贵国实行征兵、地税、强制教育,其他各种纳税义务,并要求缴纳高额战时税,于此等处,违反者较众,如何强制实行乎?窃余尝思之,就职时,觉无论何种法律规定,通通以强制手段施行即可。然实际处于其中,如此做法,竟招更大纷扰,乃悟欲使国民履行是等义务,必舍法律武器,加强国民训练、修养,诉诸其理想性、公共心,即法律毫无作用,万事亦将顺利,可收意外之好结果。余详举此中实迹,乃为回答此类质问。余主张遵从孔子之教，欲治其国者必先齐其家，希望诸君今后秉持如切如磋、如琢如磨之研究态度，厉行各位先生教诲。余谨以一席微薄经验之谈，赠予诸君。切望今日之卒业证书遍布贵国各地，国富兵强，贵我两国相助相携，阔步宇内，早奏其功。

【《法学志林》九卷五号　明治四十年五月二十日】

945 法政大学第二十三回卒业证书授予式

○总理梅博士学务报告

（第三集　抄录资料编号 718）

按例现由本人作学务报告。

此次卒业式，为本校开设以来之第二十三回。卒业生人数总计六十四名，其中大学部一名，专门部法律科六十名，商科三名。另有从大学预科卒业进入大学部者四名。本大学大学部与专门部商科于三年前开设，此次为其第一班卒业生。依照本校学则，享有获颁法政大学学士称号权利者，即今日大学部卒业生，在本校系属首次。截至去年，卒业人数总计一千三百三十八名。加之今日卒业生，共有一千四百零二名。此仅为校本部卒业生数量。本大学附属为清国留学生特设之法政速成科，卒业生总数已达六百三十六名，合计共有二千零三十六名。现在校学生总数，全部学科共计二千零四十九名。

现依例报告此次各部卒业试验及学年试验成绩。大学部第三学年在校生六名，其中接受试验者四名，及格者一名；不及格者中，包含缺考者，而缺考者恰为三名；没有参加全部试验者两名。大学部第二学年在校生十名，接受试验者六名，及格者四名；不及格者中，不及格者与缺考者各一名，合计两名；没有参加试验者四名。大学部第一学年在校生三十八名，接受试验者四名，及格者三名，缺考者一名，没有参加试验者三十四名。专门部法律科第三学年在校生一百二十九名，接受试验者七十三名，及格者六十名，不及格者十名，缺考者两名，试验无效者一名，计有十三名不及格，没有参加试验者五十六名。该科第二学年在校生一百五十一名，接受试验者五十六名，及格者三十九名，以多种原因不及格者合计十七名，没有参加试验者九十五名。该科第一学年在校生二百九十一名，接受试验者四十一名，及格者二十八名，不及格者十三名，没有参加试验者二百五十名。商科第三学年在校生三名，接受试验者三名，及格者三名。该科第二学年在校生五名，接受试验者五名，及格者三名，缺考者两名。该科第一学年在校生六十二名，接受试验者十八名，及格者十三名，不及格者五名，没有参加试验者四十四名。大学预科第三学期在校生三十二名，接受试验者六名，及格者六名，没有参加试验者二十六名。合计以上在校生人数，共计七百二十七名，结束试验者二百一十六名，及格者一百六十名，不及格者五十六名，没有参加试验者五百一十一名。另外，无需参加本次试验者，高等研究科三十八名，大学预科第二学期一百四十名，大学预科第一学期一百三十七名，旁听生六十四名，法政速成科补习科九十八名，第五班法律部四百零一名，政治部四百四十四名，分校普通科二十六名，综计二千零七十五名。

自去年卒业式后，学校修改校规，并新增若干设施。去年八月八日，修订校规以及专门部实业科学科课程，其结果即为今日商科。同年十月二十八日，开设寄宿舍。至今年一月二十八日，汉文月刊杂志《东洋》开始发行，并连续出版。今年二月十三日，为清国留学生于校规中设立普通科，将实业科改名商科，设置大学部以及大学预科中之特科生，并获文部省认可。今年四月三日，新建分校落成，同月十五日普通科开始授业。

以上为学务报告概要,下面依例简单向卒业诸君致告别辞。(中略)

尚须更尽一言,本大学二年级中,清国留学生人数较多。该等之中,大部既从本校法政速成科卒业,进入专门部学习,既已掌握法律、经济学科大要,继而正式修习同一学科,其成绩必可期也。然自另一面言,彼等究为外国人,语言不全精通,无通译之人,而与日本学生同听日本教员讲义,或有困难。是以,担心其试验成绩未必如前所料。所幸,今日殆皆预料外之佳绩。如专门部法律科第二年级第一名程树德君,以前即常为法政速成科优等生之一,此次获得第一名,取得如此荣耀成绩,余深感欣慰。另如郑浩君等其他多数,皆以佳绩获得通过,余更非常高兴。请诸君以后再接再厉,常保如此佳绩,完成本校学业。(后略)

【《法学志林》九卷七号　明治四十年七月二十日】

946 清国留学生法政速成科补习科卒业式

○清国留学生法政速成科补习科卒业式

本月十三日下午三时,于法政大学分校举行。当日由于总理梅博士不在,而由副教头富井博士授予卒业证书,并为卒业生中优等者颁发奖品,并发表学务报告,对卒业生致告别辞。摘录其要旨如下:卒业诸君既从法政速成科卒业,或在北京翰林院研修数年法学,在此更钻研一年,其成绩大有可观。然诸君前途辽远,未可安于今日荣耀,应持诚实、忍耐、勤勉之旨,期望将来有所大成。尤其诸君归国后,无论在朝在野,莫急于立无用之功而误事,而应审时度势,鉴察国情,以既修之学付诸实地,着着活用,成就功业,望诸君成为时代之先觉。继而,教员代表松波博士致祝辞,其要旨如下:今日于庆祝诸位卒业之际,有两美甚为感动,一为秩序齐整,二为成绩优良。在相关各种学校中,保持秩序齐整,仅次于陆海军学校学生。而于日常课堂问答之时,非常高兴诸位认真钻研。今于试验答案见之,其成绩优良,甚劣者非常之少。成绩如此划一,衷心值得欣喜。继则提出诸君为祖国尽力,应有所表现之处。然话锋一转,警示"劝诫各位切勿日本化",应采本邦之长,以补自国之短,切勿眩于外观之美,而灭失自国优点。继则清国公使致祝辞,后由学生代表致答辞。仪式结束后,别设茶点简餐。

【《法学志林》九卷十一号　明治四十年十一月二十日】

明治四十一年(一九〇八)

947 法政速成科第五班卒业证书授予式

〇法政速成科第五班卒业证书授予式

于上月二十六日上午九时,在本大学第一讲堂举行。梅总理依例为各卒业生授予卒业证书,为卒业生中优等者颁发奖品,并发表学务报告,且为恳切训谕。迨后,教员代表志田博士、清国公使代理、来宾代表千家司法大臣、校友代表信冈雄四郎致祝辞,卒业生代表致答谢辞。仪式完毕后,别设茶点简餐。

〇梅总理学务报告及训词(要旨)

以下发表学务报告。

本日卒业之第五班学生,分为法律、政治二部。法律部为明治三十九年十月开班,入学者四百零三名,其中退学者二名;政治部同年十一月开班,入学者四百四十六名,其中退学者三名。此两部入学者共计八百四十九名,减去退学者五名,剩余八百四十四名,即在籍人数。各部学生都经过前后两回学期试验。首观第一学期试验成绩,法律部接受试验者二百九十二名,其中及格者二百一十一名,不及格者八十一名。政治部接受试验者三百二十六名,其中及格者二百六十四名,不及格者六十二名。换言之,两部接受试验者总计六百一十八名,其中及格者四百七十五名,不及格者一百四十三名。以上接受试验者中,尚有若干名根据本校学则参与两次以上试验者,故受试验者人数有所重复,但因该等占极少数,在此不作详细介绍。第二学期试验,法律部接受试验者一百九十七名,其中及格者一百八十名,不及格者十七名,政治部接受试验者二百四十九名,其中及格者二百零六名,不及格者四十三名。换言之,两部接受试验者四百四十六名,其中及格者三百八十六名,不及格者六十名。如此,第二学期试验及格者中,除第一学期试验未了者一名(法律部)外,共三百八十五名,即本日授予卒业证书之总人数。

次为法政速成科开班以至今日,历届卒业生及现在校人数。首先,卒业生中第一班六十九名,第二班二百四十一名,第三班七十六名,第四班三百六十四名,补习科八十名,第五班即今日卒业者三百八十五名,总计一千二百一十五名之多。第五班学生总人数八百四十四名,减去本次卒业者,余下四百五十九名,即在籍人数。以上为学务报告。下面,为卒业诸生临别之际道一语。

我法政速成科,如其名称所示,以教授法律、政治相关学科纲要为宗旨。因教员诸君热心,以及诸位学生勤勉,每次皆得优良成绩。侧闻去年贵国采用高官条件,似为我校卒业生举行特别试验者也。我校卒业应试者百名,不及格者仅三名,窃想今后亦其然也。至于贵国现状,方今公布宪政,以巩固国基,犹如我邦明治维新之际,家国多事。诸君于我校得受新知识而归，就任显要之职，将知识应用实地，其荣誉可谓崇高。然诸位心系荣誉，责任亦重且大，莫甘今日地位，期以我校所获知识为基础，黾勉奋励，担当社会进化之责也。

○千家司法大臣祝辞

能来法政大学速成科卒业式，并致祝辞，余感非常荣幸。

讲明浩瀚之法典，研究深邃之原理，并将之应用实地，确需历经长久岁月。今诸位坚持不懈，从本校速成科卒业，盖以极短时间修完至难学科。一直以来，殚精竭虑，得其要领，窥其概要，更知其津梁，辨其淮渭。如此出类拔萃，于法学知识上，非复往时诸君也。方针既立，自今勉励勿怠，可期大成。诸君今将归国，各有所为，在朝则可将其所学直施于其职，在野则应寻将所获应用社会之机，官民相须，为国家发展贡献之处，必非浅尠。日清国俗相类，唇齿之邦，文物典章互有融合，礼乐刑政交有损益。即晚近泰西文化输入，或先或后，辅车利赖，互相增益之关系，与日愈密。当此之际，诸君来日修学，回国施展，不独为一身一国，实于两国交谊有大裨补，宜如何奋勉耶。谨此为祝。

司法大臣、男爵　千家尊福

○清国公使代理祝辞

今日为法政大学速成科第五班行毕业式，公使因伯爵大隈氏约往足利，命鄙人出席，至为荣幸。比聆总理梅博士之报告，暨讲师总代之演说，藉知诸君成绩良好，实堪惊异。诚以诸讲师之热心教授，与诸君子之刻意研究，皆非寻常所可及已。方今朝廷迭下明诏，豫备立宪，凡我国民，应如何互相砥砺，研究法政之学，以体圣上励精图治之怀，以达国民日进文明之望。夫世界立宪之邦，首推英国，以其立宪最早，而政体较备也。英人有恒言曰，以法律治国，法律之中，一切人民皆为平等，而人民之生命财产，悉赖法律以保护之。无枉不平，无曲不直，以视夫任情出入，鱼肉善良者，诚有天壤之隔也。虽然，法律岂有耳目以闻见欤，抑有手足以行动欤，曰非也。其所以施行之，维持之，而解释之者，惟法政家是赖。苟无法政家之力，虽有宪法，亦废纸而已。法政家之责任，不綦重欤。是故立宪之国，法政家之数亦较他专门学者为多，盖非如是，不足以应所需也。鄙人尝观光于美洲合众国，其历任总统类皆法政名家，各部大臣亦多为法政家，此外法堂人员、辩护士等，无一非法政家，大概十人之中，法政家居其六。由彼例此，我中国四万万之众，当有法政家若干人，方敷其用。于现在豫备立宪，需才孔亟，以短促之时期，而造多数法政之士，则法政速成科尚矣。

诸君既毕业于法政速成科，而适当我国需用法政之士，此鄙人之所以有厚望于诸君子者也。虽然，学校者能与人规矩，而不能使人巧，诚以学校特学问之基础耳。古人有言，行远自迩，登高自卑，诸君子学有基础，则回国之后，自无忘益加研究，出其所学，以贡诸国家，此鄙人所再三顶祝者也。不揣冒昧，略贡所见，以为临别赠言，而并以谢梅总理暨诸讲师教授之热诚。

大清国公使代理参赞官　张煌全

〇法律部卒业生代表凌士均答谢辞

士均等前年东渡，来贵大学受教，光阴荏苒，已达卒业之期。自问法学无甚心得，承诸先生之奖励，诚惶诚恐，忝列前第，愧幸何如。士均同学诸君，平常既受诸先生谆谆教诲，顷者又蒙来宾各位训诫，备受宠惠，不胜荣幸。敢代同学诸君,对总理以及诸教员阁下,敬表谢悃,聊为谢辞。

贵我两国,同文同种,辅车相依,然西力东侵,保全东亚之和平,全凭贵国砥柱中流。诸位先生提倡法学,有唤起国民思想之功。今诸先生以经世绝学,惠及友邦。我等夙夜奋励,冀以辅助敝国,追随诸位先生,为维持东亚和平,追求幸福,报答诸位先生教诲之大德。临别谨以此答,祝愿总理、诸先生阁下以及来宾诸君健康,祝愿法政大学万岁!

○政治部卒业生代表江古怀答谢辞

本日举行法政速成科第五班卒业式之际,首席刘远驹君业已归国,学生江古怀谨代表政治部全体学生,向总理阁下、诸位先生以及来宾谨呈谢辞。

卒业之时,受此有益训谕,感激喜悦,不知所措。我国学生留学本大学者千有余人,本班特为繁盛,且分法、政两部,足见贵大学待我等情意恳切。加之诸先生热心教授,我等受到政治上种种教育。此既为贵大学名誉,亦为我等光荣。

今当我国立宪时代,地方自治伊始,我等不敏,受教员们训诲,政治上知识渐以增进。归国后,将以诸位先生所熏陶,用于实践,使我国将来与日本文明同一进步。是以,谨呈谢辞,祝愿总理阁下、诸位先生以及来宾健康,祝愿法政大学兴隆昌盛。

当日与会者如下:

乾政彦君	石原三郎君	池田安孝君
今井万吉君	六嘉秀孝君	法律新闻社

张煌全君	陈介君	李穆君
王爔芝君	柏原与次郎君	竹内义一君
竹内智君	田中鬼外君	波冈茂光君
长泽孝享君	难波田宪钦君	梅谦次郎君
信冈雄四郎君	栗田贞三君	久保田辰彦君
山本德太郎君	安田式一君	松室致君
黄为基君	阿部秀助君	三轮德三君
清水一郎君	清水孝藏君	志田钾太郎君
周家彦君	千家尊福君	

【《法学志林》十卷五号　明治四十一年五月二十日】

948 法政大学第二十四回卒业证书授予式

〇干事清水学士学务报告

（第三集　再录资料编号 719）

阁下及诸位，因富井博士抱病，由我代作学务报告，发表统计数字，暂烦各位清听。

本次卒业式于本校为第二十四回。今回卒业生总数六十人。其中大学部卒业生二人。本次大学部卒业生为第二回，大学部卒业生根据本校规则，获得法政大学学士称号。继为专门部，法律科卒业生五十三人，商科卒业生五人。此商科为近日开办，本次卒业生乃为第二回。以上合计六十人。另本校大学预科卒业七人，将入大学部。本校为清国留学生特设预科，专门修习普通学及日本语。从预科卒业之清国留学生三十六人，乃于去年九月开始授业，本次为第一回卒业生。以上即为本次卒业生。

本校自创立以来，截至去年，本校各学科卒业学生主要来自专门部，有一千四百二十五人；加上今年卒业人数，为一千四百八十五人。另外，本校特设清国留学生法政速成科，卒业人数一千二百六十二人。以上卒业生合计二千七百四十七人。是为卒业生人数。

现在本校修习之人，即本次卒业生卒业后，余下一千一百九十二人。

继述本次卒业试验情况。卒业人数既已言之，不及格以及中途缺席未参加全部试验者较多。大学部三年级学生八人，其中参加试验者六人，及格者仅两名，不及格者两名，中途退出者两名，因故没有参加试验者两名。大学部二年级学生三人，三人都参加试验，仅两人及格，一人不及格。大学部一年级学生二十二人，接受试验者七人，及格者六人。此为大学部情况。以下详说专门部，应该卒业者即第三年级学生八十七人，其中接受试验者八十三人，及格者五十二人，不及格者二十八人，中途放弃不参加试验者二人。此中接受试验者八十三人，及格者仅五十三名，不及格者非常之多。因此听闻学生间传言，法政大学试验过为苛酷。窃谓与其言过为苛酷，毋宁谓其严格公正。即使不及格者再多，方针不可更改，必须固守。或被认为学校严苛残酷，但学校绝不为严苛残酷之事，只是信守严格公正而已。不及格者多，难得嘉许，然以学校方针，并非放宽试验，不及格者再多，亦必默受之。若言本次专门部卒业五十三人，并非均为日人，其中一部为清国留学生。以往清国留学生自法政速成科卒业者，与日人同用日语修学，并与日人同参竞争试验，且以优异成绩卒业者很多。本回卒业生与此前卒业生不同，特色即在此点。在国外以外语受课，与该国学生一起试验，并得优异成绩，余想清国留学生之努力程度于斯可见。

专门部第二年级学生二百七十七人，接受试验者一百四十四人，今回不及格学生较多,及格者仅八十五名。此八十五名中,取得优异成绩之清国留学生仍然很多。第一年级的学生二百五十七人,接受试验者一百一十二人,不及格者很多,及格者仅六十七人。继为专门部之商科,总体而言,人数较少。三年级六人,接受试验者五人,所幸全部及格。二年级十七人,接受试验者十三人,一人不及格,十二人及格。一年级五十五人,接受试验者十九人,其中及格者十七人。大学预科二百三十四人,接受试验者非常之少,仅有七人,全部及格。清国留学生预科人数八十三人,其中接受试验者五十人,及格者三十六人,不及格者十四人。清国留学生中,努力学习者成绩较好,但亦有不努力者,此或为后来入学者多不及格之原因。尚有未参加试验者,大学预科八百零四人,高等研究科三十七人,清国留学生预科三十五人,外国语专修科二十名,旁听生十六名。

去年卒业式后,本校改正学则,下略言之。去年八月设置清国留学生预科,规定一年即可卒业,教授日本语及普通学。完成后,可入专门部一年级。自去年十月始,如往年一样发行讲义录,预计于本年九月完结。另,去年十一月《法学志林》时逢出版一百号,其纪念号有三倍之厚。本年五月,改正学则,大学部分法律科、政治科两部,此外专门部设政治科,为清国留学生特设专修科。以上即为本校学则改正之大略。

酷暑之中,申言如许统计数字,深感不安。今富井博士代表本校,向各位表示,阁下以及各位在酷暑之中莅临卒业式,本校诚感荣幸,至深感谢。(掌声)

【《法学志林》十卷七号　明治四十一年七月二十日】

三　教员

明治三十七年(一九〇四)

949 清国留学生法政速成科担任教员

清国留学生法政速成科担任教员

法学通论及民法	东京帝国大学法科大学教授	法学博士	梅谦次郎
商法	东京高等商业学校教授、东京帝国大学法科大学教授	法学博士	志田钾太郎
国法学	东京帝国大学法科大学教授	法学博士	笕克彦
行政法	学习院教授、内务书记官	法学士	清水澄
刑法	东京帝国大学法科大学教授	法学博士	冈田朝太郎

续表

国际公法	学习院教授、 东京高等商业学校教授	法学博士	中村进午
国际私法	东京帝国大学法科大学教授	法学博士	山田三良
裁判所构成法	东京控诉院判事	法学士	岩田一郎
民刑诉讼法	大审院判事	法学士	板仓松太郎
经济学	东京帝国大学法科大学教授	法学博士	金井延
财政学	农商务省参事官	法学士	冈实
监狱学	监狱事务官		小河滋二郎

【《法学志林》六十二号　明治三十七年十月十五日】

950 法政速成科恳亲会

〇法政速成科恳亲会

清国留学生法政速成科第一学期已终,第二学期开始。原本第二学期开始之十月一日,职员、教员、清国公使馆员、通译者于芝山内红叶馆举行恳亲会,兼作商议。当日来会者,总理梅谦次郎,学监松本烝治,教员板仓松太郎、岩田一郎、冈田朝太郎、冈实、金井延、筧克彦、中村进午、山田三良、志田钾太郎,清国公使杨枢,参赞马廷亮,馆员张允褒、汪度、王克敏、卢永铭、黄汉、汪森宝,通译范源廉、曹汝霖、李盛衔、梁志宸,此外古贺廉造、守屋此助、吉田左一郎、萩原敬之等,在别室商议二三与课程相关重要事项。乃后就席,觥筹交错,兴味津津,时至宴酣,钟鼓和鸣,两三舞姬入席,舞衣翩翩,演奏一曲,众皆鼓掌称快。当日清国公使等因另有会议,不待宴会完毕,中途起身致答谢辞(由通译官卢永铭任通译),遗憾而归。其他之人,三五相聚,且饮且谈,尽享十二分之欢。散会时已至晚上十一点。

【《法学志林》六十二号　明治三十七年十月十五日】

951 法政速成科教员会

○法政速成科教员会

十月二十六日下午五时，于富士见轩召开法政速成科教员会。当日出席者，总理梅谦次郎、学监松本烝治，以及板仓松太郎、岩田一郎、小河滋次郎、笕克彦、中村进午、中山成太郎、山田三良诸教员和吉田左一郎、萩原敬之等人。当日，梅总理向与会者报告法政速成科本年五月至今实状，并增加一学期、增设二三法律研究科目之必要。建议增加政治学、西洋史、政治地理三科，以俾实用，并合并二三学科，修正授课时间，获得赞成。之后共进晚餐，散会已至十时许。

【《法学志林》六十三号　明治三十七年十一月十五日】

明治三十八年（一九〇五）

952《法政速成科讲义录》创刊

○《法政速成科讲义录》

一为便于本大学清国留学生，及其他留学本邦之清韩人士学习，一为向政治、法律、经济等学殆付阙如之支那四百余州四万万人，普及此等学理之必要，于本月五日创刊《法政速成科讲义录》。本讲义录为本大学速成科教员为该科学生讲课所用笔记，并由通译者汉译而成。该书题名为清国公使杨枢篆书，开卷首页为该公使石印题词，次为梅总理相片，再为杨枢关于本速成科设立由来及现状之上奏文书，次为译者序言。讲义则刊载梅博士之法学通论、筧博士之国法学、冈田博士之刑法总论、中村博士之国际公法、山崎学士之经济学、野村学士之政治地理等。每月二次发行,谢金伍拾钱。

【《法学志林》七卷二号　明治三十八年二月十日】

953《法政速成科讲义录》发行

〇《法政速成科讲义录》(汉文)

本次法政大学所发行之汉文讲义录,其卷首刊载清国公使杨枢之上奏文,“法学通论及民法”由梅氏讲述,黎渊笔译;“国法学”由筧氏讲述,周宏〔业〕笔译;“刑法总论”由冈田氏讲述,江庸笔译;“国际公法”由中村氏讲述,稽镜笔译;“经济学”由山崎觉次郎讲述,王璟芳笔译;“地理政治”由野村浩一郎讲述,陆梦熊笔译;末尾则有杂录。行文简雅流畅,译法自如,相信其不仅于清国人士有益,更堪为我国人提升汉文素养之资。特别是在译语新选中,如将“出生”译作“受生”,或将“入夫”译作“招夫”等,颇觉其当。另将“物合国”改译为“政合国”,实获我心。

【《法律新闻》二六三号　明治三十八年二月二十五日】

954 法政速成科试验

〇法政速成科试验

法政速成科清国留学生第一学期学生二百七十余名,试验时间为四月十七日至二十五日,第二学期学生七十余名之卒业试验,自四月二十四日至五月五日举办。本月下旬发布成绩,并应举行第一班卒业证书授予式。为作参考,将该试验试题公布如下:

第一学期试验试题

法学通论(梅博士)

一、论命令法与随意法之别。

二、论法律与习惯之关系。

民法(梅博士)

论失踪之效力。

国法学(筧博士)

一、国家之性质如何?

二、君权国与民权国、立宪国与专制国之意义如何?

三、议会之性质如何?

四、政府之意义。

五、说明国务大臣之责任。

六、国家作用如何分类?

七、总揽作用之意义。

八、法律命令之区别,及区别之理由如何?

九、命令之区别如何?

十、何谓开明之专制时代?

(以上问题中任选四题作答。答案须简明。可答以自己所信之说,可不拘泥讲义。)

刑法总论(冈田博士)

一、何谓有责行为?

二、何谓酌量减轻?

国际公法(中村博士)

一、永久局外中立国法律性质如何?

二、述进口税、出口税之课征标准。

裁判所构成法(岩田学士)

一、试说明日本通常之裁判所组织。

二、法院之审级若何?

经济学(山崎学士)

一、列举劳动分配之种类。

二、何谓货币职务?

三、列举铁路优于其他运输机关之处。

西洋史(野村学士)

一、德国宗教改革之原因。

二、北美独立之年。

三、色当之战。

四、德国占领胶州湾之原因。

政治地理(野村学士)

一、俄罗斯神圣同盟之由来及组织。

二、比利时代议院选举人资格之特质。

三、英国之非洲属地名称。

第二学期试验试题

法学通论(梅博士)

论普通法与特别法之区别

民法(梅博士)

一、论代理之性质及其条件。

二、甲无息贷款给乙千元,约定一年后返还。然二年以后,乙仍未返还，不知甲是否可请求返还若干钱，并答其具体理由。

（备考　仅以问题中所述之事实进行判断。）

商法（志田博士）

一、简单说明下列用语：

商　商行为　商业　商人　商品　商号　商业账簿　商业登记

二、增加股份公司资本之方法。

三、运输营业之种类。

四、汇票、期票以及地租收据之区别。

五、简述共同海损之计算方法。

国法学（笕博士）

一、国家性质。

二、论国家联合与联合国家之区别。

三、说明开明专制时代。

四、何谓总揽作用？

五、公法、私法之区别。

六、帝国议会性质如何？

七、政府之意义。

八、论何为国权主体？

（以上问题中任选四题作答。答案应简明。答案可各自进行自由判断，无需拘泥讲义。）

行政法（清水学士）

一、略论日本地方自治行政之概要。

二、列举官吏之义务。

刑法(冈田博士)

一、论述不作为犯之性质,并举例说明。

二、论述日本刑法采用之刑罚种类。

三、何谓未遂犯?

国际公法(中村博士)

一、说明海上中立规则与陆上中立规则之差异。

二、论述治外法权、领事裁判权与混合裁判权。

国际私法(山田博士)

一、说明国际私法之意义。

二、概要列举外国人应当享有之权利。

裁判所构成法(岩田学士)

一、说明法院及检事局有何种官吏,及其职务范围。

二、何谓合议法庭?

民事诉讼法(板仓学士)

一、说明证据之定义,及证据种类。

刑事诉讼法(板仓学士)

一、说明公诉消灭之原因。

经济学(金井博士)

一、说明价格、物价、需求以及供给之意义。

二、论资本之定义及其重要种类。

财政学(冈学士)

一、论述经费之沿革。

二、论述累进税之原理。

（以上二问中任选其一作答。）

监狱学（小河教员）

一、犯罪者分类如何？

二、遇囚之要素条件如何？

三、简述分房制、杂居制、阶级制及其方法。

【《法学志林》七卷五号　明治三十八年五月十日】

955 寺尾博士对清国留学生之演说

○寺尾博士对清国留学生之演说

法政大学计划今后特为清国留学生举行讲演会。上月二十四日，在该校讲堂举行首场演说，听众约六百余名。寺尾博士演说《国民思想之变迁》。概要如下：

国家兴亡虽与人之生死同一而视，但由于国家永久存在，其间由种种变迁而产生进步，即由于国民思想变迁而促国家进步，恰似个人同他人交往而引起思想变迁，是以国家须致力与他国接触。征诸我国历史，纪元八百年时，自与朝鲜交通以来，间接引入亚洲大陆文明。而与贵国直接交通，则至我推古天皇时代，即当贵国隋朝之世，所有制度文物皆仰仗贵国，以致日本思想界变迁实甚显著。其后，殆无别样变化。至德川时代，开放与荷兰通商，认识到欧洲各国物质上高度发达，于是始习荷兰语，并首致力医学研究，继与其他文明国家交通，遂成维新大业。此时，日本犹昔日从贵国吸收制度文物而获重生，乃更为进步。特如教育，自根本上得以改变，而作为立宪政体，国民负担国家之思想于焉树立。我国或有转变太快而坚守太少之嫌，但我等宁愿进取他人之长，亦不愿退守旧来之式。凡社会皆有进步，践履前进主义乃自然法则。但若漫效真似他人，则或失其自国本领。所幸我国孤立海中，各团结力颇巩固，自信爱国之心绝不弱于他国，他国之人亦有同感，驯至今日，我国才达如此地位。

反观贵国之思想界又如何？土地面积、人口数量数倍于我，而开国之古，环球罕有其匹，然何以今日与欧美各国相较，若有逊色乎？即如诸君，乃贵国最为俊秀之才，亦是最忧国家之人，于此等处，应已十分研究。余考其所以，乃贵国昔日开化过甚。例如尧、舜、周公，孔子特别称引尧、舜，但后世皆以孔子为师，伴以时世变迁，竟无进化思想。常与开化程度较低之南蛮、北狄接触，自然趋势，其自尊心强，并非没有道理。但即自谦逊一面言之，若不取他人所长，便无法立于世界竞争之场。夫社会愈从旧惯，必生几多弊害。即揆诸支那历史，国内屡生变迁，例见繁盛社会状态，但缺乏活力，且少外交，寖成古来支那人民气质。但凡社会十分进步，思想必伴时势变迁。孔子之教未必合于当今时势，例如往昔政治主张"民可使由之，不可使知之"，但今已为国民负担国家时代，未可奉行如此古老主义。换言之，今日应舍既往思想，自根本上变革教育制度，最为急务。或有以教育迂远，然其结果甚速。我国今天进步，不足三十年。诸君虽仅用一年半了解法律大要，但日本有谚云"孺子三年，即为三岁"，国家之一二十年，何足道哉？若将来少年子弟，能沐诸位之教育，国民根本思想变迁，便十分有望实现。社会进步，个人主义自发达，此主义若得推广，贵国将成发达国家。其国民强烈维持本国之念，尚乏几分，如尧舜之世，"凿井而饮，耕田而食，帝力于我何有哉？"讴歌太平，而不欢迎天子。得此积习，国家无论谁来治理，若如自己所想，则任之发展。余绝非主张激烈进化之人，但诸君既已养成国家观念，自此而言，往日养成之旧思想观念，将发生根本变化。余信诸君必以国家之前途为己任也。

【《法律新闻》三〇七号　明治三十八年九月三十日】

956 梅总理“法政速成科之雪冤”

〇法政速成科之雪冤(梅谦次郎)

我法政大学去年春季应清国人士所请,设立法政速成科以来,世间往往唱之有害无益,甚有坊间以牟利学校视之。一些相关学校以己之心,揣度他人,妄言设置此科目的即在牟利。予自来对于世间毁誉褒贬不屑一顾,若事仅关乎己身,唯付诸一笑。然因事关予所管理学校之令名,不容漠视,乃草此篇。窃思此不仅为予对法政大学之义务,更是对于为该科倾注宝贵时间、热诚教授邻邦学生之教员诸君们之义务也。

一、法政速成科之来历

昨年三月,法政大学学生、清国人范源廉请求与我会面,言道:“本邦行将改革,已成必然。自来向贵国派遣诸生,多习武备、教育,卒业归国者已然不少,且我邦聘请贵国教员,大力养成学生。唯法政学科,多数不知其内容几何,留学生修此者亦极少。然国家果欲改革,则特需修习此科者。是以,今时必须大力养成此科。然修习正课前,必先修习语言,后更需花费三四年时间,总共至少六七年光景,且未必十分知其大要。因而愿意自始花费较长时间,修习此科,远渡来学者很少,且中央及地方政府官派之留学生更少。鉴于我邦现时之需,此等修学者若以六七年以上时间,几不可得,甚感迂远。我等留学生中有志之士,现觉必要设置法政速成学校。予代表全体有志之士,特请求先生,冀设此类学校。此前振武学校、弘文学院之速成科,皆定一年以内,甚为成功。所以,希望法政速成学校最好亦于一年以内卒业。至于作为独立学校,抑或法政大学一科,尚请先生斟酌。”对此,予答曰:“我邦维新之初,有设置速成科之例。速成科无论如何必要,将通常需费三四年才能修完之学,于一年内教完,几不可能。且扣除通译所费时间,实际所剩,不及半年,所以难言十分成功。如果要达完全,予思必要三年。非要减到二年,或可稍作考虑。”范氏提出,若为二三年,根本难以成立,可以停废暑假,在一年以内完成课程。予言,更减少至一年半,或可尝试,但仍决定先行考虑范氏之热望。其后,经种种考虑,出台试验方案,将之置于本大学中。在与本大学理事商议后,暂定一年课程试验。若感其不能成功,再将学时延长。

此事得小村外务大臣赞成,经其介绍,与清国杨公使会见。甫告以若赞同予之经画,则试验行之,该公使深表赞同,计划敦劝清国各省督抚,及上奏清国皇帝,陆续派遣来学。爰经文部省认可,设置此法政速成科。

迨后,犹记去年九月,范氏提出,经过半年实验,无论如何,一年时间失之太短,建议延长至一年半。予答以“果如此,予自始即言非一年半不可”,随将课程延长至一年半。

二、法政速成科之目的

若有信法政速成科与正规法政教授同一效果,固谬矣。为消此误解,但得机会,予即明言:法政速成科乃出一时之需,殊不完全。例如予对去年十月入学之学生,曾于开讲致辞时言道:“年轻者入法政速成科,甚非得宜,应先学习日语,再正式修习法政之学。自速成科卒业者,若情势允许,应正式专研此学,且有必要兼习日语。”或基于此,退出速成科而入本科,或卒业后进入本科学习者不少。

然为实行一国改革,仅循序渐进,实甚迂远,而必采用种种变通之法。今清国锐意革新,先教授年少者学习语言,学好后正式教授法政之学,至少需六七年时间,待此等积累实际经验,上下信用,而从事改革,又须经数年乃至十数年时间。其间若清国弃置改革,果将如何,实堪寒心。即教授壮年者学习语言,进步不仅甚缓,且其多数不堪烦琐学习,终致难卒其业。是于年少者正规教育同时,于壮年者实施速成教育亦属必要。

此事于我国人,所知最周。明治初年,我司法省以法学教育甚属急务,于养成八年制正规生同时,另亦养成二年或三年制之速成生,以其卒业生充任司法官员。但此中卒业生仍显不足,于是民间有志者,陆续兴办私立学校,以补不足。以故,今日司法部殆将老朽无用之人淘汰净尽。若无往年之速成科,今日或无施行之法,亦将无条约改正及其实施。言念及兹,往年司法当局及民间有志者设置速成科,养成多数学生之功劳实不可没。

或许我邦往时速成科,与今日清国留学生法政速成科不可同日而语,但其大同小异。例如司法省第一班速成科,讲义几皆出自通译之人,不见外国参考用书,日文著书或通译书籍殆亦无之。其后速成科,无论官立、私立,日本教员较多,以今时今日观之,其教员多数能力实非完全。甚至,虽教授大学学生之教员不少,但几无能读外国参考书者。而日人著书,至明治二十二三年,寥若晨星,真正可称著书者,绝无仅有,大抵没有参考价值。至于译著,非常之少。此恰如清国今日之况。我法政速成科,大抵以各专业学者或富有教授经验者作为教员。对于此点,予可断言,与我邦当时速成科相比,实优数等。我法政速成科学习年限,比我国当时速成科短,其成绩或受影响,此亦为予颇感遗憾处。基于前述情事,只好暂行缩短,以后预作延长。借此修改规则之机,向文部省提案,多少更具专业,刻正申请许可。予以此次延长年限,先延至二年。惟清国留学生代表认为现时尚早,暂延至一年半。今日即便如此,仍得相当良好成绩,拟于下段论之。今惟欲证明我法政速成科,与司法省第一班速成科相较,不仅无丝毫逊色,甚至更为优胜。司法省第一班卒业者,修业年限二年,但暑假与其他学校同,授业时数平均每日二时不到。其课程除布瓦索纳德之“法学通论”及“法国民法”，一美国人之“英美普通法”及“裁判所构成法”，矶部氏之“刑法”外，几乎都是模拟审判。于短期速成科言，将法国法与英美法混合教授，今日观之，甚属滑稽。将之与我法政速成科学科课程相比，何啻天壤。尤其授业时数，我速成科每天平均超过四时，且停废暑假，用于授课，比起当时之二年，相信今之一年半更具效果。观诸下列自第一班出仕者，如仓富东京控诉院检事长、应当大阪控诉院检察长、矢野广岛控诉院检事长、川目前宫城控诉院检事长、柳田大审院法官等人（如仓富君以其学识俨有资格入法学博士之列），足知我法政速成科于今日清国如何必要。

三、法政速成科之成绩

世或以为清人愚钝，或因彼等未有教育清人经验，或仅知其他汉学失教之文盲。我法政速成科，若无清国公使证明其有相当汉学素养，即无法进入。其中具有进士学位者居多，甚有状元（最高等试验之最优秀者），才学俊秀者实多。加以彼等多数为勤奋用功之人，俗所谓“如虎添翼”，其成绩意外良好。今年五月第一期卒业生（一年卒业者）卒业试验成绩如下：

全科受验者	七十三名
及格者	六十七名
不及格者	六名

教员佥以上列及格者皆能了解各科讲义，其中十余名颇显优等，虽本科生能答如此优秀者亦属罕见。

与上试验同时举行之第二班学生（一年半卒业者）第一学期试验，其成绩更为良好。其成绩表如下：

全科试验者　二百五十六名

及格者　二百二十三名

不及格者　三十三名

虽不及格者稍多,然此仅完成全部课程三分之一,此乃当然之事。且及格者中数人,比卒业生中最优者尚优秀许多。如第一名汪兆铭,几乎各科均在九十以上(也有得满分之科目)。

但予最高兴者,从试验答案中可知,彼等优秀者不仅在如此短时内读得我邦书籍,更修习日语,广泛阅读参考用书。尤其,予每逢机会,便劝导学生学习日语,现于学校设立随意科,教授日语。

要之,予深信不疑,我法政速成科对当下清国大有裨益,而在今后数年间必要继续。唯余所希望,更多清国留学生能先学好日语,修习正式法政学科,我法政速成科不必存在之时期早日到来。

【《法学志林》七卷十号　明治三十八年十月二十日】

957 法政速成科教员会

〇法政速成科教员会

该会于本月四日下午五时,于九段坂上富士见轩举行。首先梅总理就当日议题校规修改及下学期授课之事,进行讨论,后移步晚宴。席上谈话内容,大半与掚户水教授停职和中村教授免职问题相关。大家敞开胸襟,相谈甚欢。散会大约已过九时。当日出席教员如下:

板仓松太郎君	岩田一郎君	乾政彦君
冈田朝太郎君	小野冢喜平次君	金井延君
笕克彦君	高野岩三郎君	中村进午君
梅谦次郎君	野村浩一君	山田三良君

山崎觉次郎君　　　山内正瞭君

【《法学志林》七卷十号　明治三十八年十月二十日】

958 法政速成科教员会

〇法政速成科教员会

十一月三十日下午五时，于九段坂上富士见轩，举行法政速成科教员会。梅总理就课程事宜进行讨论，后移步晚宴，九时散会。当日出席者如下：

梅谦次郎君　　乾政彦君　　板仓松太郎君
西河龙治君　　小野冢喜平次君　　笕克彦君
山田三良君　　山内正瞭君　　藤井秀雄君
志田钾太郎君

【《法学志林》七卷十二号　明治三十八年十二月二十日】

959 法政速成科试验试题

〇法政速成科试验试题

第一学期试验试题

法学通论(梅博士出题)

一、论成文法与习惯法之关系。

二、民事诉讼法属于公法还是私法？并详述理由。

民法(乾学士出题)

一、未成年者之能力范围。

二、法人设立之要件。

国法学(筧博士出题)

试于立宪国之国家作用进行分类,并解明各作用之意义。

刑法(冈田博士出题)

一、犯罪故意与过失之区别如何?

二、何谓正当防卫?

经济学(山崎博士出题)

一、何谓报酬递减法则?

二、列举股份公司之所长。

三、不允许私人制造货币之理由如何?

西洋史(野村学士出题)

一、对宗教改革之反抗运动。

二、法国大革命之原因。

三、拿破仑三世晚年之外交失败。

政治地理(野村学士出题)

一、俄国元老院之组织。

二、法国大总统之权限。

三、英国殖民地之种类。

国际公法(中村博士出题)

一、对搭载战时禁运物资之船舶如何处理?

二、国家能否驱逐敌国之人民?

特别试验试题

法学通论及民法(梅博士出题)

一、论成文法与习惯法之关系。

二、民事诉讼法属于公法还是私法？并详述理由。

三、论权利能力之沿革。

国际公法(中村博士出题)

一、列举公使不享有治外法权之情形。

二、试说明国家之种类。

裁判所构成法(岩田学士出题)

一、裁判所之部若何？

二、试说明判事与检事之差异。

第二学期试验试题

民法(梅博士)

一、对于隔地者之间法律行为,其意思表示何时发生法律效力？

二、论条件与期限之异同。

行政法(清水博士出题)

一、何谓官厅及官吏？

二、试论行政诉讼与诉讼请求之区别。

三、说明戒严之作用。

刑法(冈田博士出题)

一、谋故杀与殴打致死之区别。

二、盗窃罪之成立条件如何？

刑事诉讼法(板仓学士出题)

公诉之定义,并说明其目的性质。

政治学(小野冢博士出题)

一、国体与政体之区别如何？

二、略叙国家机关分科之发展。

三、政治舆论之意义如何？

四、概论国家之扩张政策。

以上四个问题中任选三题作答。

试验者注意：

（一）回答要点，简单明了。

（二）文字清晰，且施句读。

【《法学志林》七卷十二号　明治三十八年十二月二十日】

明治三十九年（一九〇六）

960 法政速成科教员会

〇法政速成科教员会

上月二十六日下午五时，在九段坂上富士见轩举行法政速成科教员会。当日，教员有事者较多，出席者除梅总理外，不过板仓松太郎、岩田一郎、高野岩三郎四人，商谈授业结束期限。晚上九时许散会。

【《法学志林》八卷二号　明治三十九年二月二十日】

961 法政速成科特别试验

〇法政速成科特别试验

该试验于一月三十一日至本月八日之间举行，其成绩于本刊下号登载。

【《法学志林》八卷二号　明治三十九年二月二十日】

962 法政速成科试验试题

〇法政速成科试验试题

上月九日至十六日试验题目如下：

第二学期试验试题

民法(乾学士)

一、无代理权者代理他人所订契约之效力如何？

二、试述占有权之观念。

第一学期特别试验兼再试验题

民法及法学通论(梅博士)

一、论理想派与历史派之差异,及孰是孰非。

二、论预算能否构成法律。

三、论失踪之取消。

刑法(冈田博士)

一、详论盗窃成立之条件。(正式试验)

二、何谓中止犯？(特别试验)

宪法(笕博士)

一、法律与命令之区别。

二、何谓紧急命令？

三、何谓机关？

行政法(清水博士)

一、试说明行政官厅、行政官吏之概念。

二、试说明自治团体之区别。

三、试说明市镇村议会议员选举方法。

四、试说明警察之意义种类。

五、何谓耕地整理？

上择四题。

刑事诉讼法（板仓学士）

一、论述设置公诉附带私诉制度立法上之理由。

二、论述预审之目的。

上择其一。

裁判所构成法（岩田学士）

一、设裁判所审级之理由如何？

二、合意法庭与独任法庭之区别如何？

经济学（山崎博士）

一、劳动分配之利害如何？

二、财货交易是否会给一方当事者造成损失？

三、说明本位货币与辅助货币之区别。

政治学（小野冢博士）

一、辨析国家与社会之异同。

二、试比较成文立宪制与不成文立宪制之得失。

三、分析列举国家竞争力之内容。

国际法（中村博士）

一、说明领事裁判权行使之理由，及领事裁判权之范围。

二、列举战争开始之标准。

三、论述回复原状之法理。

政治地理（阿部学士）

一、何谓政治地理？

二、列举英国重要之殖民地。

三、论英国与马耳他岛之关系。

【《法学志林》八卷五号　明治三十九年五月二十日】

963 法政速成科卒业试验、各学期特别试验以及补试

〇法政速成科卒业试验、各学期特别试验以及补试

上月二十四日至本月二日举行试验，试题如下：

卒业试验试题

民法（梅博士）

一、论述代物弁济、债权让渡、代位弁济与债权变更之异同。

二、保证人在受到债权人请求时有何权利？

商法（志田博士）

一、说明商号登记之效果。

二、说明股份公司中关于变更公司章程临时决议之意义。

三、说明损害赔偿与生命保险之区别。

四、说明参与证券承销与证券承销间之差异。

（从以上一、二中选一问，三、四中选一问作答。）

五、说明商法上船舶之意义。

民事诉讼法（板仓学士）

一、说明诉讼参加之种类。

二、说明起诉之效力。

刑事诉讼法（板仓学士）

一、说明刑罚缓期执行与特赦减刑之区别。

二、对于缺席判决，由检察官一方提起控诉，被告人在出席并作口头

辩论后，是否丧失提出异议之权利，并说明理由。

国际私法（山田博士）

一、概述文明国家中外国人在私法上之地位。

二、因不法行为发生之债权，应根据何种法律确定？

国际公法（中村博士）

一、详言中立二十四小时之规则。

二、俘虏应在何种条件下从事何种劳动？

警察学（松井学士）

一、追捕使、弹正台①、保甲（Tything）与守护之意义。

二、行政诉讼与行政诉讼请求之区别。

三、（甲）警察处分之种类；（乙）何为实力强制？

（以上甲乙中任选其一。）

监狱学

一、如何看待古代监狱之改良发展，并说明理由。

二、论述罪犯之分类。

三、犯罪与文明间关系。

四、自由刑之种类，及现代学理之解释和立法方针如何？

五、监狱制度之种类及利弊。

六、假释之条件。

（以上六问中选二题作答。）

财政学（高野博士）

一、列举国家经常收入之区别，并简述其性质。

---

① 译注：一种警监机构。

二、列举家屋税之课征方法。

三、简单说明直接消费税与间接消费税之性质,并各举二三例。

四、财政上之进口税如何？课于何种物品最当？

第一学期特别试验兼再试验题

民法及法学通论(梅博士)

一、论成文法与习惯法之得失。

二、论国际法是否为法律？

三、论失踪。

民法(乾学士)

一、权利能力与行为能力之差异。

二、不在者财产管理人之权利义务。

刑法总论(冈田博士)

一、刑法不溯及既往,其义如何？

二、正犯与从犯之区别。

国法学(笕博士)

一、贵族院与众议院构成差异之根据如何？

二、天皇与摄政之差别及关系如何？

经济学(山崎博士)

一、列举生产资本之种类。

二、何以金银适合作为货币？

历史(阿部学士)

一、试问法国革命之原因。

二、何谓南北战争？

政治地理(阿部学士)

一、试问英、俄两国于亚细亚之属地。

二、英国为何有扩张海军之必要?

第二学期特别试验以及再试验题

民法(乾学士)

一、因错误而为法律行为之效力。

二、甲将其所有土地转让于乙,乙尚未登记之际,甲又将土地转让于丙,丙径与登记,乙和甲、丙之间法律关系如何?

刑法各论(冈田博士)

一、何谓变造货币?

二、详论诈骗之要素。

刑事诉讼法(板仓学士)

一、被告人对刑事判决进行上诉,可否使用诉讼代理人?

(刑事诉讼法　选择问题)

一、说明刑事诉讼之裁判种类。

二、说明可以构成上诉之预审终结决定,且说明其上诉形式。

行政法(清水博士)

一、何谓营造物?

二、列举官吏惩戒处分之特质。

三、论述许可与认可之区别。

四、述普通教育之义务年限及教育程度。

政治学(小野冢博士)

一、简述政治学(狭义)之定义。

二、评述国家有机体说。

三、比较立宪政体与专制政体之得失。

国际公法（中村博士）

一、列举海战红十字条约与陆战红十字条约之差别。

二、交战国对于敌人私有财产之权利。

【《法学志林》八卷六号　明治三十九年六月二十日】

964 法政速成科第三班卒业试验试题

〇法政速成科第三班卒业试验试题

上月二十二日至二十九日举行试验，试题如下：

国际私法

一、略述外国人权利保护之沿革。

二、说明本国法之意义，并列举依此形成之法律关系。

民法

一、债务者从何时开始承担迟滞责任？

二、论合同解除之效力。

商法

一、支配人与番头手代①之区别标准如何？

二、股份有限合伙公司之无限责任社员，在拥有股份情况下，出席股东大会，能否算入决议股份，并说明其理由。

三、何谓间接代理？

① 译注：支配人意为经理，番头意为领班，手代意为伙计，皆保留日文汉字原貌。

民事诉讼法

一、说明我国民事诉讼法所采之当事人主义。

财政学

二、论单一一般所得税制度之可否。

三、论国有森林之可否转让。

警察学

一、比较评论立宪国警察与专制国警察。

二、何谓行政处罚?

监狱学

一、事实主义与人格主义之区别如何?

二、简化刑名必要性如何?

三、分房制与杂居制之利弊如何?

四、于监狱中惩罚之必要及种类如何?

【《法学志林》八卷十二号　明治三十九年十一月二十日】

965 法政速成科职员以及担任教员

职员

总　理	东京帝国大学法科大学教授	法学博士 法国法律博士	梅谦次郎
教　头	东京帝国大学名誉教授、贵族院议员	法学博士 法国法律博士	富井政章
名誉教头	巴黎法科大学名誉教授、东京帝国大学名誉教师	法国法律博士	波梭那朵

续表

教务主干	陆军省参事官、法制局参事官	法学博士	秋山雅之介
	东京高等商业学校教授	法学士	乾政彦
商议委员	枢密顾问官	正二位侯爵	蜂须贺茂韶
	枢密顾问官	从二位男爵	大鸟圭介
		从四位	高木秀臣
	贵族院议员	从三位	名村泰藏
	枢密顾问官	从三位男爵	南部雍男
	枢密顾问官	从二位男爵	清浦奎吾
	贵族院议员	正三位	三好退藏

法政速成科担任教员

法学通论	东京帝国大学法科大学教授	法学博士 法国法律博士	梅谦次郎
民法	东京帝国大学法科大学教授	法学博士 法国法律博士	梅谦次郎
	东京高等商业学校教授	法学士	乾政彦
商法	东京帝国大学法科大学教授	法学博士	松波仁一郎
	东京高等商业学校教授 东京帝国大学法科大学教授	法学博士	志田钾太郎
宪法	东京帝国大学法科大学教授	法学博士	筧克彦
	东京帝国大学法科大学教授	法学博士	美浓部达吉
行政法	学习院主事、内务书记官	法学博士	清水澄
	法制局参事官	法学博士	吉村源太郎
刑法	东京帝国大学法科大学教授	法学博士	冈田朝太郎

续表

国际公法	东京高等商业学校教授	法学博士	中村进午
国际私法	东京帝国大学法科大学教授	法学博士	山田三良
裁判所构成法	东京控诉院判事	法学士	岩田一郎
民事诉讼法 刑事诉讼法	大审院判事	法学士	板仓松太郎
政治学	东京帝国大学法科大学教授	法学博士	小野冢喜平次
经济学	东京帝国大学法科大学教授	法学博士	金井延
	东京帝国大学法科大学教授	法学士	河津暹
	东京帝国大学法科大学教授	法学博士	山崎觉次郎
财政学	农商务省参事官	法学士	冈实
	东京帝国大学法科大学教授	法学博士	高野岩三郎
警察学	内务书记官	法学士	久保田政周
监狱学	监狱事务官	法学博士	小河滋次郎
近世政治史	东京帝国大学法科大学教授	法学博士	立作太郎
		文学士	野村浩一
		文学士	阿部秀助
政治地理		文学士	野村浩一
		文学士	阿部秀助
殖民政策（科外）	东京帝国大学大学院学生	法学士	山内正瞭
伦理学（科外）		文学士	西河龙治
警察事务（科外）	警视厅警部		藤井秀雄

明治四十年(一九〇七)

966 法政速成科试验试题(四、五班政治部、法律部)

〇法政速成科试验试题

上月中举行试验,试题如下:

法政速成科第四班卒业特别试验、补试

应用经济学(农业经济)　山内博士

一、比较说明大农制度与小农制度(粗放农法与集约农法),并论清国应采何种制度。

二、工业法院设立之必要。

应用经济学(商业经济)　河津博士

一、评述比较生产费说。

二、论述进口税对物价之影响。

警察学　小原学士

一、何谓警察?

二、卫生警察之要旨如何?

民法　乾学士

一、论债权让渡。

二、论留置权。

地方制度　吉村学士

一、说明中央行政与地方行政之区别。

二、说明市长及镇村长之权限。

行政法　清水博士

一、说明警察之分类。

二、论述官吏之意义。

三、论述市长与郡长性质上差异之点。

刑法　牧野学士

一、从犯之概念及处罚。

二、大赦与特赦之区别。

比较宪法　美浓部博士

一、比较说明各国宪法修订制度。

二、论述议会二院制度之由来及其得失。

政治学　小野冢博士

一、简述广义政治学与狭义政治学之区别及联系。

二、说明改良与革命之区别及得失。

财政学　高野博士

一、论国有森林之转让是否合理。

二、说明单一一般所得税制度。

三、论述公债之分类。

法政速成科第五班政治部第一次修业试验试题

宪法　野村学士

一、论述国家法人学说。

二、论述国家直接机关与间接机关之区别。

法学通论　梅博士

一、论述权利之定义。

二、论述法律与条约之关系。

经济学　山内学士

一、说明资本能否作为生产要素之理由。

二、说明“格雷欣”法则。(即关于货币之一法则)

民法　乾学士

一、论述人格之产生与消灭。

二、论先占。

国际公法　中村博士

一、俘虏审检所审检事务之范围。

二、说明最惠国条款。

三、列举搭载战时禁运品船舶之制裁。

政治史　阿部学士

一、概说拿破仑法典之编纂。

二、比较清国革新与普鲁士政治革新,并记自己之感想。

政治地理　阿部学士

一、势力范围之意义及其例证若何?

二、概述国境之种类。

三、国家之原始状态如何?

法政速成科第五班法律部第一次修业试验试题

宪法　冈博士

一、说明命令权之范围。

二、说明解散议会之意义。

法学通论　梅博士

一、民事诉讼为公法，还是私法？

二、论成文法、习惯法与习惯之关系。

经济学　金井博士

一、何谓生产递减法？

二、列举说明决定分配额多少之因素。

民法　乾学士

一、论在日本之外国人及外国法人之权利能力。

二、论述物权概念并阐明物的概念。

国际公法　中村博士

一、清国属于国际法上何种国家？

二、说明公使享有之治外法权。

三、列举封锁之要件。

刑法总论　泉二学士

一、未遂犯之意义。

刑法各论　菱谷学士

一、国事犯之意义。

二、论废止侮辱官吏罪之可否？

【《法学志林》九卷七号　明治四十年七月二十日】

四　广告

明治三十七年(一九〇四)

967 法政大学学生募集

本大学聘有穗积、富井、梅、金井、冈野、冈田、高桥、松波、中村、山田、志田、美浓部、加藤、笕诸博士,及其他新进学士数十名,担任各专业学科,并恳切任教。●新学年授业行将开始,特予招收学生。授业时间(大学专科除外)每日午后五时半开始。

●大学部　本大学以及同等学校预科毕业者、中学毕业者和具有同等资格者,经入学试验合格者,得许入学。

●专门部 法律科/实业科　中学毕业及同等资格者无需试验,即可作为正科生,或经本大学选拔,可作为别科生,得许临时入学。●入学试验,九月二十六日，十月三日、十五日、二十五日，十一月四日、十五日、二十五日举行。●高年级插班试验，九月二十六日、十月十二日举行。

●高等研究科　本学科学生于特别开设课程以外，可听讲其他课程。●本大学同等学校毕业生可随时入学。

●大学预科　中学毕业或与同等资格者，第二期插班试验合格者，在学满一年，可入学大学部。

●旁听生　旁听生可任意旁听本大学各部课程。●经本大学选拔（有相当履历者）可随时入学。●旁听生经一定程序可转为其他各部学生。

●称号特权　本大学毕业生授"法政大学学士"称号，专门部毕业生授"法政大学得业生"称号。●延期服兵役等特权，详见校规。

●法政速成科　清国留学生有清国公使介绍者得许入学。

●三十八年度校外生　随时得申请之讲义录，本年度有重大革新。从来本大学及其他法律学校发行之讲义录，动需花费三年时间，才能修完，因之校外生每月缴纳费用亦多。本大学有鉴于兹，一面删除讲义笔记中冗长字句，另一面增加每页字数，冀以一年为期，完成三年全部课程。且讲义内容、纸质等，与从来无异。故以三分之一时间与费用，即可修完三年课程。●校外生无需特权，得仅购买讲义录。●每月发行三回。●每月费用，三个年级全部讲义录共五十钱，一年份则五元五十钱。●十一月初刊行。●需校规者，请封入二钱邮票。

东京市麹町区富士见町六丁目十六番地　司法省指定　文部省认定　私立法政大学

【《朝日新闻》　明治三十七年九月二十五日】

明治三十八年(一九〇五)

968 法政速成科讲义录

〇广　告

法政速成科讲义录	每　月　二　回　发行 第一号　二月五日发行

〇清国公使杨枢氏题辞

〇总理梅博士肖像

〇杨枢氏上奏文

〇译者弁言

〇法学通论及民法	法学博士	梅谦次郎
〇国法学	法学博士	笕克彦
〇刑法总论	法学博士	冈田朝太郎
〇国际公法	法学博士	中村进午
〇经济学	法学士	山崎觉次郎
〇政治地理	法学士	野村浩一

杂录〇法政速成科规则 〇法政大学沿革略 〇日本之大学

〇和丰纺纱有限公司

〇本讲义录总以汉文记述法律、政治、经济等之学科者也。

〇校外生月谢金五十钱。　〇一册代金三十钱。

二月　法政大学

【《法学志林》七卷二号　明治三十八年二月十日】

明治三十九年(一九〇六)

969 汉文速成科讲义录

<table><tr><td rowspan="2">●汉文</td><td>法　政</td><td rowspan="2">讲义录</td><td>第十五号</td></tr><tr><td>速成科</td><td>已　　刊</td></tr></table>

●此讲义录为法政速成科之法律科、政治科讲义,以汉文刊印,在我国独一无二。●每月费用五十钱。●每月发行二回。●从初号开始无欠本。

东京市麹町区富士见町六丁目十六番地

司法省指定
文部省认定 私立法政大学

【《朝日新闻》　明治三十九年一月二十一日】

970 法政速成科第二届卒业仪式

◎告校友诸君

下月二十四日下午二时,在本大学举行法政速成科第二届卒业式,恭候您光临。

明治三十九年六月　法政大学

【《法学志林》八卷六号　明治三十九年六月二十日】

971 法政大学募集

〇法政大学募集

本大学学者云集,以梅总,富井教头,秋山、乾两教务主任为核心,有金井、冈田、高桥、松波、中村、山田、志田、美浓部、加藤、筧、小野冢、清水、山崎诸博士，以及其他新进学士，和新回国之俊秀等教师数十名，担任各专业学科，殷切教学。就中专门部实业科，随九月新学期开始，加倍改善，面目一新，以副实业教育目的。原与法律科并授，即相分离，专门教授与实业相合之法学概念，精通实业教育。新进教师，有高等商业学校教授，或在实业界有丰富经验、才学兼备之实务家。为促会话谙达，特设外国人口语科，及其他实业知识养成所需之学。本学校如何重视实业高等教育，新学期开始后即可知晓。为国家战后经营，士兵们来吧！作为战胜国民，为实业界之雄飞，青年们来吧！（授业时间，每日下午五时半至九时半。即使昼间从事业务，亦有来校学习之便。）

〇大学部　可入学第一年级或者插班高年级。入学资格：中学毕业或同等资格者，入学试验或者插班试验合格者，或具有与本校同等其他大学之入学资格者。

〇专门部法律科　可入学第一年级或者插班高年级。入学资格：正科需要中学毕业或同等资格者。别科需经本大学铨衡而免试验或试验后入学。

〇专门部实业科　可入学第一年级或插班高年级。入学资格：与专门部法律科资格全然相同。

〇大学预科　中学毕业或与之资格相同者。

〇旁听生　经大学选拔者。

〇法政速成科　清国留学生有清国公使绍介书者。

授业时间，除大学预科、法政速成科外，每日下午五时半至晚九时半。新学期授业开始，九月十一日。

入学申请者，尽于新学年授业开始前办理入学手续。关于入学手续问题，可速回答，规则书按申请顺序寄出。

延迟征兵特典，于中学毕业或与之同等资格者，上述各科学生均得享有，但仅限于正科生。

明治三十九年七月

东京市麹町区富士见町　法政大学

【《法学志林》八卷七号　明治三十九年七月二十日】

972 法政速成科第五班募集

〇招募清国留学生

兹拟阳历十月新开法政速成科第五班，特加改良，面目一新，以期达法政教育之目的，愿进本班者务望迅速报名。

招募人员限四百名。

东京麹町区富士见町六丁目十六番地　法政大学

总理　法学博士　梅谦次郎

教头　法学博士　富井政章

【《朝日新闻》　明治三十九年八月十七日】

973 杂志《东洋》创刊号

新刊　东　　洋　第一卷第一号

八月十五日发行（每月一回）一部定价金二十五钱

目　次

○伊藤侯题辞

○写真版

伊藤侯　○大隈伯　○法政大学全景及梅、富井两博士　○太平洋沿岸激浪

○发刊辞

○祝辞

大隈伯爵　○杨公使　○梅博士　○王参赞官　○范北京学部参议官　○夏广东法律学堂总教

○说林

日支两国交际之回顾　三上博士

近世公法上之三种分立主义　美浓部博士

理学及其应用　男爵菊池博士

○社说

日清两国官民协办事业之第一步

○史传

梅博士小传

○寄书

时事反响　○教育　○家庭　○杂报等材料丰富

发行所　东京京桥区八官町二十四番地(电话新桥二四四四)东洋社

大卖捌

东京神田　东京堂　东京神田　上田屋

清国上海　广知书局　清国汉口　昌明公司

【《法学志林》八卷八号　明治三十九年八月二十日】

974 法政大学学生募集

大学部 一年级入学试验于九月七日及二十五日下午五时举行。高年级插班试验于九月十四日举行。

专门部法律科 高年级插班试验于九月十四日举行。

专门部实业科 高年级插班试验与法律科同。

以上各部科插班试验及大学部入学试验成绩优等者,为奖励学习,特免除其学年费用。

大学预科 作为大学部之预备,修学年限一年半。

特典与资格 以上各部科正科生,享有延迟征兵之特典。毕业生有法官检察官试验资格。

法政大学学生募集

清国留学生 法政速成科拟于阳历十月新开第五班,招募人员限四百名,愿进本班者务望迅速报名。

注意 九月十一日开讲,每日下午五时半开始授业。但大学预科、法政速成科自上午八时开始。规则书按申请顺序寄送。

校外生 十月讲义录初号即将发行,随时得免试验入学。

东京麹町区富士见町 司法省指定 私立法政大学
(电话:一七四) 文部省认定

总理 法学博士 梅谦次郎

教头 法学博士 富井政章

【《朝日新闻》 明治三十九年八月三十一日】

明治四十年(一九〇七)

975 法政大学学生募集

法政大学学生募集

〇专门部 法律科 / 实业科 可插班入别科第二、三年级,但不允许第一年级免试验随时入学。

插班试验日期,二月二十日下午五时开始。

以上试验优等者,为奖励其学习,而特免其学年费用。

大学预科 作为大学部之预备,修学年限一年半,可随时入学。

清国留学生法政速成科 修学年限一年半。

明治四十年一月 法政大学

总理 法学博士 梅谦次郎

教头 法学博士 富井政章

【《法学志林》九卷一号 明治四十年一月二十日】

976 法政大学清国留学生募集

〇法政大学清国学生招募

本大学为日本学者之渊丛,梅博士为总理,富井博士为教头,其余诸博士、学士所担任各科,教授恳切,分大学部、专门部(法律科、商科)、大学豫科、高等研究科四科外,复为清国留学生特设法政速成科。既毕业者共四百余名,俱为清国有用之材。现第四班及第五班在学者尚一千有余,顷复拟于阳历四月新开清国留学生普通科,教授日语及法律、政治、经济之豫备诸学科,以为研究学术之阶梯,俾得进入本科,攻求蕴奥,养成大器。愿入学者报名于事务所,以阳历四月五日为限。

东京市麴町区富士见町六丁目　私立法政大学

【《朝日新闻》　明治四十年三月九日】

977 法政大学学生募集

法政大学学生募集

〇大学部　可入学第一年级或插班入高年级。入学资格:中学毕业或同等资格者,入学试验或者插班试验合格,或有与本大学同等其他大学入学资格者。

〇专门部法律科　可入学第一年级或插班入高年级。入学资格:正科需要中学毕业或同等资格者。别科需经本大学铨衡而免试验或试验后入学。

〇专门部商科　可入学第一年级或插班入高年级。与专门部法律科入学资格完全相同。

〇大学预科　中学毕业或同等资格者。

〇旁听生　经本大学铨衡者。

〇清国留学生普通科　清国留学生有清国公使绍介书者。

授业时间　除大学预科、法政速成科普通科外,每日下午五时半至晚九时半。

新学年授业开始,九月十一日。

入学申请者尽于新学年授业开始前办理入学手续,关于入学手续问题可速回答,规则书按申请顺序寄出。

延迟征兵特典　对中学毕业或与之同等资格者,上述各科学生均享有，但仅限正科生。

◎其他详细内容载于《法政大学一览》，随申请顺序寄送。

明治四十年七月　司法省指定
文部省认定　法政大学

总理　法学博士　梅谦次郎

教头　法学博士　富井政章

【《法学志林》九卷七号　明治四十年七月二十日】

978 法政大学学生募集

○法政大学学生募集

○大学部

○专门部 法律科
商　科

○大学预科

可入学各学年。大学部及各部科高年级插班试验举行日期，需向教务局询问后确定。在学学生享有延迟征兵、毕业生享有法官检察官试验资格等各种特典。

○英语专修科　根据新教学法，快速养成实力。

○清国留学生　拟阳历九月初新设预科班（一年毕业），教授普通必需之学及日语，以为进入大学部专门部之预备。◎细章向本校索阅。

◎其他详细内容载于《法政大学一览》，随申请顺序寄送。

明治四十年九月　司法省指定
文部省认定　法政大学

总理　法学博士　梅谦次郎

教头　法学博士　富井政章

【《法学志林》九卷九号　明治四十年九月二十日】

明治四十一年(一九〇八)

979 法政大学学生募集

〇法政大学学生募集

〇大学部法律科/政治科　可入学第一年级或插班入高年级。入学资格：中学毕业或同等资格者，大学预科毕业及同等学力者，或有入学资格且插班试验合格者。

〇专门部法律科/政治科　可入学第一年级或插班入高年级。入学资格：正科需要中学毕业或同等资格，别科需经本大学铨衡。

〇高等研究科　大学部或专门部毕业生得随时入学。

〇大学预科　中学毕业或同等资格者可入学。

〇旁听生　经本大学铨衡允许入学者。

〇外国语专修科　经本大学铨衡，可入学与其学力相当之年级。

〇其他专攻科　为外国人特设。设有清国留学生普通科、预科。

授业时间　大学部及专门部每日下午五时半至晚九时半。

延迟征兵特典　仅限中学毕业或有同等资格之在学者。

新学年授业开始　九月十一日。

◎其他详细内容载于《法政大学一览》，随申请顺序寄送。

明治四十一年七月　司法省指定/文部省认定法政大学

总理　法学博士　梅谦次郎

教头　法学博士　富井政章

【《法学志林》十卷七号　明治四十一年七月二十日】

980 法政大学学生募集

大学部	法律科 政治科	九月十一日开始授业。可入学各学年。大学部及各部科高年级插班试验，九月十六日举行。在学学生享有延迟征兵、毕业享有法官检察官试验资格等各种特典。〇详细内容见大学一览，随申请顺序寄送。
专门部	法律科 政治科	
	大学预科	

〇法政大学学生募集

夜间授业　大学部　专门部　下午五时半至九时半。

清国留学生　专攻科　预　科　九月开始授业，请速报名。

校外生　四十二年度讲义录开售，十月刊行初号，随时可学。

东京市麹町区富士见町　司法省指定　文部省认定　私立法政大学

（电话：一七四）

总理　法学博士　梅谦次郎

教头　法学博士　富井政章

【《朝日新闻》　明治四十一年八月二十四日】

五　课外活动

明治三十七年(一九〇四)

981 法政速成科学生参观民间企业

〇法政速成科学生参观实业

本大学为法政速成科清国留学诸君,于我国实业界各种会社、工场之规模结构,有所实地见闻,上月三十一日下午一时,由总理梅博士率领留学生一行,至吾妻桥札幌麦酒股份公司参观。董事长上村澄三郎与职员永原寿太郎等,陪同参观厂内酿造场、器械场、贮藏库等各种设施,并热诚详细讲解。迨后,于三楼飨以麦酒,席上清国公使杨枢致谢辞。午后四时半左右返回。当日同行者,有清国公使等公使馆职员,以及古贺廉造、吉田左一郎、萩原敬之等。

【《法学志林》五十七号 明治三十七年六月十五日】

982 学生的庆祝宴会兼联欢会

〇各种试验及格者庆祝宴会兼校友、学生、清国留学生联欢会

本月十一日午后四时，为祝贺文官高等试验、法官检察官录用第一回试验、律师试验等试验及格者举办宴会，并清国留学诸君、本大学校友、学生等有志者联欢会，于山野公园精养轩举行。与会者有萩原敬之、小宫山信好、吉留宽夫、吉田左一郎、渡边龙一郎、林恒四郎、石原三郎、丹武四郎、出渊中次、长谷川政藏、西野英男、远藤忠次、多贺宽一、栋居喜久马、村山贤作、宫地佐之助、田中端、铃木贯一郎、矢田常三郎、佐佐木京进、山根千代吉、平井出嘉久松、伊夫伎准一、中钵美明、永原寿太郎、土屋忠夫、佐佐木茂三郎、梅谦次郎、金井延、今井万吉、福岛メ作、武田良吾、大野成之、关安之助、河津暹、三桥靖一、富井政章、伊知地荣藏、铃木安孝、牧野英一、冈田朝太郎、井田忠信、松本烝治、小久江美代吉、若野定次郎、竹内义一、信冈雄四郎等，以及清国留学生杜光佑、陶保晋、李春辉、梁建章、王琴堂、刘迺弼、刘耀坤、范源廉、刘蕃、周大烈、滕骥、金保康等(出席顺序)。入座后，梅总理起立致开宴辞，继而对及格者以及留学生发表训谕演说。及格者代表若野定次郎致答谢辞，清国留学生代表范源廉发表演说(日语)。八点左右散会。

【《法学志林》六十四号　明治三十七年十二月十五日】

明治三十八年(一九〇五)

983 学生忘年会

〇学生忘年会

旧腊十八日，于本大学第二讲堂举行学生忘年会，与会者二百余名。

清国留学生特别来会,盛况空前。当日正午,参会者络绎入场,来宾有梅总理,松本学监,吉田、信冈、林、守谷等校友,以及本大学职员。席间,和气蔼蔼。忘年会开始前,下午两点,发起人代表简述该会旨趣,后由来宾发表演说。来宾梅总理先就学生未来应具卓越见识与度量发表演说,温言厚谕,人心激动。次由信冈氏据政治与法律上之见解,发表时局感想,痛愤激烈,深入骨髓,无限感慨充溢胸间,诚为痛快淋漓之论。继以松本学监温和之演讲,酒宴渐开。以上为来宾演讲。作为参会者之演讲,秋中君雄辩如意,气韵颇高,趣味深远,一言一语沉痛适当,一句一章龙腾虎跃,将活动推向高潮。此外,尚有二三演讲。最后为清国留学生演讲,以日语进行,虽言论简洁,但赤诚之心溢于言表。正当感动之时,宴会开始。日薄西山,余光横照,桌上插花更添一层风致,越发感到兴趣。作为余兴,奖签尚未发放每人之手,余等便打开纸签,面带得意,等候大奖。其间,有萨摩琵琶表演,蓬莱山、扇靶曲终,抽签主持人起立,依次叫出第一名、第二名。有出乎豫想而挠头者,有意外惊讶而茫然者,更有尚未见奖品而以为得中意兴洋洋者,逸兴大增。此宴非美酒佳肴,桌上之物甚廉,但各以莫逆之交,无饰无隐,无怨无愤,敞开襟抱,谈笑风生,欢聚一堂,其乐无比,余兴难消。宴会直至下午六点结束。(干事报道)

【《法学志林》七卷一号　明治三十八年一月十五日】

984 清国留学生参观监狱

〇清国留学生参观监狱

作为监狱学实地考察,本大学法政速成科在校之清国留学生(第二学期学生),自一月十九日以来,在小河教员指导下,参观巢鸭监狱(一月十九日和二月九日)、东京监狱(一月二十六日)、市谷监狱(二月二日)等。各监狱之典狱待之甚善。亲见监房、劳役场所等事务处理情况,对监狱学研究大有裨益。

【《法学志林》七卷二号　明治三十八年二月十日】

985 法政速成科学生参观川越惩治场

○法政速成科清国留学生参观川越惩治场

作为监狱学实地考察,本大学法政速成科清国留学生第二学期学生七十余名,在小河教员指导下,于四月九日参观浦和监狱川越分监惩治场,后即日回京。当天,早崎典狱、早川分监长以及其他监员出迎学生一行,诸事殷切关心,学生等非常感谢。

【《法学志林》七卷五号　明治三十八年五月十日】

986 法政速成科卒业谢恩会

○法政速成科卒业谢恩会

今回卒业之法政速成科清国留学生,在卒业证书授予式后,于富士见轩邀请来宾、教员、事务职员一行参加谢恩会。先摄纪念照片,后移步宴会厅。八点多散会。

【《法学志林》七卷六号　明治三十八年六月二十日】

987 法政速成科卒业生参观政府公署

○法政速成科卒业生参观政府公署

今回卒业之法政速成科清国留学生六十余名,根据十项参观政府机关安排,自五月二十九日以来,参观东京府和东京市政府(五月二十九日)、内务省(三十日)、司法省、法院(六月一日)、农商务省、小菅监狱

（二日）、日本银行（五日）、北丰岛郡政府（六日）、警视厅（八日）等。因各厅长官以及职员盛情招待，各位于诸事亦皆详细领会，堪为学习参考之资。学生一行甚表感谢，不日还将参观大藏省及印刷局。

【《法学志林》七卷六号　明治三十八年六月二十日】

988 法政速成科演讲会

〇法政速成科演讲会

本大学为法政速成科清国留学生品性之修养，现特设演讲会。首次于九月二十四日，翌次为本月十五日，均从下午一点开始，在本大学第一讲堂举行。首次演讲会由梅总理致开讲辞。两次听讲者人数颇多，济济一堂，几无立锥之地，盛况非常。其演讲题目如下：

第一回	国民思想之变迁	法学博士	寺尾亨君
	条约改正与法典	法学博士	梅谦次郎君
第二回	日本法制之沿革	法学博士	富井政章君
		法律学士	古贺廉造君

【《法学志林》七卷十号　明治三十八年十月二十日】

明治三十九年（一九〇六）

989 法政速成科演讲会

〇法政速成科演讲会

十一日下午一时，举行清国留学生法政速成科第三回演讲会。当日出席教员及演讲题目如下：

国家有机体说　　法学博士　　一木喜德郎君

日中两国交际之回顾　　文学博士　　三上参次郎君

【《法学志林》八卷二号　明治三十九年二月二十日】

990 法政速成科演讲会

〇法政速成科演讲会

上月二十五日下午一时,于本大学第一讲堂举行。下面二位博士发表有益演讲,全体学生兴致高昂。

清国政体之将来　法学博士　有贺长雄君

我国之法典事业　法学博士　梅谦次郎君

【《法学志林》八卷四号　明治三十九年四月二十日】

991 法政速成科演讲会

〇法政速成科演讲会

本月六日下午一时,于本大学第一讲堂举行。第一讲为理学博士菊池大麓君之"理学及其应用",第二讲为文学博士井上哲次郎君之"行为与目的之关系"。二位亲切、悉心演讲深邃学理,博得满堂学生倾听。此次与会者约有四百余名。

【《法学志林》八卷五号　明治三十九年五月二十日】

992 法政速成科卒业谢恩会

〇法政速成科卒业谢恩会

他项已经报道之该科卒业式结束后,卒业生全体于日本桥偕乐园举行谢恩会,与会者包括梅总理、山田、乾、小野冢、高野等教员以及校友。首由陈威君宣布谢恩会之趣旨,继梅博士因在卒业式上已对诸生有所发言，故此次毋庸赘语，仅略言之。后移步宴会。席上各省代表对恩师之照拂表达衷心谢意，于祥和气氛中结束宴会，晚上九时半散会。

【《法学志林》八卷七号　明治三十九年七月二十日】

明治四十年（一九〇七）

993 清国留学生团体旅行

○清国留学生团体旅行

本大学留学生参加团体旅行。旧腊三十一日上午，在新桥停车场集合，副主事竹内义一君、教务主管角居寅八君参加此活动，并负责组织。午前十一时三十分，汽笛鸣响，自新桥停车场出发，至国府津站下车，全体在一茶亭小憩，而后乘坐包租电车，至汤本。午后四时许，全体投宿于预订之小川馆，沐浴灵泉，身心畅快。正辞丙午旧岁，迎丁未新年，于一片恭喜声中出发，参观玉帘泷、早云寺、塔泽。翌日，游历箱根七汤之胜景，或乘轿，或人力车，或徒步。当日有雪，欲下还无，于芦湖边箱根町偶遇霏霏雪絮，顿觉稀奇。三日早朝，自汤本出发，之国府津，送别因公而离之总理梅博士，后于上午九时五十分搭乘列车，至中午十二点半回京。为留纪念，全体摄影，后解散，可谓一次别开生面迎新之举。

【《法学志林》九卷一号　明治四十年一月二十日】

994 法政速成科演讲会

○演讲会

本月三日于本大学第一讲堂举行法政速成科演讲会。第一讲为梅博士之“清国旅行谈”，第二讲为秋山博士之“战争中俘虏之待遇”。满堂学生肃然倾听，津津有味，不知不觉中，已过数时矣。

【《法学志林》九卷二号　明治四十年二月二十日】

995 法政速成科卒业谢恩会

〇法政速成科卒业谢恩会

他项所载之卒业式结束后，于六点在富士见町富士见轩举办谢恩会。先是，周家彦致问候辞，继由梅博士致答辞，宴会开始。一年有半，犹如一日，谆谆教诲之老师，与孜孜不倦之学生，于和蔼气氛中谈往论今。晚上十时许散会。

【《法学志林》九卷五号　明治四十年五月二十日】

六　学生

明治三十七年(一九〇四)

996 新留学生

〇新留学生

为清国留学生特设之法政速成科日隆,本杂志屡见报道。更有新留学生一百八十余名渡海而来,计划于十八日入学。当日梅总理有一场训示,清国公使杨枢以及公使馆职员等亦将驾临。

【《法学志林》六十二号　明治三十七年十月十五日】

997 留学生增加

〇法政速成科学生

截至十日,法政速成科学生数如下,尚望有陆续申请入学者。

法政速成科(调)学生

第一班生(本年五月开始)		九十四人
内	官费生	四十八人
	私费生	四十六人
第二班生(本年十月开始)		二百七十三人
内	官费生	一百八十一人
	公费生	二人
	私费生	九十人

【《法学志林》六十三号　明治三十七年十一月十五日】

明治三十八年(一九〇五)

998 法政速成科第一班卒业生姓名

〔私费生标记为(私);官费生标记为(官)〕

〇法政速成科第一班卒业生姓名

(◎为优等生第一等;〇为优等生第二等)

湖南(私)	◎罗永绍	湖北(官)	◎吴柏年	湖南(官)	〇彭兆璜
湖北(官)	朱家璧	湖北(官)	叶开琼	湖北(官)	何福麟
湖南(官)	陈嘉会	湖南(官)	瞿宗铎	湖北(官)	易奉乾
湖南(官)	萧仲祁	云南(官)	孙志曾	湖南(私)	毕　厚
湖北(私)	刘　蕃	湖北(私)	王崇铭	湖北(官)	朱友英
广东(官)	钟　铣	江苏(私)	金庆章	湖北(私)	◎王运震
湖南(官)	〇胡子清	湖北(官)	〇陈　武	湖北(官)	刘燮臣
湖南(私)	刘泽熙	四川(私)	周先登	湖北(官)	欧阳葆真

湖北(私)	周仲曾	安徽(私)	吕　均	湖北(私)	谢炳朴
湖北(官)	李　碧	直隶(私)	高俊澎	江苏(私)	吴前枢
湖南(私)	陶　煦	湖北(官)	彭树棠	江苏(私)	瞿　钺
湖南(私)	廖维勋	湖南(官)	陶思曾	湖北(私)	陈弼孙
湖南(私)	罗　杰	湖北(私)	张　昉	湖北(官)	徐志绎
湖北(官)	郭　斌	江西(官)	贺国昌	湖南(官)	周声汉
湖北(官)	张知本	湖南(官)	陶懋颐	湖北(官)	王立猷
江苏(私)	朱孔文	湖北(官)	邹麟书	湖北(官)	顾恩黻
湖北(官)	严猷章	湖北(官)	魁　续	江苏(私)	薛宜璞
湖北(私)	班吉本	江苏(官)	瞿世琨	江苏(私)	王家驹
湖北(官)	樊树勋	安徽(官)	刘迺弼	贵州(私)	蹇先榘
湖北(官)	张福先	湖南(官)	石润金	湖北(私)	王寿田
江苏(官)	薛宜珽	四川(私)	唐　宾	湖南(私)	滕　骥
湖南(官)	李　穆	湖南(私)	雷光宇	湖北(私)	向国荣
湖北(官)	曹履贞				

此外尚有因并或其他原因未能完成试验者十数人,将于十九日举行特别试验。

【《法学志林》七卷六号　明治三十八年六月十一日】

999 法政速成科试验成绩表

○清国留学生法政速成科试验成绩表(明治三十八年四月及六月施行)

(◎印优待生;○印优等生)

〇第一学期修业生

籍贯	姓　名	籍贯	姓　名	籍贯	姓　名
广东	◎汪兆铭	广东	◎孔昭焱	福建	◎郑　箎
江苏	〇郭定森	浙江	〇胡叙畴	福建	〇程树德
广东	〇李文范	广东	〇曹受坤	广东	〇朱大符
福建	陈与年	浙江	〇邵　章	广东	胡衍鸿
山西	〇解荣辂	广东	祁耀川	直隶	孙松龄
浙江	陈时夏	直隶	阎凤阁	福建	刘懿良
直隶	梁建章	广东	张树(澍)棠	浙江	许　壬
福建	俞声訨	广东	金　章	浙江	叶夏声
浙江	葛遵礼	福建	梁继栋	广东	杜之杕
浙江	贺绍章	江苏	吴兴让	浙江	刘耀东
广东	古应芬	福建	何琇先	广东	吴天宠
山西	刘绵训	浙江	傅疆(强)	江苏	张慰祖
江苏	屈　蟠	广西	李春辉	直隶	王绍曾
江苏	程起鹏	广东	黎庆恩	广东	邹永誉
浙江	陈汉第	广东	骆鸿年	江苏	许同莘
广东	张福照	浙江	徐令誉	江苏	陆炳章
广东	何湛霖	福建	邱鸿文	广东	刘学毅
广东	章仲希	江苏	陆维李	广东	苏启元
江苏	王光燮	浙江	沈应锈(镛)	直隶	韩廷钊
广东	骆鸿翔	浙江	朱　曜	广东	章若衡
广东	姚礼修	江苏	钟福庆	直隶	杨　侗
江苏	王叔鑫	浙江	李丙光	贵州	卢夔麒

江苏	卢重庆	直隶	高崇祎	直隶	齐树楷
广东	张树枏	直隶	李金榜	江苏	张济诚
福建	吴宪仁	湖南	陶梦蛟	湖南	贝允昕
四川	金朝枢	直隶	同宝廉	浙江	王　垚
直隶	步其诰	湖南	黄可权	浙江	陈敬第
直隶	张　兰	直隶	金恩科	四川	彭德洋
广东	陈庆贡	广西	岑德复	直隶	王崇祐
广东	莫鸿秋	湖南	申开云	浙江	朱绍廉(濂)
浙江	朱　铠	贵州	熊范舆	山东	徐永桨
湖南	杨宗熙	江苏	陈禄光	贵州	陈国祥
广西	尹起凤	贵州	姚　华	广西	唐钟元
浙江	陈鸿慈	广东	张伯桢	江苏	潘尧奎
浙江	王仁铎	湖北	贺升平	江苏	吕延平
广东	张万梓	云南	张　鼎	浙江	孙德全
江苏	费廷璜	湖南	范治焕	江苏	李维翰
江苏	陈邦辉	浙江	张宗儒	江苏	韩兆魁
浙江	金彭年	山西	荆育瓒	浙江	高　桐
广东	陈炽昌	江苏	管尚勋	浙江	王启机
湖北	范熙椿	四川	陈崇基	江苏	徐荫阶
湖北	李翥仪	江苏	贺　俞	浙江	金保康
直隶	赵宇航	湖北	张叙藩	湖南	周培懋
江苏	孙润家	江苏	黄守孚	云南	吴　琨
安徽	赵尔枚	四川	邵从恩	广东	柴起标
浙江	徐增礼	浙江	虞尚贤	广东	倪敏敷

贵州	唐桂馨	江苏	恩　华	广东	吕达英
广东	陈百东	贵州	于德坤	湖北	梁柏年
广东	黄轩佐	浙江	林鹍翔	湖北	高世杰
江苏	方大年	江苏	袁希廉	广东	陈　文
直隶	赵世荫	广西	谭鸾瀚	广西	林炳华
直隶	陶善璐	直隶	杨春爚	江南	徐庭麟
广西	周维宗	浙江	谷拱辰	江苏	徐麟瑞
浙江	陈章寿	江苏	蔡承焕	安徽	汪之钧
直隶	聂逢祺	江苏	刘家怡	江苏	秦　开
湖北	杜光佑	直隶	李景澔	广东	潘元敉
直隶	赵国瑜	直隶	张志嘉	广西	卢汝翼
四川	郭文珍	江苏	陆维炘	河南	李祖熙
直隶	郑禄昌	湖南	曾昭声	湖南	杨纪彦
江苏	杨同衡	山东	褚振翰	直隶	张景仲
湖北	宁儒瑗	广东	陶汝霖	贵州	李维钰
浙江	徐家驹	广西	张廷扬	直隶	高振鋆
直隶	王宝璋	直隶	杜之堂	直隶	邓绍熙
浙江	沈炳荣	浙江	施召愚	山东	齐树棠
浙江	朱景圻	直隶	步以韶	直隶	李维汉
广东	陈天球	广西	赖　瑾	安徽	吴炎世
浙江	韩树梅	湖南	张铭彝	浙江	沈秉衡
湖南	张人镜	浙江	汪　墀	湖北	方日靖
广东	崔斯哲	湖北	旷　达	湖北	孙德震
安徽	刘　焕	江苏	吴荣鼐	江苏	陆家麒

湖北	刘佐寅	湖北	王廷扬	直隶	王琴堂
湖南	聂其壎	湖北	彭方陶	湖北	李时敏
安徽	潘世杰	湖南	周大烈	浙江	沈秉诚
安徽	李国熙	四川	李德芳	湖南	李世燮
江苏	许其荣				

【《法学志林》七卷七号　明治三十八年七月二十日】

1000 卒业特别试验合格者

○卒业生(特别试验)

籍贯	姓　名	籍贯	姓　名
贵州	○夏同龢	湖北	杨清源

【《法学志林》七卷七号　明治三十八年七月二十日】

1001 试验答案“清国财政论策”(夏同龢)

○清国财政论策

下列论文为清国贵州省出身、钦赐状元夏同龢氏提交之法政大学法政速成科卒业试验财政学科答案。

凡论财政取得之方法者,大要约有二端:(一)公经济之收入,(二)私经济之收入是也。私经济收入,除官有土地之收入、官有矿山之收入、手数料之收入三者之外,又其一端,则为官业之收入。夫业务有利益可收入者,官似不宜与民争,然私人经济之所不能为,或能为而有害于政治及国家财政者,故不如官营之为愈也。敝国宪法未立,预算决算之制度未有规定,财政紊乱,收入无多,且官业制度尤非完备。同龢方研究整理财政之方法，将思有以经营而条理之。辱承垂问敝国之官业，谨按冈实学士讲述财政学官业收入之种类，分别论列，乞先生加教焉。

（一）造币业

（1）手数料　敝国货币，虽法律无银本位之规定，而就事实上言之，确为银本位无疑。但中央政府无统一之制度，直隶、湖北、江苏、广东诸省，各制造银币，形式不同，成色高下亦异，故其交易范围甚小，不能越其本省之外，市场交易，仍多未铸之地银。而民间亦无请求铸造之权利，手数料之收入，实未尝有，不过铸造银币时，加入铜质而有盈余。加入铜多者，盈余亦多。官吏贪其余利，为各本省之私益，不计其成色差异，不能统一，良可憾也。

（2）补助货币　敝国补助币，昔沿用旧式之铜钱，其制亦各省不同，未能统一。今直隶、湖北、广东、江苏仿贵国形式，新铸铜币，虽无补助货币之法规，而事实上确有补助货币之效力。虽形式不同，成色各有差异，其币铜与银货币同，然此项收入，各省岁入百数十万，官吏不知统一之理，但求于其本省经济上自为活动，政府亦不思所以统一之，良可叹也。

（3）纸币及特别银行　敝国设立中央通商银行久矣，发内帑，集株式，以为资本，予以发行纸币之特权。且其意盖欲仿贵国日本银行制度，然政府素无信用，制度未能统一，内国商业银行各种手形交通充斥于市上，外国银行发行之纸币，又竞争于商业界中，故中国通商银行纸币，遂失其交易循环之力。数年以来，虽无大损害，然收入之纯利，固未有也。

（4）预金　敝国所设之通商银行，信用绝少，商民无预金者。邮便预金之制度，亦未规定，则预金之部收入，亦未有也。

（二）制造业

（1）模范工场　敝国当戊戌维新之年，各省奉命设立农工商局，旋以政变,仅存空名。惟湖北设纺纱织布局,颇具规模,惟委任非人,有损无为,遂归于商。庚子以还,北京设立工艺局,颇与模范工场之制相近。又有民立工艺局,设立在官局之前,虽非官局提倡,然相观而善,使之日新,亦官局之力也。

(2)军器制造业　敝国江南机器局、福建船厂设立最早,其后直隶、湖北、四川相继设立机器局,制造铳炮弹药。今江西萍乡,又新设局。然各省官吏不能实行其监督之权,研求制造学者,又不可多得,有之而不能用,聘用外国人,糜帑废事,不见成功,兵卒之训练既不能精,而军器又不足以利用,此官吏之罪,而国民所痛心疾首,思急为改革者也。

(3)专卖业　敝国学说家,力持国家不可与民争利之说,故官业专卖者实尠。惟四川之盐,自丁宝桢总督四川时,奏请官运,设局,定盐法,二十余年于兹矣。此项四川岁入二百余万。贵州之硝矿,则以关系军需,故不许民间私卖,然非为营利计也。

(三)交通业

(1)邮便　敝国邮政局,其为幼稚,以到着地之远近,为税率之重轻,故不能推行尽利。尤可憾者,以未加入万国邮政同盟之故,致各国藉口于交通未便,而于敝国内地设立邮局,此不仅争我国官业之利,且损害主权,他日修改法律,必思收回此等权利也。

(2)电信　敝国电报局,设立有年矣。然创始之初,政府不知电信之宜为官业,乃多募集株券,至前年方欲收为官有,而商家抵抗甚力,政府恐失信用,又复迁就。然官吏管理不善,侵蚀公款,以为私有,不仅无补于国,且有害于商,与招商局之船舶运输业,同为弊薮,此亦急宜整顿者也。

(3)铁道　敝国官有铁道,最早设者,莫如京津、京榆铁路,其收入之款,除支出外,纯利无多。今芦汉铁路初告成矣,管理者如善良,岁入当有巨款。至四川铁路,官力不足,乃征收附加税岁六百余万,以为建筑资本,非纯然复官有之性质矣。

凡此皆敝国官业之大略也。至其改良之法,惟先生教之,幸甚。

【《法律新闻》二九二号　明治三十八年七月二十日】

1002 夏同龢之笔谈

○与夏同龢之笔谈

夏同龢,清国湖南人氏,进士及第,清国御赐状元(博士),在该国为屈指可数之隽才。客年来游日本,入法政大学法政速成科,今夏以优异成绩卒业。其试验答案之一部分"清国财政策论",前刊本志。今探访故友某氏,于四方山谈话后得意挥毫,论及清国时事。以下抄录一节。

某氏　君归国后,将谋何以推动贵国之改良进步?

夏氏　前日见秋山博士曰,使法律思想普及于国民,则国力自强。仆深感此言。他日归国,将广兴法政学校,使国民皆有法律知识也。

某氏　顷闻贵国拟制定大清商律,仆深为贵国喜。希望将来厘正国典,奠定富国强兵之基,连合日本,雄飞东洋。

夏氏　一切法律以宪法为基本,宪法不立,即有他法典,不适用也。顷闻敝国政府遣派大官,考察东西洋各国政治,以定宪法。他日法律大定,庶几得附贵国之后,相连合以保持东亚和平之局。此君之所希望也,亦仆之所甚愿也。贵国地方自治公共团体之制度甚完美,仆欲详考市町村组织之内容,君能为仆绍介乎?

某氏　然也。横议之徒或以不打倒清政府,即不能进行各项改革,但应采取其他和平手段,推进改良进步。君以法律为国尽力,仆大赞同之。

夏氏　君言及平稳之手段,此诚老成之见,佩甚。当此二十世纪中欧西强国皆将以东亚为食场,譬如虎狼在门,室中人相与同心协力以拒之可也。阋墙之事,不暇及也。

某氏　深表同意。贵我两国应益加亲善,望能遏制强国虎狼之欲。

夏氏　贵国今日为东亚第一强国。贵国推诚心以待敌国,则两国和平自能永久保持,敝国人必绝无反对贵国。此仆所信也。云云。

【《法律新闻》二九四号　明治三十八年七月三十日】

1003 法政速成科第一学期特别及再试验合格者

〇法政速成科第一学期特别及再试验合格者

七月十七日至二十日举行试验,合格者如下:

〇特别试验合格者

贵州	戴宝辉	浙江	陶保霖	湖南	何维道
广东	陈　融	江苏	朱乔岳	湖南	程士经
湖南	梁焕均	湖北	邓振廊		

〇再试验合格者

湖南	丁德威	云南	刘昌明	浙江	周忠绩
江苏	李　骏	湖北	刘鸿钧	广西	刘名显
河南	张贺世	四川	陈象绂	安徽	姚和羹
四川	岑文肃	广东	李凤威	浙江	舒永祺
江苏	高剑公	江苏	龚正昌	湖北	俊　廉
广西	黄农世	四川	邹致钧	浙江	沈文孙

【《法学志林》七卷八号　明治三十八年八月十日】

明治三十九年(一九〇六)

1004 第二、一学期修业生之优待生及优等生

〇法政速成科修业生

去年十一月开始之法政速成科修业生,第二学期一百九十四名,第一学期七十七名。其中优待生及优等生如下:

第二学期(◎为优待生;〇为优等生)

广东	◎金　章	广东	◎孔昭焱	福建	◎程树德
广东	◎汪兆铭	广东	◎张树枬	广东	◎李文范
广东	〇朱大符	浙江	〇许　壬	广东	〇张澍棠
广东	〇曹受坤				

第一学期

江苏	◎秦瑞玠	福建	◎李景龢	山东	◎王丕煦
四川	〇李大钧	浙江	〇阮性存	福建	〇范钟湘
广西	〇郭椿森	广东	〇黄祖诒	湖北	〇张思叡
云南	〇黄毓兰				

【《法学志林》八卷四号　明治三十九年四月二十日】

1005 法政速成科第二班卒业生姓名

法政速成科第二班卒业试验成绩(◎为优等生)

广东	◎孔昭焱	广东	◎汪兆铭	福建	◎程树德
广东	◎金　章	广东	◎朱大符	福建	◎郑　篪
广东	◎张澍棠	浙江	◎许　壬	广东	◎李文范
江苏	◎郭定森	广东	◎曹受坤	广东	胡衍鸿

广东	祁耀川	直隶	孙松龄	浙江	葛遵礼
浙江	贺绍章	福建	陈与年	广东	杜之杕
福建	俞声鋐	福建	古应芬	湖南	黄可权
江苏	张一鹏	江苏	钟福庆	浙江	刘耀东
浙江	傅疆(强)	江苏	吴兴让	广东	骆鸿翔
贵州	熊范舆	直隶	阎凤阁	直隶	梁建章
广东	张树枬	广东	黎庆恩	福建	邱鸿文
江苏	许同莘	广东	崔斯哲	浙江	陈汉第
江苏	陆炳章	浙江	王　垚	浙江	陈时夏
广东	吴天宠	浙江	叶夏声	江苏	芦(卢)重庆
贵州	姚　华	广东	章若衡	浙江	陈敬第
江苏	管尚勋	广东	陈　融	广东	章仲希
广东	姚福修	广东	邹永誉	浙江	徐家驹
福建	梁继栋	浙江	朱　铠	四川	邵从恩
江苏	程起鹏	直隶	王绍曾	安徽	虞维铎
浙江	王仁铎	浙江	金保康	浙江	陈鸿慈
浙江	朱绍濂	直隶	郑禄昌	贵州	陈国祥
山东	徐永棨	四川	陈崇基	福建	何琇先
浙江	高　桐	江苏	王光燮	江苏	陆维李
江苏	贺　俞	广东	苏启元	浙江	朱　曜
浙江	沈应镛	江苏	李维翰	福建	吴宪仁
江苏	吕延平	湖北	张叙藩	湖北	李翥仪
江苏	王叔鑫	江苏	韩兆魁	广东	刘学毅
广东	陈庆贡	贵州	李维钰	直隶	张　兰

江苏	费廷璜	四川	金朝枢	江苏	潘承锷
直隶	杨　侗	浙江	李丙光	广东	莫鸿秋
山西	刘绵训	直隶	步其诰	江苏	屈　蟠
浙江	徐令誉	广东	张伯桢	广西	唐钟元
山西	解荣辂	直隶	仝宝廉	江苏	张慰祖
浙江	金彭年	广东	陈百东	江苏	徐麟瑞
浙江	虞尚贤	江苏	徐荫阶	浙江	孙德全
直隶	赵宇航	江苏	孙润家	江苏	陈邦辉
湖北	刘鸿钧	江苏	方大年	湖南	丁德威
广西	尹起凤	湖南	陶梦蛟	直隶	步以韶
江苏	恩　华	广东	陈　文	安徽	赵尔枚
广西	谭鸾翰	湖南	范治焕	江苏	蔡承焕
广西	周维宗	直隶	王宗祐	浙江	陈彰寿
山东	褚振澣	广东	潘元敉	广西	岑德复
直隶	聂逢祺	云南	张　鼎	江苏	陶保霖
江苏	陈禄光	安徽	姚和羹	直隶	齐树楷
江苏	张济诚	云南	吴　琨	浙江	朱景圻
广东	骆鸿年	湖北	旷　达	直隶	高崇祎
江苏	夏仁沂	湖北	匡孙纪	直隶	邓绍熙
广东	陈天球	广东	黄轩佐	直隶	金恩科
广西	芦(卢)汝翼	广东	柴起标	浙江	张宋儒
浙江	林鹍翔	直隶	赵世荫	浙江	袁毓麟
四川	彭德洋	山西	荆育瓒	湖南	贝允昕
湖北	梁柏年	浙江	韩树梅	安徽	吴炎世

湖南	杨宗熙	直隶	李金榜	湖南	周培懋
湖北	贺升平	安徽	刘　焕	湖北	曾昭声
直隶	赵国瑜	广东	陈炽昌	四川	邹致钧
江苏	陶保晋	湖北	胡作宾	江苏	龚世昌
广东	倪敏敷	浙江	施召愚	浙江	沈炳荣
直隶	王宝璋	直隶	心　田	湖北	宁儒瑗
湖南	申开云	江苏	袁希濂	四川	杜　周
江苏	陆维炘	直隶	陶善一	浙江	徐增礼
直隶	杜之堂	直隶	李景澔	直隶	张景仲
贵州	唐桂馨	四川	岑文肃	江苏	朱乔岳
湖北	杜光佑	湖北	孙德震	安徽	李国熙
江苏	沈树敏	浙江	周忠绩	湖南	杨纪彦
直隶	张志嘉	直隶	李维汉	安徽	汪之钧
湖北	高世杰	四川	史　书	浙江	沈秉衡
直隶	王琴堂	江苏	善　溥	浙江	沈秉诚
江苏	载(戴)忠骏	江苏	李　骏	湖北	彭方陶
江苏	张祖厚	四川	周　绮	直隶	杨春爚
河南	李祖濂	广东	梁秉钧	江苏	徐庭麟
四川	李德芳	安徽	刘金选	湖南	李时敏
湖南	何维道	安徽	潘世杰	湖北	方日靖
浙江	汪　墀	安徽	金保福	四川	陈象绂
湖北	刘佐寅	直隶	高振鋆	江苏	许其荣
江苏	章纪纲	浙江	舒永祺	湖南	张人镜
湖南	李世燮	浙江	陈曾翰	江苏	吴荣鼎

安徽	张殿魁	河南	张贺世

【《法学志林》八卷七号　明治三十九年七月二十日】

1006 法政速成科第二班追认卒业生姓名

○明治三十九年七月卒业

广西	李春辉	湖北	俊　廉	安徽	吕辉岳
贵州	戴宝辉	广西	刘名显	湖北	邓振廊
浙江	邵　章	安徽	朱含芳	广东	李凤威

○明治三十九年八月卒业

广西	黄农世	不详	陆家骐	四川	程杏书

【《法政大学一览》　自大正十四年至大正十五年】

1007 清国校友夏同龢

○清国校友夏同龢

该人作为清国校友(法政速成科第一班卒业生),得有状元学位,在清国学界屈指可数,目下担任广东政法学堂教头要职。赞同本次校友中有志者所策划之《东洋》杂志发刊,并为该杂志尽心竭力。所寄书翰、赞诗如下:

顷辱惠书,敬悉贵校校友发起编纂汉文杂志,使贵国与敝邦人民情意交通,智识互换,由此将见邦交益笃,福利繁兴,甚盛事也。仆固欲保持东亚和平主义者,闻之曷禁欢欣鼓舞,拭目俟之。承命题辞,谨奉小诗,略宣鄙意。未能表扬盛美于万一,殊自愧耳。仆因敝校创始颇费经营,近来撰述无多,未敢以瓦砾混金玉,将来各讲师及生徒如有论说可观者,再当寄上聊备选择。此书何时出版,乞早赐观,价值几何,示知即当照缴。

手复　敬颂

法政大学诸校友道履不宣

光绪丙午七月五日　夏同龢

春风不解分疆界,航海梯山共一家。圆嶠方壶闻笑语,座中无处不烟霞。新论应能拟华桓,日长惟忆异书看。编成早乞双鱼赐,客向东风正倚栏。

岁丙午孟秋　夏同龢　题

【《法学志林》八卷十一号　明治三十九年十月二十日】

1008 法政速成科与北京进士馆

〇法政速成科与北京进士馆

作为清国北京进士馆此次制度改革之结果,其学生(进士)将委诸我法政大学实施法政教育。曩昔进士馆教头严谷博士与我法政大学交涉,清国学部更与正在清国之梅总理熟议,今回清国公使开始正式签发入学绍介书。进入补休科者三十七人,进入别项记载之第五班五十八人,合计九十五人,皆有学识有地位之清国绅士也。

【《法学志林》八卷十一号　明治三十九年十月二十日】

1009 清国校友罗杰之寄书

〇清国校友罗杰氏

该人为本大学法政速成科第一班卒业生,顷感梅博士之恩,以下列诗书相赠：

梅谦先生讲座：辱承教育，感荷殊深。前月得见先生，又未获攀留畅饮，怅怅。师前嘱为介绍学生来修法学。兹有友人（人名略）皆有普通学问，汉学亦有根柢，乞令或入永久法政班，或入法政速成班，俾受文明教育，不胜感激。杰事务甚繁，未克来入补习科，羡愧之至。明年摆脱一切，当仍成受教耳。敬请

罗杰　顿

奉赠

梅谦先生乞教

吾道几人任，深情不我涯。风声骚古木，春意养邻花。东亚尊师席，西欧数法家。神山叩奇义，心折汉侯芭。

（诗作于日本，未上师。至湖南，未暇集饮，补写此，以为纪念。）

弟子罗杰

时支那光绪丙午八月初七夜

【《法学志林》八卷十一号　明治三十九年十月二十日】

明治四十年（一九〇七）

1010 法政速成科第三班卒业生姓名

〇法政速成科第三班卒业生姓名

（印〇者为优等生）

顺序	籍贯	姓　名	顺序	籍贯	姓　名
一	江苏	〇秦瑞玠	二	福建	〇李景龢

三	山东	〇王丕煦	四	四川	李大钧
五	浙江	王　耒	六	湖北	邓崇年
七	福建	范钟湘	八	安徽	江绍杰
九	湖北	张思叡	一〇	云南	黄毓兰
一一	贵州	袁永廉	一二	直隶	张镜寰
一三	福建	林以忻	一四	广东	黄祖诒
一五	四川	聂开基	一六	广东	郑　浩
一七	湖南	何国琦	一八	四川	孔庆余
一九	广西	郭椿森	二〇	湖南	彭承念
二一	福建	邵继全	二二	湖南	李钟奇
二三	广东	何天翰	二四	山东	王廷宾
二五	湖南	王国柱	二六	湖北	唐殿薰
二七	广西	杨　霖	二八	四川	李光珠
二九	安徽	江　淮	三〇	安徽	杨辔龙
三一	湖南	王佐龙	三二	广西	高嘉仁
三三	广西	黄朝昌	三四	江苏	朱大玙
三五	山东	张方毅	三六	直隶	陈树楷
三七	湖南	贺学海	三八	湖北	王庆丰
三九	湖南	张通焕	四〇	湖北	吕遵先
四一	湖南	胡崇礼	四二	直隶	武绳绪
四三	湖北	芦(卢)铭鼎	四四	湖南	萧程俊
四五	湖南	徐钟衡	四六	山东	孙振家
四七	山东	邱桂桦	四八	广西	李　谠
四九	广西	区　谌	五〇	湖北	李　琦

五一	四川	黄炳彝	五二	湖南	张　炳
五三	湖南	姚生范	五四	直隶	张锡光
五五	湖北	傅为霖	五六	河南	赵守本
五七	湖北	刘向寅	五八	湖南	李学铭
五九	广东	李玉林	六〇	湖北	黄得中
六一	浙江	程启嵩	六二	直隶	刘赞德
六三	湖南	王　泰	六四	直隶	刘绍曾
六五	湖南	黄笃衡	六六	湖南	李基壤

【《法学志林》九卷一号　明治四十年一月二十日】

1011 法政速成科第四班卒业生姓名

清国留学生法政速成科卒业试验成绩

如前号所报,该试验于上月举行。试验成绩如下,印〇者为优等生。

四川	〇张智远	湖南	〇杨树谷	湖北	〇汤化龙
福建	〇马光桢	浙江	楼兆梓	湖北	王运嘉
山东	〇牟家夔	湖南	〇黄敦怿	贵州	〇刘显治
直隶	〇车　钺	安徽	胡庆道	直隶	范桂鄂
四川	〇萧　湘	浙江	〇王邦藩	河南	〇夏和清
直隶	李家祥	山西	梁威哲	广东	苏　敬
湖南	刘作霖	广西	周安康	湖南	任绍选
江苏	徐　潞	江苏	徐振声	湖南	张心翊
四川	潘　慎	福建	林觐光	四川	周代本
四川	贾育贤	湖南	谭传恺	江苏	顾　皑

江苏	沈钧儒	山东	周树标	广东	区　枢
湖北	徐沐三	湖南	罗德原	四川	张治祥
江苏	宋开敏	山西	薛登道	广西	李　昀
山东	裴子晏	湖南	钱维骐	山西	郭宝清
湖北	曾广源	浙江	俞　峻	山东	周庆恩
福建	马光藧	福建	钟　达	浙江	朱文劭
浙江	余庆龙	四川	张知竞	湖北	周赓慈
河南	张成修	安徽	何　雯	山西	梁善济
江苏	陆　定	湖南	胡挹琪	广东	陈瑞麟
安徽	崔祥鸠	湖北	傅长民	福建	陈耀妫
山东	安茂寅	福建	陈海瀛	贵州	漆运钧
江苏	许家恒	浙江	汤建中	贵州	杨桂林
贵州	唐汝声	直隶	高桂馨	江苏	王汝琳
四川	刘席珍	湖北	瞿鸿宾	湖北	陶　峻
湖南	吴迪康	直隶	李维第	广西	蒋继伊
奉天	王连科	福建	魏锡滋	湖北	陈文中
河南	毕太昌	四川	郑鸿基	江西	陈梦藻
湖南	刘炳藜	湖南	贺家耀	贵州	张鸿藻
浙江	查厚培	湖北	熙　栋	浙江	任祖棻
安徽	张启后	贵州	李　淋	江苏	蒋怡章
广东	陈官桃	广西	蒋敦世	浙江	查履忠
广西	黄　謇	江苏	蓝宗鲁	广东	吕存晟
四川	沈幼丹	湖南	杨学源	湖北	夏道炳
浙江	俞树棠	山东	尹宏庆	湖南	王恩博

陕西	柴守愚	浙江	邵　羲	湖北	袁凤仪
四川	刘天祐	直隶	张俊英	湖北	景龙黼
江苏	夏日琦	福建	林志烜	湖南	成应琼
江苏	习观枢	江苏	黄宗麟	湖南	陈启棠
广西	邓耀明	山西	阎秉真	浙江	陈寿祺
湖南	杨德邻	山西	刘　镕	湖北	余延泽
直隶	刘鸿翔	湖南	王祖郜	湖北	何景新
安徽	胡寅旭	直隶	李盛华	江苏	张家镇
湖南	罗　超	湖南	宾玉瓒	江苏	窦　昀
云南	保廷梁	湖北	俞登瀛	四川	李增荣
直隶	马殿甲	直隶	赵林章	湖北	张绍骞
江苏	邱正夔	陕西	刘慎铨	湖北	丁树兰
湖北	朱树森	湖北	胡德炘	山东	李秉善
湖北	王利用	湖南	黄怀清	湖北	刘鹤年
湖北	吴道南	湖北	龙瑞廷	湖北	张裕藻
湖南	方大嵩	广东	黎祖健	山东	李继璋
山东	彭芝芳	安徽	舒绍伊	山东	周廷弼
云南	解永嘉	四川	吴　虞	四川	陈正学
山东	吴绍璘	江苏	云　书	浙江	李钟浚
湖南	袁　湛	江苏	沈　周	湖南	程元济
湖南	张　鹏	湖北	李继膺	山东	唐文霖
湖北	夏道辉	湖北	沈颂康	江苏	王立廷
湖北	李栋臣	湖北	黄震东	浙江	赵鼎咸
湖南	李汉丞	山东	黄成霖	浙江	姚桐豫

山东	王筌芗	山西	庞鬴华	湖北	李之杰
湖北	袁青选	安徽	李国棣	湖南	刘应钧
湖南	李　鋆	湖北	谭夔飏	江苏	姚明德
广东	陈天辅	广东	苏纬纶	湖南	彭邦栋
江苏	顾文浚	四川	吴维翰	湖南	左仲远
湖北	居　正	山东	李若鹏	湖南	夏王宾
四川	李清棻	湖北	胡瑞霖	湖北	焦　润
山东	马文绎	湖南	黄良弼	广西	蒙　经
湖北	马龢鸣	湖北	张雯熯	安徽	何炳庚
湖南	傅锡鸿	广西	农锡琛	安徽	鲍典瑞
湖北	鲍维新	湖北	徐道立	山东	刘章侯
山东	徐连芳	山西	田易畤	湖北	李树义
湖北	刘文宝	湖南	夏　政	江苏	徐凤标
江苏	钱廷椿	广东	廖云藻	湖北	潘　瀛
湖北	刘芝兰	山东	萧恩庆	广东	邱心荣
广东	叶衍华	江苏	宛长鸿	湖北	吴逢源
浙江	虞光祖	四川	熊兆渭	山东	李兆岷
湖北	鲁　煦	湖北	王嘉熯	湖南	洪荣圻
福建	陈　湜	湖南	周声飏	湖北	姚龙光
湖北	詹翰藻	浙江	俞成铣	湖北	王守贞
湖南	李正杰	江苏	张象成	湖南	粟　威
湖北	李毓芬				

○法政速成科特别试验　成绩如下：

福建	陈崇藩	贵州	王济辉	广东	郑　典

湖南	李荣植	湖南	萧文凤	湖北	李芹笙
安徽	耿伯壎	山西	崔廷献	福建	陈天听
直隶	康思恒	湖北	毕鼎琛	湖北	欧阳豸
湖北	梁　鑫	直隶	贺德深	四川	谢毓枬
江苏	习艮枢	广东	邱树人	湖南	俞蕃馨
浙江	叶志鸿				

【《法学志林》九卷六号　明治四十年六月二十日】

1012 法政速成科第四班追认卒业生姓名

○明治四十年六月卒业

政治科

福建	杜履新	山东	丁世峄	四川	胡　骏
湖北	杨文澜	福建	杜履中	不详(江苏)	刘豫瑶

【《法政大学一览》　自大正十四年至大正十五年】

1013 法政速成科补习科卒业生姓名

○补习科

明治四十年十一月卒业

夏和清(河南)	华(叶)焯(江西)	陈国祥(贵州)
戴宝辉(贵州)	张书(叔)云(广西)	张孝慈(陕西)
袁冀保(四川)	陈官桃(广东)	顾显曾(河南)
杨兆鳞(麟)(贵州)	吴炎世(安徽)	商衍鎏(广东)
朱元树(浙江)	朱汝珍(广东)	陈崇基(四川)
阎廷献(直隶)	楼兆梓(浙江)	林志烜(福建)

苏　敬(广东)	黄毓兰(云南)	阎士璘(甘肃)
钱　淦(江苏)	李翘燊(广东)	区　枢(广东)
除(陈)宗藩(福建)	区大原(广东)	陈启辉(广东)
吕存晟(广东)	谢恒武(河南)	宋开敏(江苏)
姚　华(贵州)	孙志曾(云南)	李庆莱(广东)
傅为霖(湖北)	杨　思(甘肃)	袁永廉(贵州)
王慎贤(江苏)	朱宝璇(浙江)	吴　琨(云南)
庄陔兰(山东)	陈敬第(浙江)	唐尚光(广西)
陈天辅(广东)	王立廷(江苏)	宛长鸿(江苏)
高振霄(浙江)	习观枢(江苏)	鸿　志(福建)
李维钰(贵州)	谭传恺(湖南)	胡寅旭(安徽)
陈高第(广东)	陈正学(四川)	胡　骏(四川)
徐钟恂(江苏)	杜　严(河南)	富尔逊(湖北)
周　杰(湖北)	吴德镇(直隶)	毕太昌(河南)
徐　培(广西)	张威修(河南)	谷芝瑞(直隶)
金兆丰(浙江)	李　榘(直隶)	顾视高(云南)
蒋继伊(广西)	叶衍华(广东)	景　润(河南)
程宗伊(浙江)		

【《法政大学一览》　自大正十四年至大正十五年】

明治四十一年(一九〇八)

1014 法政速成科第五班卒业生姓名

法政速成科第五班卒业试验成绩如下,印◎者为优等生。

法律部

◎黎湛枝(广东)	◎岑光樾(广东)	◎陈　光(福建)
郝继贞(直隶)	范贤方(浙江)	姚树圻(江苏)
郑　薙(福建)	张　诒(直隶)	虞廷恺(不详)
李景纲(直隶)	李湛田(直隶)	陈炘侯(福建)
章圭瑑(江苏)	张国溶(不详)	李道溥(浙江)
◎凌士钧(浙江)	◎单毓华(江苏)	◎尤　瓆(福建)
刘庚先(湖南)	石述彭(广东)	王官寿(江苏)
郑　蕲(福建)	张恩寿(江苏)	李光第(广西)
黄鸿翔(福建)	林上楠(福建)	周之桢(湖北)
鲍　朴(安徽)	龚福焘(不详)	杨遵路(江苏)
◎陈培锟(直隶)	◎边守靖(直隶)	朱哲湘(湖南)
杨允舛(杰)(江苏)	尚希宾(直隶)	孙智敏(浙江)
籍郁恩(直隶)	朱点衣(安徽)	徐家光(浙江)
林钟瑛(福建)	彭运斌(河南)	栗戡时(湖南)
房金錡(山东)	陈赓虞(直隶)	宋承家(江苏)
余信芳(浙江)	杨　拱(福建)	徐伯敏(山东)
石鸣镛(江苏)	程宗伊(河南)	陈正猷(贵州)
陈树基(贵州)	叶金扬(江苏)	杨展云(福建)
狄楼海(山西)	刘兴甲(奉天)	胡兆沂(江苏)
胡国洸(四川)	吴肇嘉(广西)	胡宝村(湖北)
邢启才(江苏)	李继桢(湖北)	邓　启(四川)
李德鉴(安徽)	徐兆玮(江苏)	吕　策(四川)
彭守正(湖北)	张鼎勋(湖南)	吴荣鬯(浙江)

张景宗(广东)	周保尧(江苏)	周鸿仪(安徽)
阮性言(浙江)	笪世熊(江苏)	顾文郁(江苏)
柴宗潆(浙江)	苏高鼎(江苏)	张　彭(江苏)
史鸿册(直隶)	林步青(福建)	赛沙敦(山东)
朱润时(湖北)	冯国鑫(江苏)	王人骥(福建)
岳式梁(直隶)	潘恩元(安徽)	陈　纬(四川)
钟刚中(广西)	王景镕(江苏)	高儒濂(浙江)
朱文焯(不详)	王运孚(湖北)	尹耕莘(浙江)
方绍赓(福建)	屠庆溥(江苏)	胡　榕(江苏)
饶　炎(四川)	义在朴(湖南)	曹善同(直隶)
郭　经(不详)	李镇坤(湖南)	董毓琨(直隶)
张曾培(江苏)	刘闻尧(山东)	曹宗翰(山东)
陈　樵(福建)	周诒柯(湖南)	翟师彝(湖南)
卞　勇(奉天)	李凤翔(山西)	孙汉池(湖北)
陈道华(广东)	舒业顺(湖南)	赵东藩(奉天)
尹毓杰(山东)	戴　堃(湖南)	申炳奎(直隶)
荣　陞(吉林)	翁纯义(湖南)	何养模(湖南)
沙兆镛(直隶)	张暵(映)竹(山东)	马光炘(福建)
严东汉(奉天)	张　烜(广东)	夏慎初(四川)
王雄风(安徽)	王　瑅(浙江)	陈崇懃(四川)
何凤岐(广西)	张培恺(湖北)	何宗瀚(湖北)
赵澜超(盛京)	武毓荃(直隶)	谢明良(贵州)
陈登山(湖北)	郭则缙(福建)	陈并卿(四川)
王时润(湖南)	邱鸿逖(湖北)	谢　鉴(贵州)

侯维鸿（不详）	王齐曾（浙江）	刘重熙（不详）
杨立堂（安徽）	盛延龄（云南）	黄炳琳（不详）
赵家璧（湖北）	方在瀛（安徽）	陈国镛（广东）
侯承焘（安徽）	康兰颖（山西）	鄢正铨（湖北）
王灿英（浙江）	依（伊）星阿（湖北）	姚文彬（福建）
叶毓仑（广东）	贺临高（江苏）	陈九达（湖北）
何宗森（湖北）	黄方堃（安徽）	孟昭仁（奉天）
关和钧（广西）	朱　树（不详）	蔡之韶（贵州）
张　浩（不详）	浩恩泽（湖南）	张礼由（浙江）
支　锦（奉天）	明纯修（山东）	允　元（奉天）
吴拱辰（不详）	黄中恺（湖北）	李　诚（湖北）
苗连三（山东）	杜承休（湖北）	巴蘅滨（江苏）
李世栋（湖北）	沈维韩（湖北）	

政治部

◎刘远驹（湖北）	◎江古怀（福建）	张则川（湖北）
黄士垣（福建）	李龙图（不详）	吴效惔（福建）
陈祖烈（福建）	陈国才（四川）	◎宋名璋（江西）
◎郭德沛（四川）	段国垣（山西）	郭秀如（福建）
陈国华（四川）	周祚章（四川）	李惠人（奉天）
吴汇宗（湖南）	◎郑　谦（江苏）	叶先圻（江西）
周　择（四川）	李鸿文（山西）	熊　彦（湖南）
周晓峰（四川）	黄国藩（湖南）	丁传绅（湖南）
孙瀚然（江苏）	张启藩（不详）	舒伟俊（江西）
骆成骧（四川）	吴焕章（四川）	赵一德（四川）

甘鹏云(湖北)	余长骥(湖北)	饶凤璪(湖北)
吴　懿(福建)	李钟濂(奉天)	慎张修(直隶)
章述洨(浙江)	佟甫田(直隶)	史悠彦(直隶)
葛国錡(福建)	陈廷策(贵州)	方培良(安徽)
刘肇福(江西)	延　荣(不详)	熊　坤(江西)
杨光灿(四川)	杨守康(湖南)	徐士瀛(江西)
胡小瑗(四川)	陈崇鲁(福建)	刘鼎和(不详)
杨　芬(四川)	郑德元(福建)	黄宗炎(湖南)
朱后烈(湖南)	陈长簇(湖南)	范阆先(不详)
黄赞元(湖南)	阎丹铭(奉天)	王良弼(奉天)
傅炳熙(不详)	陈世彬(不详)	方　贞(河南)
钟宝华(不详)	狄梁孙(江苏)	朱德权(湖南)
郭襄臣(四川)	张树森(陕西)	颜　楷(四川)
万国梁(四川)	钟　毓(奉天)	陈剑虹(江苏)
范崇谟(四川)	杨宗彩(湖南)	韩述献(不详)
唐赓云(四川)	陈文起(四川)	蔡怡宜(福建)
高　举(福建)	陈　陶(浙江)	温其玉(奉天)
张寿龄(贵州)	杜志栋(奉天)	凌肇(兆)伦(安徽)
罗炳祺(广西)	曹作弼(湖南)	王承楫(湖南)
陈襄廷(安徽)	赵世繶(贵州)	杨德安(四川)
周维翰(不详)	万宾成(甘肃)	仇　鳌(湖南)
范振绪(甘肃)	徐新伟(湖南)	饶凤琯(湖北)
郑　言(四川)	董　森(福建)	徐光模(湖南)
何　震(安徽)	刘昌明(不详)	余若瑔(贵州)

郭寿清(江西)	江　潘(四川)	张世畸(江西)
冯龄昌(四川)	袁瑜光(湖南)	王德煦(安徽)
王茂材(江苏)	钟德谦(四川)	赖丰煦(福建)
陈聚奎(湖南)	瑞　珍(不详)	吴　铎(福建)
范文源(四川)	沈泽生(江西)	陈　堃(浙江)
张树基(湖南)	龙绥祺(湖南)	胡光智(湖南)
曹元朗(浙江)	王经佐(安徽)	何心耕(福建)
刘　说(湖北)	易海涛(湖南)	张时煦(安徽)
马光裕(湖南)	钟　鼎(广西)	张复旦(湖北)
黄　翼(不详)	林祖绳(福建)	邱廷举(四川)
树苏翰(广西)	彭名时(湖南)	欧阳绍祁(江西)
章　铨(安徽)	杨耀卿(湖北)	林　琦(福建)
萧　篁(湖南)	陶鞠通(湖南)	张炳星(四川)
罗远耀(湖南)	罗天觉(湖南)	向　炳(湖南)
江凤翔(广西)	吴　哲(四川)	倪鸿钧(湖北)
陈培珽(浙江)	单先绪(湖南)	郑　芳(湖南)
畅科义(陕西)	刘传福(湖北)	何调鼎(湖南)
田法宗(直隶)	庞树祥(江苏)	章盛名(安徽)
黎桂森(广西)	王　伟(直隶)	刘　瀛(湖南)
范　镛(湖北)	向　燊(湖南)	高　奋(福建)
李拱辰(四川)	易湘清(湖南)	甘德蕃(广西)
田树梫(甘肃)	高孝纲(福建)	张邦柄(湖南)
欧阳景东(湖北)	黄　骥(四川)	卫作忠(广东)
范景恭(福建)	冯　澶(直隶)	缪徵炅(奉天)

王钟睿(湖北)	潘　江(四川)	谭毅公(四川)
善　润(江苏)	田兆龙(湖南)	李克瑜(湖南)
胡吉祥(四川)	曹任嘉(湖南)	周赓元(湖北)
李　潘(广西)	赵士琛(直隶)	沈　钟(云南)
曹广涵(湖南)	邓赓藻(湖北)	周　冕(湖南)
李润之(直隶)	汤　池(不详)	区　桐(广东)
李　杜(湖北)	文　耆(吉林)	古济勋(广西)
陈　堃(湖南)	方毓麟(安徽)	吴耀楠(湖北)
刘大魁(湖北)	杨家骧(福建)	梁　炎(广西)
刘曜坤(湖北)	李仪吉(安徽)	黄绍玉(湖北)
舒兴禹(四川)	冯振藻(湖南)	

【《法学志林》十卷六号　明治四十一年六月二十日】

1015 法政速成科第五班补习科追认卒业生姓名

○明治四十一年五月卒业

法律科

钟兰徵(山东)	杨振清(山东)	宋炳勋(四川)
张中立(湖北)	张中融(湖北)	王　佐(山东)
王家楩(湖南)	唐瞻云(湖南)	邓为霖(湖北)

政治科

姜会明(浙江)	朱哲昭(湖南)	赵振基(直隶)
吴　江(江苏)	王庆云(直隶)	魏荫麟(湖北)
李调鼐(鼎)(湖南)	彭俊才(湖南)	徐步瀛(江苏)
徐　朴(直隶)	潘秉文(浙江)	王世德(直隶)

钟振声(贵州)	崔同高(安徽)	陈毓华(直隶)
彭邦诰(四川)	谢兆荣(广东)	李禔农(湖南)
刘志詹(山西)	吴孙懿(湖南)	胡焰森(湖北)
黄　农(湖南)	谭雄骏(湖南)	罗　英(湖南)
吴孙宪(湖北)		

〇明治四十一年六月卒业

法律科

张振声(湖北)	严光第(广东)	袁体经(广东)
余钟秀(四川)	徐毓蘅(湖北)	

政治科

钱崇固(江苏)	柯毓琛(浙江)	周锵鸣(广东)
王　章(四川)	桂之阴(奉天)	汪庆澜(不详)
刘　暹(湖北)	姜鸿猷(湖北)	

〇法政速成科补习科卒业生姓名(明治四十一年六月卒业)

王祖郃(不详)

【《法政大学一览》 自大正十四年至大正十五年】

1016 留日法政大学学友会

〇序一(梅谦次郎)[①]

我日清两国唇齿辅车,相扶相赖,各图国运之进步。昔我邦于清国(当隋唐之际)所负尤多,今则日本输入欧美新知识,与彼共驰骋于世界

① 校注:梅氏序文原无题名,今酌拟之。

竞争之场。清国亦认其必要,因思同文比邻之便,聘我学者在各地学堂充当教习,并派遣公私留学生来我各种学校留学,努力吸收新知。学友会诸君,来我法政大学已历年余,今业成学遂,耑归故国。清国既定立宪国是,欲举著著改革之实,当此之时,新学之才,需求最切。诸君何幸如之,际此盛时,请诸君自爱,为邦国竭尽全力。今当临别,编此学友录为念,乞余作序,略陈所感,并为诸君前途贺。

明治四十二年七月

法政大学总理　梅谦次郎

○序二(林鹍翔)

今之论者,辄曰:学于日不如学于欧米之为愈也。而吾谓惟法与政学于欧米,不如学于日之为愈。何言之?欧米言文与吾国迥不相同,其名词遂致因重译而多参差,于彼于此,毫厘千里。其弊一也。不通言文,遑云学问,而仅通言文,于汉学毫无根柢,充其量,亦第适于彼国之用而已,于吾国无与也。其弊二也。欧西法律,虽称完备,然各国皆有特殊之性质,盖其根于历史、地理、惯习而来,有不能强合者,是即于吾国有适有不适也。不明乎此,无以为运用之具。其弊三也。

而留学日本者,则无此弊。盖日本旧法律,十之七取法我国。自明治初年,设法制调查局,制定种种法律,汇各国之精而取其适用者,弃其不适用者,其大致既与各国相同,而仍非貌合神离者可比。迄于今日,得以法治国见称于宇内,诚非苟焉已也。我国与彼同洲同文,风俗习惯,亦复相类,故制定法律,半可模仿日本,有不必舍近而求远者。

今试就表面言之。日本各法皆以汉字定名(如民法、商法之类),分别既明,研求自易,视欧米各法,其名称译人人殊者,已先有范围之可指。

其他如各种法律名词，均经确定，可以沿用。（今之顽固者流辄曰：吾国自有名词，何必袭用日本名词？此最不通之论。吾国苟有此等法律、此等名词，亦何必派遣留学？惟其无此等法律、此等名词，故派遣留学，而禁其用彼名词，殊不可解。夫使吾国苟有的当名词可代，则吾用吾国名词固宜，而无如其无的当名词可代也，则惟有用彼名词而已。且袭用名词，毫无关系，如公法、条约、公使、领事等，从前亦何尝有此名词哉？习用焉，遂人人知之矣。况经彼酌定，而我袭用，何便如之，又何乐而不为耶？）间有一二，合诸吾国字面，不甚可解，而较诸欧米各法律名词，由译者率意而定，不能同一，孰便孰不便，孰确孰不确，又昭昭明矣。由是观之，则留日之法政学生，其适用于吾国，于吾国之延揽人才，当倚重夫留日学生也，不待智者而可知已。

虽然，学生之势力，必不敌官府之势力。今之执政者，半不习法律者也。一旦相与共事，其能凿枘相容乎？呜呼！执政者不尽习法律，固无容讳，但能虚心延访，择通于法律者而倚畀之，犹无害也。所患者，坚僻自是，不听人言，否或用其半而舍其半，而政策遂不可问矣。间尝见有呈一说帖、上一条陈者矣，其于学理事实，明明无背谬之处，以为必可采用，而卒为所屏弃。问其理由，则曰：含有东文气质，吾不能知，置诸不察。（内地政界，往往于译述法政诸书，辄谓是有东文性质，令人不解，甚且指为不通。今姑置不与辩，但问书、易及史、汉诸书，彼仅观高头讲章及烂套墨卷者，能解之乎？不自研究而即指为不通不解，如何狂谬如是耶。）呜呼！按法律以言事，而欲其文笔鸣凤藻耀高翔也，虽名手亦无能为役耳。

又尝见有草一规则、拟一条文，方难期其完备周密，必不能增损一二。（日本所见规则，虽一字一句，其赅括处仍有其界限，其区分处仍不失其赅括,与吾国从前所定规则笼统含混者,真有天壤之别。渊源所自,故凡留日学生之能拟规则者,其规则无不完善可用。)乃经一知半解者之谬为删改,而赘疣、夹杂、遗漏诸弊,遂不能免。小者如此,大者可知。在识者或色然相诫曰:是出于留学生之手,何其乖谬如此?而不知其经私心自用者之删改,已失其本来之面目也。(日露一役,我守中立,其规定交战国战舰在中立地停泊时间,内有"二十四时"四字,改为"一昼夜",中村进午氏每举以为笑柄。夫中立本非当时政府所知,因留日学生所献策而经采用者也。留日学生固无人不知二十四时为二十四点钟,而竟改为一昼夜者,其必执政者嫌其不文,率意改定可知。呜呼!统一昼夜计之,固为二十四时,但自日中或夜半起算,则所谓一昼夜者,必起纷争矣。失诸毫厘,谬以千里,是宜为识者嗤之以鼻也。)则安得不太息痛恨于强不知以为知者之为害烈哉!

不但此也。法律馆之新定刑法,经多数法学家之研究,比较参照而始纂定,吾不敢谓其苟且从事也,而无识者群非之。嗟乎!改定法律之目的,在使各国知吾法律与彼相同,冀有收回领事裁判权(现今之执政者,能知领事裁判权与治外法权之区别,尚寥寥无几)及改正条约,尚抱河清难俟之虑,仅此一部法律之制定,懵然无识者且多隔靴搔痒之批驳,横生阻力,俾久之不能实行,则又安得不太息痛恨于强不知以为知者之为害烈哉!

今者法政人才不可谓少,内而部院,外而疆吏幕府,在在皆有其人。吾愿执政者,必虚衷访问,万勿自参以旧谬之见,则于政治庶有裨补乎。

(尝览驻日使署旧卷,当琉球未灭以前,其国王及其大臣迭次密禀公使,请转达总理衙门,一则曰小邦为天朝保护国,再则曰小邦为天朝保护国,务恳设法力救等语,言词哀恳,不忍卒读。而当时之公使,始则谕以总理衙门自有权衡,且置诸不理。呜呼!当日之琉球,尚知有保护国与独立国之名,而吾国衮衮诸公脑筋中且无此等名词,以致漠不相关,一无筹划。哀哉,哀哉!宜乎举琉球、朝鲜次第拱送,而且益之以台湾也!)

抑余尤有进者,法学一科,宏深广博,求其精固举世莫殚,而求其急于应用,则肆力一二年,亦可得其大概。且一得门径,虽闭户阅书,亦无异登堂听讲。方今人才蔚起,自东西留学而外,尚有在内地卒业者,万流汇海,殊途同归,其出所学以为世用,皆足以上辅朝廷,下益社会,断勿存彼此蔑视之意,而开党派门户之风。(吾国人性质,往往因闹私见而害公事,此习气最宜痛戒。)其对于长官也,则勿徒责其颟顸而相争以意气,亦勿徒慑其气焰而相尚以依阿,众志一心,惟法是准,以期骎骎焉,跻吾国于法治焉。其功用讵有涘欤?鹍翔不学,于法政本无所窥,辱君子不弃,属序其学友录,谨略述鄙见如此,以为诸君子之前途视,知我罪我,所不计尔。

宣统元年夏五月林鹍翔拜序

○留日法政大学学友会规则

第一章　总则

第一条　本会由中国留学法政大学之学生组织而成,名曰留日法政大学学友会。

第二条　本会以联络情谊、研究学术为目的。

第三条　本会设一事务所,职员、会员有转居及归国之事得届出之。

第二章　会员

第四条　凡现在法政大学各科之中国学生,当然有本会会员资格。

第五条　本会会员均事选举及被选举本会员之资格。

第三章　职员

第六条　本会所设之职员如下：

(1)总、副干事各一人

(2)庶务　四人

(3)书记　二人

(4)会计　二人

(5)评议员每省一人

第七条　职员之任期为六个月，不得连任。其选任期则从第十七条所定。

第八条　因第十五条之公认而辞职，至生欠员时，从下之方法。

(1)由总干事于职员中指定一人兼任之。

(2)总干事辞职，以副干事代理。若同时辞职时，由职员中公推一人代理。再开特别会，由全体会员补选之。

第九条　干事综理本会全股事务，副干事辅助总干事行之。

第十条　干事以外之职员，除开会之场合外，以人数分配时期而任职务。其分配之方法，从同职务之各职员协议而定。

第十一条　庶务员分掌本会不属于他职员之事务之一切事务。

第十二条　书记员关于书录记载并保管之事任其职。

第十三条　会计员任收支经理、决算报告之事，但会员之会费，得依赖各省评议员收取之。

第十四条　评议员之职务依下之所定：

(1)评议员有议决事件，并检查会计之权，但在通常会时不在此限。

(2)本会规则有改废时，要评议之，但非得出席会员三分之二以上之同意，不得实行。

(3)关于第十九条之场合,非得评议员多数之决议不生效力。

(4)评议员各代收本省会员经费。

第四章　选举

第十五条　本会职员用投票选举法,以最多数者为当选。当选者不得辞职,但有不得已之事,由经本人于职员中择人代理,或经干事或职员七人以上公认时,不在此限。

第五章　会费

第十六条　关于本会之经费从下之规定:

(1)经常费月收十钱。

(2)特别费遇有特别之场合,临时征收之,但入会时得征收基本金一元以上。

第六章　会期

第十七条　本会分为通常会及特别会,通常会有二:

(1)循例通常会为欲达第二条之目的,每三个月开之。

(2)选举通常会于每年四月、十月与循例通常会并行之,或特开之。

(3)临时会,职员补缺选举或会员及职员十八以上同意,认为有重要之事由,可提出其意见于干事,由干事特开之。

第十八条　开会场所随时定之,开会日期由干事于七日前通知于书记。其会员又干事以外之各职员,则由书记通知之。

第七章　公约

第十九条　职员会员有违背会规,妨害本会名誉时,依第十四条之规定,得点退或停止其选举权。

第八章　附则

第二十条　本会规则经职员议决后即施行之。

(学友名簿略)

【《留日法政大学学友录》 明治四十二年七月二十八日】

昭和十六年(一九四一)

1017 法政大学同学会

○南京法政大学同学会

去夏以来,北京、天津、济南、青岛等地,日支同学会并行设立校友会支部。为加强留日支那同学间亲谊,本大学出身之汪兆铭君,计划召集同学聚会,以拥护和平救国。本年十月二十一日,在南京双龙巷陶庐举行原法政大学事务长竹内律师之欢迎会,兼同学会创立预备会,并协议决定下列创立趣意书及会规。其后,汪兆铭允为该同学会会长。

○留日法政大学同学会趣意书

我辈之母校日本法政大学,于明治三十六年由和法法律学校改组而成。当年总理梅谦次郎博士应中国驻日公使之请,于大学本科和专门部兼收中国学生外,在校内特设中国学生班,教授政治、法律等科,以一年半或者二三年为期卒业,广泛为中国政治法律改革造就人才,其意至善。

其时清廷预备立宪,凡卒业归国者,多数为各省录用,或创设学校,或改良司法,于当日之政教裨益匪浅。至中国辛亥革命,梅总理已故,松室博士继承旧规,扩大校舍。因此,中国学生先后卒业者,至今已有七八千人。此全赖两先生一手提携,吾人终不能忘怀也。顾中国四十年前,闭关自守,对近代国家政治法律茫无所知,至此一跃而为中华民国。凡国内政界、法律界,乃至学界,本校出身者莫不身居要津。远如范源廉、汤化龙等前辈，近如汪兆铭、胡汉民等领袖，皆以其所学为本，为祖国贡献，成绩斐然可观。然则，若非两先生热心教育，奖掖后进，曷可臻此。两先生本心，无非中日同文，为树立两国亲善方针，更为中国造就多数人才，沟通中日文化，促进两国邦交，并臻强国。奈何近年邦交日疏，纷争迭起，此乃两先生始料所未及，亦我辈所痛心疾首者也。今幸中日和平已有端绪，凡我同学，正宜乘此时机，相互团结，继承两先生遗志，促进中日文化，力图永久和平。

本同学会之发起，不仅为母校光荣，亦可为两国前途庆也。①

〇日本法政大学同学会名册

姓名	职务	住所
汪兆铭	国民政府主席	颐和路官邸
郑　箎	司法行政部司长	鼓楼新村一五号
钟福庆	教育部参事	双石鼓四六号
吴宪仁	司法行政部司长	大方巷十号本部
陶锡三	立法院立法委员	双龙巷六号
朱乔岳	立法院立法委员	长生祠二〇号
柴宗潆	最高法院推事	宁海路最高法院
钟洪声	最高法院推事	宁海路四四号
吴道可	律师	奇望街第一七小学
赵威叔	前市府谘议	牯岭路六号
刘家怡	司法行政部编纂	鼓楼三条巷聚槐村十一号

① 校注：原文标有“原为汉文，现直译之”，今删之。

续表

姓名	职务	住所
徐麟瑞	考选委员会秘书	香铺营五〇号
林廷琛	最高法院检察署检察官	宁海路检察署
江古怀	监察院委员	成贤街成贤里七号
叶先圻	行政院文官处文书局长	娃娃桥四号
李敬和	行政院最高顾问	中央饭店
刘骧业	行政院参事	莫愁路四八号
郑　言	考选委员会秘书	白下路西成旅馆
林宏谟	内政部中华青年团指导部主任	洪武路廖家巷八号
金　章	宪法委员	中央饭店
周　至	财政部监务署科员	监务署
周鸿熙	前交通部参事，现充上海中国电气通讯公司董事	住上海
陈训琛	内政部民政司科员	内政部
章钰亮	教育部专员	教育部
钱　豫	安徽高等法院首席检察官	蚌埠国富街余庆里七十六号
朱孔文	中央政治委员会法制专门委员	不详
蔡民初	司法行政部司长	大方巷十号本部
伍澄宇	立法院法制委员会委员长	石板桥宠子巷二号之一
项　肩	监察院委员	本院
孙　昭	扬州地方法院院长	扬州法院
王光燮	镇江地方法院院长	镇江法院
陈福民	苏州高等法院院长	苏州富仁坊六六号

续表

姓名	职务	住所
沈叶谌	吴兴地方法院院长	吴兴法院
戴惠骏	太仓地方法院院长	太仓法院
邓孝可	杭州市政府参事	杭州市府
金述璋	浙江律师	杭州上马市街十一号
贺曾培	安徽省政府秘书主任	蚌埠安徽省政府
汪贞夫	凤怀地方法院院长	安徽省城
刘琅珊	前实业部科长	不详
陈鸿慈	广东法院院长	广东法院(理属中央饭店)
郭定森	律师	北京顺外北半截胡同江苏会馆、天津法界三二号路九六号现属

【《法政大学学报》十九卷一号　昭和十六年一月十五日】

1018 法政大学清国留学生法政速成科卒业生履历①

〇第一班

王家驹(Wang Chia-Chü)　字维白　年龄四十八

江苏省丹徒县人(现住北京)

学历　日本法政大学法科卒业,授法政科举人。

① 校注:下列履历材料来源多端,成于不同年代,格式不齐,纪年亦混,今皆保持原貌,请读者注意辨识。另,该履历材料错讹屡见,未必可靠。如所记陈叔通(汉弟)夫人为康岱莎,即甚谬。康氏夫实为陈叔亮,曾任中华人民共和国驻柬埔寨大使。尽管如此,多项履历材料可资参考,一并照译。

履历　曾任度支部小京官。民国成立后，任浙江温州银行分行经理，后入教育部任视学。民国九年，任北京法政专门学校校长。(E)

夏同龢(Hsia T'ung-ho)　字用卿　年龄六十

贵州省麻哈县人

学历　前清进士。

履历　即任翰林院修撰。民国二年，由贵州省选举为众议院议员。国会解散后，经由法制局佥事升任参事。国务院恢复后，任国务院法制局参事，后任江西实业厅厅长。(E)

瞿　钺(Ch'ü Yüeh)　字纪伊　年龄四十七

江苏省上海县人(现住吉林)

学历　日本法政大学速成科卒业。

履历　光绪三十四年(明治四十一年)以吉林《公民日报》记者至吉林。宣统三年，专任上海《民立报》。约一年后，再入吉林《吉长日报》，后任主笔，兼任公署教育科助理员。(E)

萧仲祁(Hsiao Chung-ch'i)　字礼衡　年龄五十三

湖南省湘乡县人

学历　前清举人，日本法政大学出身。

履历　历任前清奉天典狱官，湖南都督府司法司司长，实业、民政各司司长。

其他　前国民党员，与孙文有深交。(E)

邹麟书(Tsou Lin-shu)　字笙虞　年龄五十四

学历　两湖书院,日本法政大学卒业。

履历　民国八年江苏省江宁地方审判厅厅长。(E)

张知本〔怀九〕(Chang Chih-pen [Huai-chiu])　一八八一∽

湖北省江陵县人。一九〇五年,日本法政大学卒业。辛亥革命之际,任同盟会支部评议长。武昌中华民国军政府司法部长。第一届参议院议员。一九二七年至一九二八年,任湖北省政府主席,湖北省立法科大学、江汉大学、上海法科大学校长,国民党武汉政治分会委员,私立朝阳学院院长。一九三三年至一九三六年,任立法院宪法起草委员会副委员长。一九三一年以来,国民党中央执行委员、司法院秘书。一九四三年至一九四九年,行政法院院长。一九四九年三月,何应钦内阁司法行政部长。一九五三年,"国民大会"代表、国民党中央监察委员、"总统府"国策顾问。一九五六年八月,任一九五六年度公务员高等试验试验委员。一九五七年,时任"中国宪法法学会"负责人。一九六五年九月,时任"光复大陆"设计研究委员会委员。著书《宪法论》《法学通论》《破产法论》《社会法律学》《民事证据法》《土地公有论》《宪政要论》《宪法僭拟》《辛亥革命论》。(B)

陈嘉会(Ch'en Chia-hui)　字凤光　年龄五十九

湖南省湘阴人(现住南京)

学历　武昌两湖书院卒业,后留学日本法政大学卒业。

履历　归国后,历任湖南长沙府各学堂教习。第一次革命之际,来南京,任秘书处处长,后被选为众议院议员。

其他　原同盟会会员。(E)

彭树棠(P’eng Shu-ta’ng)　字华清　年龄五十五

湖北省麻城县人(现住长春)

学历　光绪二十七年(明治三十四年)东京法政大学卒业。

履历　宣统二年(明治四十三年)任吉林省延吉县知事,后转任珲春县知事。民国三年十月,命为长春县知事。八年十二月辞职。(E)

罗　杰(Lo Ch’eh)

湖南省长沙县人。一八六六年生。日本法政大学卒业。曾历任长沙立达师范学堂监督、群治法政专门学校校长、官立长沙自治研究所所长、咨议局审议长、资政院议员、政事堂法政局参事等。一九一二年于长沙创立群治法政专门学校,任校长。一九二四年于上海创立该校分校,一九二五年与长沙本校分离,开设上海群知大学,尔后任该校校长。(D)

刘　蕃(季衍)(Liu Fan[Chi-yen])

湖北省安陆县人。一八七八年生。日本法政大学专门部法律科卒业。历任京师高等检察厅检察长、署理总检察厅检察长、交通部航政司司长、司法部首席秘书、安徽省广德县及繁昌县知事、河北省大兴县知事、京师大学校法科法律系主任、国立北平大学法院讲师等。(D)

第二班

汪兆铭〔精卫〕(Wang Chao-ming [Ching Wei])(Henry Wuang)

1885—1944

广东省番禺县人。日本法政大学卒业。日本留学时,入孙文之门,作为中国同盟会的机关报《民报》记者,努力宣传革命思想。一九一一年,策划暗杀清摄政王载沣,失败被捕。受肃亲王救助,第一次革命后释放,与陈璧君结婚。同年在上海参加南北议和会议,和北方全权代表唐绍仪策划撮合袁世凯与孙文。一九一三年,第二次革命失败后赴法,研究社会学以及文学,一九一六年归国。巴黎和会之际,非正式再次赴法,尔后于广东政府辅佐孙文。一九二一年,任广东省教育会长、广东军政府最高顾问。一九二二年,任总参议。一九二四年,任国民党中央执行委员。孙文故后,与胡汉民、廖仲恺成为国民党核心。一九二五年,任国民政府政治委员长及宣传部长。一九二六年,蒋介石对共产党发动军事政变,由于和蒋意见相左而外游。一九二七年,国民政府迁入武汉后归国,对武汉派与蒋介石之冲突,在上海与陈独秀发表共同声明。蒋下野后,南京、武汉两政府合并成立统一政府,中央全体会议召开失败后声明下野。不久,作为武汉、南京、西山三派会议之结果,中央特别委员会成立,任该会委员以及国民政府委员、军事委员会主席团委员、外交委员会委员、中央党部组织部主任。后与唐生智不和,赴广东。蒋介石自日本归国,与之联合,召开国民党第二届中央第四次全体会议预备会议。因在广东发生共产党事件而被问责,声明下野,赴法。一九二九年冬归国,于香港指挥广西军及张发奎军进行反蒋运动。一九三〇年秋,联合北方之阎锡山、冯玉祥等反蒋派,加上西山派组建新国民政府,策划反蒋派大团结,阎冯军败,政府随亦瓦解。一九三一年春赴港,因蒋介石与胡汉民之倾轧,参与组织成立广东国民政府,与北方反蒋派一起要求蒋下野。年末蒋辞职,与南京政府妥协。一九三二年初,任行政院长兼铁道部长,组建所谓蒋(军事)汪(政治)合作政府。一九三三年,再次任行政院长兼外交部长。一九三五年末,在国民党第四届六中全会上被狙击。同年任中央常务理事、国民政府委员、中央政治委员会副主席。一九三六年二月,出游。一九三七年一月,归国。一九三七年七月卢沟桥事变爆发,时任国民党副总裁、国民参政会议议长、中央政治会议主席之要职,主张不扩大方针,并主张议和。一九三八年十二月,逃出重庆,至河内发表和平建议,与曾仲鸣、周佛海、梅思平等进行"和平运动"。一九四〇年三月,在南京组建"国民政府",任主席、行政院长、中央政治委员会主任。同年秋,签订日华基本条约。一九四三年秋,与日本缔结同盟条约。一九四四年十一月,于日本名古屋病死。著书有《巴黎和会后的世界与中国》等。(B)

恩　华〔咏春〕(En Hua [Yung-chun])

江苏省镇江县人。一八七九年生。前清进士。日本法政大学卒业。历任学部员外郎、总务司司长、资政院议员、弼德院参议、法制局秘书、政治会议委员、司法部司法公报处处长、政事堂主计局参事、众议院议员、司法次长、华北大学校长等。(D)

王　尧(Wang Yao)

浙江省奉化县人。一八八一年生。日本东京法律学校卒业。归国后于杭州设立浙江法政学院,后任浙江第一中学校长、浙江教育会会长。历任江苏省各地县知事。历任饥饿救济局局长、淮河治水委员会秘书长等。(D)

贺　俞(鲠云)(Ha Yu[Keng-yun])

江苏省丹阳县人。一八七八年生。前清举人。日本法政大学卒业。历任大理院推事、总检察厅检察官、京师高等审判厅书记官长、司法部秘书、平政院评事等。现在为上海执业律师。(D)

古应芬(襄勤)(Ku Ying-fen[Hsiang-chin])

广东省番禺县人。一八七三年生。日本法政大学卒业。留学日本时加入中国同盟会,归国后任广东法政学堂教习及广东咨议局秘书。第一次革命爆发后加入革命。一九一二年,任广东临时政府秘书长,同年任琼崖督办。一九一七年,任广东非常国会秘书长。一九二〇年,任广东政府政务厅厅长。一九二三年,任广东大元帅府法制局局长及大元帅府江门办事处主任。一九二四年,任广东经界局督办、孙文行营秘书长及国民政府委员兼广东政府财政厅厅长。一九二六年,任国民党中央监察常务委员。一九二七年,广东共产党事件后,任维持秩序特别委员,后于南京国民政府财政部长宋子文辞任后,接任国民政府财政部长,兼广东省政府财政厅厅长,兼中央政治会议及财政委员会委员。同年武汉、南京合流后,任国民政府委员,不久辞财政部长,专任广东政府财政厅厅长。一九二八年,国民政府文官长。一九二九年,任国民党第三次中央监察常务委员。一九三一年,胡汉民遭监禁后,悄然回到广东,致力于策动反蒋,与陈济棠结盟,与萧佛成、邓泽如、汪兆铭、孙科等共同在广东组建国民政府,表明反蒋态度。同年南京、广东两政府妥协,两政府代表于上海商议期间,在广东病逝。享年五十九岁。(D)

金　章(Chin Chang)　字浩亭　年龄四十五

广东省番禺县人

学历　前清举人,日本法政大学速成科卒业。

履历　曾与胡汉民、汪兆铭等致力革命运动。自日归国后,执教法政学堂、警察学堂、自治研究所。第一次革命后,任南京参议院议员。后任广东都督府总务科参事。为广东省选举之国民代表。(E)

孔昭焱(Kung Chao-yen)

广东省南海县人。一八八〇年生。前清贡生。日本法政大学卒业。历任广西知府、民国总统府秘书、广西国税厅筹备处处长、广西财政厅厅长、广西榷运局局长、粤海关监督、广东全省酒税处总办、京兆财政厅厅长、司法部次长、第四届司法官试验典试委员长、东三省保安总司令部政务处处长、最高法院东北分院院长。现任北平市禁烟委员会委员、北平市自治讨论会常务委员。著有《议会通诠》《上海法权问题》等。(D)

孙松龄(Sun Sung-ling)

河北省人。举人出身。日本留学。历任天津自治局参议、山东调查局科长、法政学堂监督、京兆自治筹备所所长、北平特别市政府秘书长等。(D)

朱　曜(旭初)(Chu Yao[Hsu-chu])

浙江省杭县人。一八八一年生。日本法政大学速成科卒业。历任奉天自治局总务科科长、商务局调查所所长、湖北自治局提调、津浦铁路驻济南提调、山东都营府秘书、财政部公估局局长、直隶官硝厂长等。(D)

邵　章(伯絅)(Shao Chang[Po-chiong])

浙江省杭县人。一八七四年生。前清进士。日本法政大学卒业。历任翰林院编修、杭州府中学堂、浙江两级师范学堂、湖北法政学堂及东三省法政学堂监督、法律馆咨议官、奉天提学使、北京法政专门学校校长、约法会议议员、平政院评事兼庭长等。(D)

陈叔通(汉弟)(Chen shu-tung[Han-ti])1875—1966.2

浙江省杭县人。清末举人。夫人为康岱莎。日本法政大学卒业。历任大总统府秘书、国务院秘书长、国会议员等。商务印书馆创立者之一。上海浙江兴业银行董事 。一九四九年九月,任全国政协副主席,十月任中央人民政府委员。一九五四年七月,出席世界和平理事会柏林会议。同年八月,第一届全国人大浙江省代表。一九五九年三月,第二届全国人大浙江省代表。九月,任全国人大常委会副委员长。十二月,第二届全国政协副主席。一九五九年四月,第三届全国政协副主席。一九五五年六月,出席赫尔辛基世界和平大会。一九五六年三月,参加瑞典世界和平理事会特别会议。一九六〇年二月,全国工商联合会执行委主任委员。一九六二年四月,出访朝鲜,任全国人大代表团副团长。一九六五年一月,全国人大常务委员会副委员长、政协副主席。六月,中国人民保卫世界和平委员会副主席,常务委员。一九六六年二月于北京逝世,享年九十岁。(A)

陈彰寿(Ch'en Chang-shou)　字仲文　年龄四十九

　　浙江省崇德县人(现住天津)

学历　日本法政大学卒业。

履历　历任江苏法政宣讲所教员、宁波法政学堂教员、奉天提法使总务科员，兼奉天法政学堂教员、司法统计处处长、财政总核处秘书，兼满蒙中文学堂国文教员、京师地方审判厅推事、甘肃高等审判厅厅长、山西高等审判厅厅长、大理院推事等。民国六年(1917)十二月，直隶高等检察厅检察长。民国九年(1920)九月，任黑龙江高等审判长，未赴任。民国十年(1921)三月，聘为直隶省长公署司法顾问。(E)

陈国祥(Ch'en Kuo-hsiang)　　字敬民　年龄四十九

贵州省修文县人

学历　前清进士、翰林院庶吉士、日本法政大学卒业。

履历　清末曾任三年河南法政学堂监督。民国二年(1913)，当选众议院议员，被选为副议长。同年五月，任参政院参政。约法会议成立，被推选为议员。民国五年(1916)夏，国会恢复，再次当选众议院副议长。

党派　前进步党核心人物。(E)

张一鹏(云搏)(Chang I-peng[Yun-po])

江苏省吴县人。一八七三年生。律师，前清举人。张一麐之弟。日本法政大学速成科卒业。前清时历任天津高等审判厅预审推事、法部主事、京师地方检察厅检察长、云南高等审判厅检察长等。民国成立后，任江苏司法筹备处处长、北京评政院评事等。一九一七年，任江西财政厅厅长。一九一八年，任北京司法次长。一九二一年，退出官界，回到苏州。一九二七年，国民革命军进入苏州后，任吴县县长。一九二八年辞任后，作为律师，以地方为重。(D)

张志嘉(Chang Chih-chia)　　字彝清　年龄七十一

直隶省平安县人

学历　日本法政大学第二班速成科卒业。

履历　历任前清法部主事、营口地方审判厅厅长、奉天高等审判厅代理推事。(E)

程树德(郁庭)(Cheng Shu-te[Yu-ting])

福建省闽侯县人。一八七六年生。日本法政大学卒业。历任参政员参议、国务院法制局参事、法制局帮办、国立北平大学法学院讲师、国立清华大学政治学系讲师、国立北京大学法律系讲师等。著有《九朝律考》。(D)

陶保晋(席三)(Tao Pao-chin[Hsi-san])

江苏省宁县人。一八七五年生。日本法政大学卒业。历任江苏咨议局议员、金陵法政专门学校校长、江苏银行检查员、众议会议员、红十字会副会长等。(D)

唐桂馨(Tang Kuei-hsing)　　字叔襄　年龄四十九

贵州省铜仁县人(现住北京)

学历　进士出身,日本法政大学卒业。

履历　前清河南法政学堂教员、度支部清理财产处科员。民国成立后,历任大总统府法制专员,兼法制局法典编纂会调查员、宪法研究会办事员、主计局参事、统计局参事。九年八月,转任国务院法制局参事。(E)

潘元敉(P'an Yuan-mi)　字安素

广东省南海县人(现住北京)

学历　廪贡生,日本法政速成科卒业。

履历　初以捐纳郎中,出任刑部江苏司,后留学日本。法政速成科卒业后,调查各级法院、监狱之司法事宜。归国后,历任法部编查处行走、丞参厅会办上行走,兼署制勘司员外郎、陕甘科主稿、参议厅参事、承政厅参事、修订法律馆咨议官、编查处总核、宪政筹备处总核长、宪政筹备处提调、校订法律处分核总办,编纂法规事宜。民国成立后,历任司法部文牍股办事员、总务厅第二科主任、佥事、总务厅第一科主任、中央司法会议筹备员、中央司法会议会员,并兼文官普通甄别委员会委员。民国九年,任该部刑事司司长。(E)

潘承锷(P'an Ch'eng-e)　字砚生　年龄五十五

江苏省吴县人(现住苏州)

学历　日本大学法科卒业。

履历　自日本归国后,任苏州法政学堂教习,主讲刑法。革命后,任苏州地方审判厅判事,后辞任,从事律师,被选为江苏省议会议员。

其他　与前教育总长张一麐之弟、前苏州司法筹备处处长张一鹏交往亲密。(E)

贝允昕(元征)(Pei Yun-hsin[Yuan-cheng])

湖南省浏阳县人。一八七五年生。日本法政大学卒业。曾任湖南《大公报》经理。现于长沙从事执业律师。(D)

费廷璜(Fei T' ing-huang)　字玉如　年龄五十六

江苏省苏州人(现住苏州)

学历　日本法政大学卒业。

履历　前清法政学堂教习。第一次革命后,任江苏都督府民刑科长。(E)

傅　强(写忱)(Fu Chiang[Hsieh-chen])

浙江省杭县人。一八七六年生。日本法政大学卒业。历任吉林交涉司佥事、延吉府知府、吉林府知府、省城商埠局局长、财政部国税厅总筹备处主任、东清铁路督办公署参赞、吉林铁路交涉总局总办、哈尔滨商埠督办、吉林滨江道道尹、外交部特派吉林交涉员、东省特区高等审判厅厅长、江苏政务厅厅长、浙江督办公署兼省长公署秘书、江苏沪海道道尹、淞沪商埠督办公署政务处处长、江苏全省清乡会办等。(D)

叶夏声(竞生)(Yeh Hsia-sheng[Ching-sheng])

广东省番禺县人。一八八二年生。日本法政大学卒业。历任广东省督府参议、教育司法司司长、南京临时政府秘书、江西驻浔外交司长、众议院议员、广东公立法政专门学校校长。后任广东高等法学院院长,一九三六年八月,任立法院立法委员。(D)

李文范(君佩)(Li Wen-fan[Chün-pei])　1882—

广东省番禺县人。日本法政大学卒业。一九二七年,任广东省政府委员兼民政厅厅长。一九二八年,广州市党务指导委员,立法院秘书。一九二九年,国民党第三次中央执行委员。一九三一年,中央执监委员会常务委员，最高法院院长代理。一九三四年，国民政府委员。一九三五年，中央候补委员，中央党部抚恤委员会副主任。一九五二年，国民党中央评议委员。(C)

陆炳章(Lu Ping-chang)　字菊裳　年龄四十余

江苏省苏州人(现住苏州)

学历　日本法政大学卒业。

履历　前清法部七品小京官、苏州法政学堂教习。第一次革命后，任江苏都督府提法司总务科长。(E)

梁肆章(式堂)(Liang Chien-chang[Shih-tang])

河北省大城县人。一八八二年生。前清举人出身。日本法政大学卒业。历任直隶全省警务处参事、浙江全省警务处参事、浙江抚署新政参事、陆军部秘书、直隶实业司司长、政治会议委员、浙江会稽道道尹、筹备国会事务局委员长等。后任河北省政府委员。(D)

第三班

孔庆馀(K'ung Ch'ing-yü)　字得元　年龄四十八

四川省华阳县人(现住成都)

学历　光绪三十一年(明治三十八年)日本留学法政大学速成科卒业。

履历　第一次革命前，法政学堂教员，历任四川省司法司次长等。(E)

黄毓兰(Huang Yü-lan)　字子石　年龄四十七

云南省东川县人(现住云南)

学历　日本法政大学卒业。

履历　历任四川省法政学堂教员、四川候补知州、四川总督衙门民政科及军事处文案、陆军科参事。民国成立后,任云南陆军第一师法官、云南省会警察厅厅长、警备司令部执法处处长等,后任都督府咨议官。(E)

江绍杰(汉珊)(Chiang Shao-chieh[Han-shan])

安徽省旌德县人。一八七六年生。进士。日本法政大学卒业。历任吏部学治馆教习、京师高等审判厅推事、江苏高等检察厅检察长、苏州知府、苏州民政长、江苏高等审判厅厅丞、江苏高等审判厅厅长、政治会议议员、肃政厅肃政使、参议院议员、安徽省安庆道道尹等。(D)

秦瑞玠(Ch'in Jui-chieh)　字晋华　年龄五十四

江苏省无锡县人(现住北京)

学历　日本法政大学卒业。

履历　历任江苏咨议局议员、北京临时参议院议员兼法制审查会理事、江苏省吴县地方审判厅推事、江苏第一高等审判分厅监督推事、农商部参事等。(E)

李景龢(孟鲁)(Li Ching-ho[Meng-lu])

福建省闽侯县人。一八八二年生。举人。日本法政大学卒业。历任大总统府秘书、咨议,众议院议员,参政院参政,国民政府军政部参事等。(D)

李大钧(Li Ta-chün)　字公度　年龄四十七

四川省资阳县人(现住北京)

学历　举人出身,日本法政大学卒业。

履历　前清以奉天候补知县资格任奉天交涉司员、新民府交涉局局长、公主岭交涉局局长。获日本六等瑞宝勋章。民国元年后,历任热河内务厅厅长兼热河高等文官惩戒委员、官吏养成所所长、行政公署总务处处长、外交专员,后任国务院秘书。十年(1921),任国务院法制局参事。(E)

第四班

尹宏庆(Yin Hung-ch'ing)　字蕊桴　年龄五十五

山东省高唐县人(现住北京)

学历　前清举人,日本法政大学本科卒业。

履历　历任知府,颇有政绩。民国二年,选为参议院议员。七年,选为新国会参议院议员。(E)

袁永廉(Yüan Yung-lien)　字履卿　年龄四十八

贵州省贵阳县人(现住北京)

学历　前清进士。

履历　曾任度支部主事、山西清理财政副监理官。民国成立后,历任财政部佥事、赋税司第一科科长兼代理司长。民国四年(1915)七月,授中大夫。后任印花税处会办,晋升为财政部赋税司署司长。同年九月,任税务征收检察处主任,兼粮食调查会副会长。(E)

何景新(Ho Ching-hsin)　字翼民　年龄五十二

湖北省黄陂县人(现住吉林省珲春)

学历　东京法政大学二年修业。

履历　曾以司法官在长春、延吉两地检察厅任职。民国五年(1916)二月,被任命为珲春县代理知事。(E)

居　正(Chü Cheng) 1876—1951

湖北省人。一九〇六年,日本法政大学卒业。一九一二年,内政部代行总长。自一九二四年任国民党中央执行委员会委员。自一九三二年任国民党中央执行委员会常务委员,同年任司法院院长。一九四三年,任国民政府委员。一九四七年四月,因国民政府改组,任司法院院长,并重任国府委员。一九四八年五月,新政府成立后,任国府陵园管理委员会常务委员。一九四九年六月,拟继何应钦任行政院院长,但遭立法院否定而未果。七月,被任命为国民党非常委员会委员。(C)

朱文邵(Chu Wen-shao)

浙江省黄岩县人。一八八二年生。前清进士。日本法政大学速成科卒业。历任法部主事、京师地方审判厅推事、广西提法使、浙江都督府秘书长、浙江提法司司长、广西高等检察厅检察长、众议院议员、政治会议议员、约法会议议员、江苏政务厅厅长、浙江金华道道尹等。(D)

蒋继伊(Chiang Chi-i)

广西省全县人。一八八一年生。日本法政大学速成科政治科卒业。历任广西学堂监督、广西银行总监督、广东行政公署秘书、广西财政司

长、广西政务厅厅长等。一九二九年，任广西省政府委员兼财政厅厅长，一九三一年辞任。(D)

周树标(建龙)(Chou Shu-piao[Chien-lung])

山东省安邱县人。一八七五年生。日本法政大学卒业。山东咨议局议员、众议院议员、绥远特别区高等检察厅检察长、山东东临道道尹等。(D)

陈官桃(Ch'en Kuan-t'ao)　字恭甫　年龄四十七

广东省东莞县人

学历　日本法政大学专门部卒业，授法政科举人。

履历　由内阁中书派任河南知县。民国二年(1913)，河南警察厅厅长，后经广东高等检察厅检察长转任河南高等审判厅厅长。(E)

张治祥(Chang Chih-hsiang)　字辑五　年龄四十三

四川省彭山县人(现住成都)

学历　光绪三十一年(明治三十八年)留学日本，法政大学速成科卒业。

履历　归国后，与军事巡警总监杨维等在成都策划革命而被逮捕。在狱中四年，第一次革命后释放。任中国同盟会四川支部长，同时主要担任共和大学校长。成渝两军政府合并时，任成都全权委员，缔结合并协定。后任四川省外务司长，又被选为众议院议员。

其他　与杨维有深交。(E)

丁世峄(Ting Shih-yi)　字佛言　年龄四十九

山东省黄县人(现在北京)

学历　日本法政大学出身。

履历　归国后任山东法政学堂教习。清末开设山东咨议局时被选为议员。第一次革命时,推动山东独立运动,后成为山东省进步党之领袖。民国二年(1913),被选为众议院议员,属于进步党,与国民党的张耀曾一起被称为国会的两大雄辩家。作为北京《亚细亚日报》主笔,以中央言论界为工作之重。国会解散后,仍然负责《亚细亚日报》。四年(1915)秋,帝政问题发生,遂断绝与《亚细亚日报》关系,回到山东,策划独立未成,去上海。五年(1916)六月六日,袁世凯死后,担任黎元洪大总统之秘书长。因府院权限问题,与国务院秘书长徐树铮对抗而招物议。与当时之哈汉章、汪彭年、章士钊共同被称为"黎幕四凶"。十一年(1922)七月,被选为山东问题日支联合委员会第一部委员。

党派　前进步党,黎元洪系。(E)

沈钧儒〔衡山〕(Shen Chün-ju[Heng-shan]) 1873—1963

浙江省嘉兴县人。清朝进士。东京法政大学卒业,早年加入同盟会。一九二七年,任浙江省政府委员兼秘书长。一九三〇年,上海法科大学教务长,执律师业,上海律师协会主席。一九三六年十一月,以全国各界救国联合会干部触犯《危害民国紧急治罪法》而遭逮捕(即"救国七君子"之一)。一九三七年卢沟桥事变后释放,任国民参政员。一九四一年,与张澜、章伯钧、黄炎培、罗隆基、邓初民、史良等组织中国民主政团同盟。一九四五年十月,改称中国民主同盟。一九四六年一月,任政治协商会议民主同盟代表。一九四八年九月,进入解放区。一九四九年九月，政治协商会议第一次全国委员会副主席。同年十月至一九五四年九月，中央人民政府委员、最高人民法院院长。一九四九年十二月，任中国民主同盟副主席、中央常务委员、中央政治局委员。一九五一年九月，任柏林国际民主法律家会议代表。一九五三年一月，作为国际民主法律工作者协会副主席，就美国间谍罗森堡夫妇(Julius and Ethel Rosenberg)死刑案提出抗议。同月，任贯彻婚姻法运动委员会主任，宪法起草委员会委员。一九五四年六月，中国政治法律学会理事会副主席。八月，第一届全国人民代表大会上海市代表。九月，任该大会常务委员会副委员长。十二月，政治协商会议第二届全国委员会副主席。一九五五年二月，张澜去世后，任中国民主同盟代理主席。一九五六年二月，民主同盟中央委员会主席。三月，政治法律学会第二届副会长。一九五七年九月，中国民主同盟中央常务委员会主席，庆祝苏联社会主义革命四十周年筹备委员会委员。十二月，中国民主同盟第三届中央委员会主席。一九五九年三月，第二届全国人民代表大会上海市代表。四月，该会第一次会议主席团成员。同月，政治协商会议第三届全国委员会委员(中国民主同盟)，该会议第一次全体会议主席团员。同月，第二届全国人民代表大会常务委员会副委员长，政治协商会议第三届全国委员会副主席。五月，中苏友好协会第二届副会长。同月，中苏友好协会第三届副会长。七月，中国政治法律学会第三届副会长，国际民主法律工作者协会副主席。一九六〇年三月，第二届全国人民代表大会第二次会议主席团员。一九六三年六月逝世。(B)

汤化龙(T' ang Hua-lung)　字济武

湖北省蕲水县人(故人)

学历　北京进士馆官费生，留学日本法政大学，光绪三十四年（明治四十一年）归国。

履历　光绪三十四年民政部主事。宣统二年（明治四十三年）被推选为湖北咨议局议长。时为外国借款问题与铁路国有问题，同副议长刘心源和姚晋圻等代表咨议局，主张拒绝外资，铁路商办，向总督府及中央政府提出请求未果，于是发动武汉各团体，据其决议直接向中央政府提出强烈要求，未能如愿。适当返鄂，忽遇武昌革命爆发，初以立宪主义不欲参与，但终拥护之。在都督黎元洪下，任民政总长，共和成立，被选为湖北参议员，更被推为参议院副议长。民国二年十月，国会解散后，在京与袁过从较密。民国三年（1914）五月，任徐世昌内阁教育总长。民国四年（1915）秋，因帝制问题避走天津，继去上海，并强烈反对之，后与各方面同志联系，致力反袁。民国五年（1916）六月，袁世凯死，受黎元洪邀入京，策划南北妥协，复归上海。会其夫人病死日本，回乡安葬后，再次北上。七月，国会再开，任众议院议长。同年十月，辞职下野。民国七年（1918）三月，先赴日本游历，继游欧美。同年八月二十七日，于归国途中，在加拿大维多利亚市被刺身亡，享年四十五岁。（E）

裴子晏（P'ei Tsi-yen）　字镜海　年龄五十五

山东省聊城县人（现住赤峰）

学历　前清廪贡生，日本法政大学留学出身。

履历　历任山东省、吉林省及奉天省内各地方审判厅推事。民国十五年（1926）六月，任外交部特派热河交涉员，兼赤峰开埠局局长至今。

党派　奉天派（E）

第五班

甘鹏云(Kan P'eng-yun)　字月樵　年龄六十一

湖北省潜江县人

学历　前清进士,日本法政大学卒业。

履历　度支部主事。宣统三年,经由吉林财政清理官转任杀虎口税务监督署监督,后历任吉林国税厅筹备处处长、财政部佥事、归绥垦务总办、山西烟酒公卖局局长、山西官产清理官。(E)

严东汉(Yen Tung-han)

奉天省昌图县人。一八七八年生。日本法政大学出身。历任山东督粮道文案委员、沈阳律师公会会长、察哈尔都统署军法科科长、镇威军上校军法处处长、陆军审判处处长、东省特别区警官高等学校副教务长、东北海军江运处处长、交通部哈尔滨航政局局长。(D)

江　潘(Chiang P'an)　字岳生　年龄五十

四川省巴县人(现住重庆)

学历　秀才出身,日本法政大学速成科卒业。

履历　归国后临时在北京大理寺就职。后在两广总督张鸣岐下任调查员。宣统二年,归省后任咨议局议员、重庆法政学堂监督等。在反对铁路国有运动中,作为四川代表者之一赴湖南。第一次革命后,任重庆交涉司长。在镇抚撤废同时任四川省外务分局局长,兼重庆关监督及约法会议秘书、四川法政学校校长。

其他 同盟会会员。(E)

黄赞元(镜人)(Huang Tsan-yuan[Ching-jen])

湖南省长沙人。一八八〇年生。日本法政大学卒业。历任四川宪政筹备处主任、四川湖南各省法政学堂教员、军政府法制局参事、湖南外交司长、币制局调查员、浙江将军署秘书、长兴县知事、众议院议员、财政部参事等。(D)

周诒柯(心约)(Chou I-ko[Hsin-yueh])

湖南省湘潭县人。一八七六年生。日本法政大学法律科专门部卒业。历任湖南高等审判厅推事,湖南、湖北、黑龙江省各省高等审判厅厅长,国民政府最高法院首席检察官,安徽高等法院院长,湖北高等法院院长等。(D)

周祚章(Chou Tso-chang)

四川省泸县人

学历　日本法政大学专门部卒业,法科举人。

履历　以七品小京官任职于内务部。民国元年,任四川成都高等检察厅检察官,后任河南高等检察厅检察官。(E)

饶　炎(伯康)(Jao Yen[Po-kang])

四川省金堂县人。日本法政大学及明治大学卒业。曾任广州国立中山大学法科主任,现为国民政府试验院参事。(D)

钱崇固(Ch'ien Ch'ung-ku)　字强斋　年龄四十八

江苏省吴县人

学历　日本法政大学出身。

履历　日本留学期间加入同盟会。第一次革命后，任职南京临时政府内务部。民国二年三月，被选为江苏省议会副议长。(E)

张　诒(Chang Yi)　字燕季　年龄五十二

直隶省定康县人(现住间岛局子街)

学历　光绪二十九年(明治三十六年)举人，次年进士及第。后留学日本法政大学卒业，第三次知事试验优等及格，文笔颇佳。

履历　度支部财政研究所、币制调查统计处、直隶吉林地方审判厅任职。民国三年六月，任延吉县知事。(E)

陈培锟(龙珊)(Chen Pei-kun[Lung-shan])

福建省闽侯县人。一八七四年生。前清进士。日本法政大学卒业。归国后，历任福建高等学堂监督、农林学堂监督、法政学堂教务长、学务公所议绅、福建全省警务厅厅长兼禁烟局总办、闽海道道尹、汀漳道道尹等。一九一九年，任厦门道道尹。一九二二年，于臧致平叛乱之时收拾时局。次年，值收回厦门英租界，后任福建省长公署及财政厅咨议、厦门市政督办，兼福建省财务督办。一九二七年，任福建政治分会委员、福建省政府委员兼财政厅厅长。一九二八年，再任省政府委员。一九三〇年秋，临时代理省政府主席。一九三二年，任修浚闽江总局代理局长，兼任福州电气股份有限公司董事长、国学专修学校校长。(D)

陈长簇(右钧)(Chen Chang-tsu[yu-chun])

湖南省平江县人。一八九二年生。日本法政大学卒业后，任湖南法院推事。历任检察官、厅长等。一九二九年，任湖南高等法院院长，后任安徽高等法院院长。

丁傅绅(Ting Fu-shen)　字桂樵　年龄五十六

湖南省长沙县人(现住杭州)

学历　日本法政大学卒业。

履历　历任四川总督府幕僚、浙江都督府秘书、兴武将军署秘书、浙江钱塘道道尹。民国五年(1916)四月，浙江独立后辞职。同年六月，任都督府秘书。后任山东政务厅厅长，兼山东特种财产分局局长。(E)

郑　谦(鸣之)(Cheng Chien[Ming-chih])

江苏省溧水县人。一八七〇年生。日本法政大学卒业。历任安徽国税厅筹备处坐办、皖北税务局局长、黑龙江省督军公署秘书长、政务厅厅长、东三省保安总司令秘书长等。一九二五年，作为张作霖代表出席善后会议。同年，任中俄会议事宜督办，江苏省长。后由杨宇霆任命，兼任江苏军务督办。同年秋，由于奉军大败而下台，任奉天总司令部参议。一九二六年，任内务总长。同年末，任安国军秘书处处长。一九二八年，张学良为东三省保安司令后，任秘书厅厅长。(D)

叶先圻(Yeh Hsien-ch'i)　字紫封　年龄五十一

江西省萍乡人

学历　前清进士，日本法政大学卒业。

履历　民国成立后，历任吉林巡按使公署政治顾问、财政委员会副主任、松江林业有限公司董事。民国四年(1915)五月，任吉林官银钱号

总办。(E)

李惠人(Li Hui-jen) 字雅格

奉天省西丰县人(现住奉天)

学历 前清举人出身,日本法政大学卒业。

履历 曾任吉林省长寿县知事、吉林高等审判厅厅长、奉天省议会副议长。(E)

李钟濂(Li Chung-lien) 字焕章 年龄四十八

奉天省海城县人

学历 日本法政大学速成科及早稻田大学专门部卒业。

履历 吉林高等审判厅推事。(E)

刘远驹(默存)(Liu Yuan-chu[Mo-tsun])

湖北省黄安县人。一八七五年生。前清进士。北京大学卒业后,在日本法政大学学习。一九二三年,任大总统府秘书。国民政府成立后,任司法行政部参事。一九二九年,任国民政府司法行政部民事司长。现已解任。(D)

补习科

王慎贤(翼海)(Wang Shen-hsien[I-hai])

江苏省吴县人。一八七五年生。前清进士。日本法政大学卒业。历任国史馆协修、实录馆协修、邮传部图书编辑局编辑、江苏高等审判厅推事、吴县地方审判官等。(D)

谷芝瑞(Ku Chih-jui)　字蔼堂　年龄五十六

直隶省临榆县人(现住黑龙江省绥化县)

学历　翰林院出身,日本法政大学卒业。

履历　被选为顺直咨议局副议长、山海关商会总理、参议院庶政审查会常任员。民国以来,任直隶选出之众议院议员。民国六年(1917)末,任黑龙江省绥兰道道尹。

其他　曾于签订与满洲相关之《日清条约》时,向政府提交抗议性书(《直隶人民为中日七月条约上政府书》),为直隶十二代表者之一。后在速开国会运动中作为直隶代表,积极活动。前共和党员,山海关地方势力之家。(E)

庄陔兰(Chuang Kai-lan)　字心如　年龄五十七

山东省莒县人(现住山东)

学历　前清进士出身,日本法政大学卒业。

履历　归国后任山东法政学校校长,兼民政长秘书长。

其他　旧国民党。(E)

李　盘(古民)(Li Pan[Ku-min])

河南省光州县人。一八七七年生。日本法政大学卒业。历任大学教授、国会议员、奉天最高法院推事。一九三二年,“满洲国”成立后,任最高检察厅厅长。(D)

（关于资料编号1014[1]出处）

①法政大学八十年史编纂时，使用了法政大学中国研究会编集的《法政大学清国留学卒业生名簿》与《法政大学清国留学卒业生履历》。但因二者没有记载刊年、出处，所以在《法政大学史资料集》收录时只好割爱。

②关于履历，收录了现阶段重新掌握之资料。对于同一人物，从现在最新出处转载。

③横向书写资料，为了方便编集而改为纵向书写，并改变了数字表记。[2]

④各项目末尾所附之字母记号，以表示出处：

A.《现代中国人名辞典》，一九七八年版，外务省亚洲局监修，霞山会编；

B.《现代中国人名辞典》，一九六六年版，外务省亚洲局监修，霞山会编；

C.《现代中国朝鲜人名鉴》，昭和二十八年版，外务省亚洲局编、发行；

D.《现代中华民国满洲帝国人名鉴》，外务省情报部编，昭和十二年十月二十五日，东亚同文会；

E.《改订现代支那人名鉴》，外务省情报部编，昭和三年十月十五日，东亚同文会。

---

〔1〕 校注：应为1018。

〔2〕 校注：原书为纵向书写，本次译作横向编排。

七　其他相关记事与评论

明治三十六年(一九〇三)

1019 日清间缔结关于留学生条约

〇日清间关于留学生条约

如前所报,本次我政府与清国政府缔结清国留学生条约,尚未公开发表。清国公使必将遵依该约趣旨,对于将入我专门学校研究法律、政治、经济之学者,以每次必得公使许可方准入学为方针。至于现在修习法政经济之学生,该条约应无何等影响,亦无需其他手续。缔约后,清国公使上任时日尚浅,并未发放别种许可。加之现在清国留学生已达千余,其中多为研习普通学者,虽或欲修习专门法政经济之学,然未到入学之期,亦无许可与人。

【《教育时论》六七三号　明治三十六年十二月二十五日】

明治三十七年(一九〇四)

1020 清国留学生管理规则

〇清国留学生管理规则

目下来本邦留学之清国留学生已达两千余名,尚见后续增加。然管理奖励之法并无定规,动形混杂。今番清国政府就以上情形,在与清国公使协议基础上,定此规程。经沟通,文部省要求向接收清国留学生各校发布该项规则文书。内容如下:

约束游学生章程

一、此次章程奏定后,以后续往日本游学生,无论官费生、私费生,并无论日本官设学堂、私设学堂,均非出使大臣、总监督公文保送,不准收学。而官私学堂自行收留者,将来毕业后,概不给以奖励。

二、总监督保送学生入私设学堂,须经文部省认可其教育程度与官学堂相等者,方为合格。唯经文部省认可之专为中国学生设立之预备学堂(如弘文书院等),其章程虽多变通,亦可保送。其奖励年限,应归普通高等各学堂核计。

三、游学生在学堂中品行,应归学校考察。其在外言动举止,如有不轨于正之据,经中国出使大臣、总监督察访得实,随时知会该学堂,商酌减其品行分数。

四、游学生在各学堂非实有病证,概不准其轻易请假外出,及虽在学堂而托故不上讲堂,应请与日本学生一律督责,勿稍宽假。

五、学生在学堂时,应以所修学业为本分当为之事。如妄发议论,刊布干预政治之报章,无论所言是否,均属背弃本分,应由学堂随时考察防范，不准犯此禁令。如经中国出使大臣、总监督察访留学生中有犯此禁之人，随时知会该学堂，应即剀切诫谕，学生立即停辍，如有不遵，即行退学。

六、凡现在已留学堂学生，无论官费生、私费生，查有过犯及品行不端者，经中国出使大臣、总监督知会该学堂，请为斥退者，日本学堂应即照办。如日本官私学堂并不照行，仍听留学者，毕业后，亦概不给予奖励。

七、各省所有官费生及私费生，往日本游学者，经本省督抚查有不安本分、品行不端之人，随时咨明中国出使大臣、总监督，转达日本各学堂，请为斥退者，日本各学堂亦应照办。

八、学生于功课之暇，如有编辑教科书及译录所习科学之讲义，及翻译有裨实用之书，自不在禁例。此外无论何等著作，但有妄为矫激之说，紊纲纪、害治安之字句者，请各学堂从严禁阻，或经中国出使大臣、总监督查有凭据，确系在日本国境内刊刷翻印者，随时知会日本应管官署，商酌办法，实力查禁。其污蔑人名节者，经本人或本人委托之人，按律在日本应管官署指控，查实后，仍行查办。

九、中国游学生会馆办事有紊纲纪、害治安、若不安分之事者，应由出使大臣、总监督咨会日本应管官署，随时查禁，严加制裁，务期杜绝流弊。

十、凡现在日本各学校及已经退校之中国留学生，如确有紊纲纪、害治安、若不安分之事者，应由该官员严加约束。如察其无悛改之望者，即行饬令回国，不准稍有逗留。

鼓励游学毕业生章程

一、中国游学生在日本各学堂毕业者，视所学等差，给予奖励，但须由中国出使大臣、总监督查明该学生品行端谨，并无过犯，出具切实考语，咨送归国。由钦派大臣详加查核，果系品行端谨，毫无过犯，并按照所学科目，切实详细考验，果系所学等差，确与所得学堂文凭相符者，再行奏请奖励。

二、在普通中学堂五年毕业，得有优等文凭者，给以拔贡出身，分别录用。

三、在文部省直辖高等各学堂暨程度相等之各项实业学堂三年毕业，得有优等文凭者（在学前后通计八年），给以举人出身，分别录用。

四、在大学堂专学某一科或数科毕业后，得有选科及变通选科毕业文凭者（在学前后通计或十一年或十年），给以进士出身，分别录用。其中由中学堂毕业，经入大学堂学习选科，未经高等学堂毕业者（在学前后通计或八年或七年），其奖励应比照高等学堂毕业生办理。

五、在日本国家大学堂暨程度相当之官设学堂三年毕业，得有学士文凭者（在学前后通计十一年，较选科学问尤为全备），给以翰林出身。

六、在日本国家大学院五年毕业，得有博士文凭者（在学前后通计十六年），除给以翰林出身外，并予以翰林升阶。

以上所列之外，在文部大臣所指准之私立学堂毕业者，视其所学程度，一体酌给举人出身或拔贡出身。

七、游学生原有翰林、进士、举人、拔贡出身者，各视所学程度，给以相当官职。

八、凡毕业学生，首以品行为贵，应请各学堂注重学生品行，与各科学一律比较分数，必所定品行分数满足，乃为及格。

九、游学生于各学堂毕业年限，须与日本学堂原定本科毕业年限毫无短减，不得别自为班，希冀速成。

十、此次定章，以前已经毕业回国之各省官派学生，均照此次章程，由各省督抚考查其品行心术，如实系端谨无过者，考验其所学程度，查验文凭，实系相符者，即照新章给以出身，已有出身者，给以相当官职。其学速成科毕业，减短学科年限者，应查明所短年限，令以回国后当差劳绩之年资补之，扣足年限，亦一体给以出身，或相当官职。凡定章以前之毕业回国生，其中如有请赏举人者，俟奏准后，应咨送京城，由管学大臣复试。唯中国留学生非在照办约束留学生章程之日本学堂毕业者，概不给本章程所定奖励。

【《教育时论》七〇二号　明治三十六年十二月二十五日】

1021 杨公使之禀申

〇杨公使之禀申

我法政大学深虑清国未来，总理梅博士与驻东京清国公使杨氏协商，以专门教授清国留学生为目的，在本校内特设法政速成科。五月七日，波多野司法大臣、杨公使等几百位知名人士参加其开课式（本杂志第五十六号“记事”栏）。迩来留学生渐以增加，彼我双方皆应为之大喜。杨氏望其充分达致目的，或如报纸“支那特电”栏所载其向北京政府所申禀文，大意：“经与梅博士商议，于法政大学特设法政速成科，以便学习中国所需之学科。希望入学者，皆应奖励，提供便利，促其留学。”此后留学生日益增加，自不待言。该速成科于清国未来，恰如我司法省曾经在法律学校设置速成科，培养多数有用之才，以补司法行政改革不足，料其成果应如是也。

【《法学志林》五十八号　明治三十七年七月十五日】

1022 新留学生派遣

○新留学生派遣(十九日北京特派员发)

袁世凯从候补知州和知县中选拔五十名,作为法政速成科留学生,派来我国。

【《朝日新闻》明治三十七年九月二十日】

明治三十八年(一九〇五)

1023“清国留学生问题”(寺田勇吉)

○清国留学生问题(寺田勇吉)

目下清国人不断来我国留学,虽然难详其数,但闻有三四千人内外。据我等调查,此三四千之清国留学生,每人每月平均花费学资不少于三十元,则清国留学生于我国所费金额,每年总过百万之谱。特以现时状况,留学生数量渐次增加,诚如《万朝报》所载,已达五千人以上。兼以吾同胞应清国招聘,于清国各地学校执掌教鞭者亦复不少,则进行此等教育之日本人颇夥。今于清国接受日本教育者,与留学日本接受教育者合计,恐已达数万之巨。我日本教育于清国所生之影响,厥功甚伟。

往昔我学习于彼,今则地位倒转,多数清国人,无论在其国内外,皆呈现学我日本之盛况。此乃吾国荣誉,我国民以血泪取得之成效也。所谓成效,若云日清战争及日俄战争之结果占其大部,未尝不可。且不论日清战争,本次日俄战争自始便于清人预想之外连战连捷,以致清人不断来我国留学,或招聘有为教员,于彼地任教。清国目的,在吸收我国文明,自不待言。若彼等皆成中等以上之才,他日归国后,其效大著,诚可预期。故我国当局及教育家要利用此机,以图他日更上层楼。今现如此盛况，诚如前述，全赖我同胞以血泪购得也。不知几多忠臣义士灵魂，磅礴于此盛况之中。然吾人将来必将成就更大事业，不仅对于此等忠臣义士灵魂表达感谢，亦为我等非战人员不应忘却对于国家之最大义务也。

目下虽处战争，然将来所进行之和平战争，则赖实业外交，方能收此战争之良效。就中对清国人实施适当教育，冀可收其效果。清国政府不惜庞大费用，陆续派遣男女留学我国，诚我国幸运及利益所在。我国人不可唯图清人来我国花费金钱而获利，亦应善尽义务为彼养成有用之才，归国效力。此须视其教育方法何如也。

然目下我国之清国留学生现状果如何？遑论其他，大多处于一种无监督状态。彼等日常起居之所，多为盈利公寓，且于一屋集居者，多仅支那人。即便外出，唯以清国人结群游走城中，恰如海中遨游之小鱼群。此与我国学生留学欧美时相较，差若天壤。我国留学生绝无仅与本国人集合一处，且多数宿于一屋者，各自居于不同公寓，或寄宿于普通家庭，得以浸染欧美善良家风。反之，清国留学生集居一屋，且皆清国人，日本素来善良风气及文明无从吸收，丝毫不能感染良好风习。如此远来日本留学，其效果减损不知几何。

且若一见彼等公寓状态，更为惊人。某人隔壁即清国人公寓，据言，不仅骚扰自朝至暮，且甚不洁，自窗向某氏洒扫已毕之庭园吐痰，俨视该庭园一部为彼等痰盂。支那国向尊崇文字，本应敬谨用纸，孰料彼等肆意丢弃废纸，该人庭院一隅，为彼等弃纸，类其所吐之痰，状似山积。此等散漫情事，不知凡几。又住公寓，若遇客人，即应待之以礼。彼等所求虽微，理怀温婉。而公寓之中，不分昼夜，与下女嬉戏，甚为嘈杂。或于彼等归来时，高喊“某某回来”，以示欢迎。或于公寓混熟，随唤“嫂子”，游戏恶作，渐入邪径。长此以往，终不能养成善良风俗。稍有心者，莫不喟然叹息。

又近来招收清人之学校渐次增加，私费留学生者尤多为富家子弟，其消费金额亦较官费生为巨。欲得其利，而招收此类清人之私立学校骤然增多。此种学校增加，虽多以利己或营利为目的，亦绝非恶象，然于教育质素必要严格监督。我东京私立振武学校，为对清国人进行陆军军校教育之唯一学校。此校设有严格规定，其学生转入他校者甚希。至于其他私立学校，若规则稍严，即有直接转入他校者。我辈又将奈何？特以私立学校，多数以营利为目的，并欲尽力招收学生。若彼学校每月收费只有二十五元，我则二十四元；若再有第三者，则变为二十三元，力压其他二者。如此这般，何得陶冶品性，培养人才，获致清国政府所期望之教育乎？今日在甲校，明日转乙校，后日更转丙校，似此者绝不会少。然其结果如何，无待智者便可知也。

在我之清国留学生，若皆如斯状态，到底不能养成日本式之清国人。其结果，恐清国停向日本派遣留学生，而转派欧美，则今日断不可尽情放任之也。此际当局必要制定确实监督之法，严讲管理之策。且自另一方面，如前所述，现于日本留学之清国留学生，皆为彼国中等以上人才，将来留学归国，至晓国务鞅掌，于我国教育影响甚大。考诸我国欧美留学生之事，便可理解。即如今日我国显要之人，概为维新后出国接受欧美新知，呼吸彼地新空气而归国者。现在我国之清国留学生，他日亦必据彼国显要，从事各种事业。且需特别注意，我国留学欧美学生中，留学英国者深信英国，留学德国者深爱德国，留学法、美者又各自信赖法国、美国，皆视自己留学之国为第二故乡，长时保有该国信念与影响。现在留学我国之清国人，他日回国，于日本之信念影响维持多久，或保有多少，全视我国留学教育如何而定。鉴于此理，可见放任之状，断然不可。若继续放任,何止于花费巨额派遣留学生之清国毫无利益,且于我国之信赖亦将薄弱。前此战胜之结果,信赖出于一时,将来长久之维持甚难。若果如斯,我国民以血泪购得之结果全归泡影。即使战后努力经营之清韩关系,亦将生诸多不合。故吾辈希望,我国当局应速与清国公使协议,严格其留学生监督管理之法。远赴日本留学,未得真实学问,使跅弛散漫之清国人期满归国,于人于己,皆非利益。然此监督管理,需费不少,且必非常困难。若欲完全吸收日清战争、日俄战争之效果,且将我国置于东洋中心位置,维持东洋和平,理应相信清国留学生问题与此关联甚密。且最为当务之急者,选派有为之日人作监督,并将私立学校置于严格管理之下。至于其他监督管理之法,刻下多忙,无暇深虑,望他日可以言之。

本稿为采访前高等商业学校校长寺田氏后,据其谈话概要整理而成。

记者

【《中央公论》第二十年第一号　明治三十八年一月一日】

1024 清国官费留学生

〇清国官费留学生

彼等学费,虽规定每月支付五十元,然由于监督者或参赞官种种原因,每月给付彼等不过二十五元。然于二十五元中,需支付每月学费、餐费、被服费等,及支付勤杂工每月五元。学生对此不满,然亦有不论花费,亦要求住普通公寓,或将五元勤杂工费中之三元汇送回国者。又彼等住寄宿舍者中,不乏二三月不入浴,故学校管理者于宿舍内设置浴场,乃有人一天入浴二三次之多。衣物等亦不常事洗涤,若学校提供服务,便将衬衣、手帕、犊鼻裤，甚至破烂毛巾，皆拿出来洗，不胜其烦。彼等上品者自有之，下等者亦有之，身任训诱之责者，所遇难端大抵如是。

【《教育时论》七一四号　明治三十八年二月五日】

1025 梅薰氏葬礼与清国留学生

○梅薰氏葬礼

前号所记梅博士家严薰氏疾病未愈，于本月二十三日逝世。同月二十七日在日莲宗谷中瑞林寺举行葬礼，各国立、私立大学教员、司法官员、律师等，以及各学校学生参加。在千余名参加者中，支那留学生颇引注目，果不负博士之人望。博士悄然立于棺后，形骨哀摧，来者皆仰视之。

【《法律新闻》二七六号　明治三十八年四月三十日】

1026 清国留学生之德育与宗教

○清国留学生之德育与宗教

以下所载，乃闻诸我国教育当局者之口，并据《大和新闻》整理而成。

△留学生之性格　彼等远渡外国，欲研习新文明之学术文学，皆属进步青年。其家多属清韩中等以上门第，私费生中富家子弟殊多。

△我国之责任　彼等皆富进取之象，将来若欲在清韩占据各方要位，我国于彼等教育必取慎重。虽于彼等寄宿舍等，已设相当管理之法，然彼等对各种方面皆有好奇，不论善恶，眼目所及，总易受其感染。是以，须注意彼等德育。教授彼等所求之学术技艺，同时让其接受文明教育，做个真正绅士，荣归本国。此为我等对彼之义务也。

△超越国家之德育　日本学生欧美留学时，虽有基督教式社会制约，能十分约束彼等道德，然清国留学生来游东京，东京社会非但没有给予彼等充分道德约束，反诱其浪掷金钱，破坏操行者甚多，所到之处，类皆如是。偶闻彼等修身伦理，国家道德皆主忠君爱国，而日本学生所谓之美，于彼等甚不相宜，或曰不值一文。

△灵性开发　监督彼之道德，开发彼之灵性，必借助以人类为目的、以超越国家之灵国为理想之大宗教力，确切地说，即引导彼等入于基督教。三千名清国留学生，五十八名女学生，以及韩国留学生，使彼等浴于宗教恩泽之中，此为我国牧师诸君之事业也。

【《教育时论》七二四号　明治三十八年五月二十五日】

1027 清国留学生激增

〇支那留学生激增

清国来我邦留学者，每船不下百名，上海动辄滞留三四百名留学生，以备乘船赴日。去岁秋末，清国留学生仅有五千，据言现已逾八千。彼等初欲进入专门学校学习，然现之学生年龄较轻，其志愿多在修习普通学科，渐以接受规范教育。

【《教育时论》七二七号　明治三十八年六月二十五日】

1028 各省出身清国留学生数

〇支那留学生与其省别

支那留学生以来自何省为最，现尚未有精确调查。据骏河台清国留学生会馆本年二月之调查，统计如下表：

山西	五百零八人	湖南	三百六十三人
湖北	三百四十一人	四川	三百二十一人
江苏	二百八十人	浙江	一百九十一人
广东	一百七十五人	直隶	一百七十二人
云南	一百二十六人	安徽	八十四人
山东	六十人	江西	五十二人
贵州	三十八人	广西	二十六人
河南	十二人	陕西	三人

今日之增加固勿论矣,然其增加规律与上之比例可谓多所契合。

【《教育时论》七三一号　明治三十八年八月五日】

1029 清国留学生校别及在籍数

本邦留学生中,清国留学生校别及人数如下:

东京帝国大学	五	京都蚕业讲习所	三
京都帝国大学	二	工手学校	二四
早稻田大学	二三	早稻田实业学校	二
东京法学院大学	二三	警察学校	三九
庆应义塾大学	一	物理学校	三
明治大学	三	数学馆	一
法政大学	一	数理专修塾	一
法政大学速成科	二九五	测量专门学校	二
东京高等师范学校	一二	正则英语预备学校	四五
东京高等工业学校	一三	国民英语学校	三

续表

大阪高等工业学校	一五	英语学会	四
东京高等商业学校	一二	西京同志社	二
第一高等学校	四五	水道学校	一
第二高等学校	一	体育学校	一二
第三高等学校	二二	弘文学院	一一〇〇
千叶医学校	七	同文书院	一四八
金泽医学校	四	成城学校	一五一
仙台医学校	一	振武学校	三〇五
熊本医学校	五	清华学校	六九
大阪医学校	二	高等师范学校、附属小中学校	九
东京药学校	四	经纬学堂	一三九
东京高等农学校	二	熊本中学校	四
盛冈农林学校	三	晓星中学校	三
札幌农学校	一七	早稻田中学校	一
铁道学校	四五	庆应义塾中学	二
京都染织学校	一一	大成中学校	一
东京音乐学校	四	东京各小学校	五
大阪工业学校	一	京都小学校	一
大阪商业学校	一	女子美术学校	二
工艺学校	二	保姆讲习所	一
高千穗学校	一	实践女学校	一五
美术写真学校	一	东亚菁华女学校	二
熊本手取学校	二	女子实习学校	二

续表

顺天求合社	四	女子实业学校	二
东京蚕业讲习所	五	各工厂内学校	三一
合计	二七三一		

【《朝日新闻》 明治三十八年八月七日】

1030 清国留学生入学规程发布

○清国人入学规程

文部省本次发布相关清国留学生管理规程,原因是清国留学生近来人数激增,至少七八千人。其间归国者虽不乏人,然每遇客船,便有五六十乃至上百留学生渡海而来。彼留学生中,有出自清国政府或各省督抚,并获清国公使馆或文部省绍介者,其所定学校,皆为文部省直辖,或经其绍介之校。然其数甚少,多数则径入私立学校、私塾等。故近招收清国留学生之学校、私塾纷纷设立,需受当局管理。不唯须知其学员数及学业成绩等,且寄居公寓之弊亦复不少。清国留学生增加,固所欢迎,且自启发清国一方面言之,亦最感希望,但其弊害务要避免。总之,留学生远道而来,应尽力让其取得优良成绩归国。文部省本次制定规程,即出此旨。

【《教育时论》七四一号 明治三十八年十一月十五日】

1031 招收清国留学生学校规程公布

○招收清国人学校之管理

文部省发布第十九号省令,制定公私立学校招收清国人入学相关规程,并以之管理该等学校。吾人以清国学生渐次增加,学校应予何等教育,倡导制定相关学校规程,已有年余。此次公布规程,吾人大体赞成。若因受此规定而感困难之清国学生,其必为浪荡子也。若因此规定甚感麻烦之学校,必无教育清国人之真心,而徒为谋取学生之财囊也。或曰,以少数不良学生而束缚多数良好学生,为一二不良学校而束缚多数合格学校,毋乃过酷。然此事不独与清国学生教育相关,世间万事,因少数不良者而给多数良民带来麻烦,时或难免。因少数不良者,良民岂不负担监狱费、审判费、警察费乎?既如此,名以管理,此规程之管理固勿论矣。

【《教育时论》七四二号　明治三十八年十一月二十五日】

1032 清国留学生同盟罢课

东京都内清国留学生上月于神田骏河台之中华会馆集会,频议发布檄文,号召同志,遂自四号开始,各就所在学校一同罢课。

致此原因,乃为十一月二日发布之第十九号文部省令。其第一条规定,清国人入学时,必须提交该国驻日公使馆之绍介书。并第九条规定,学校应使清国学生住于寄宿舍,或学校监督下之公寓,校外者应行取缔。两条并举,使留学生殊失就学之便。且文部省发布此令前,并未给监督者任何通告,学生大感受辱。文部省令造成结果,目下滞留东京之留学生已达八千六百二十名,各学校殆亦不得不收,近期内或有妥协。

【《法律新闻》三二一号　明治三十八年十二月十日】

1033 投稿"反对留学生管理规程之理由"(程家柽)

○反对清国留学生管理规程之理由

十二月七日午后草稿　程家柽

今日报纸上有清国人同盟罢课之记事,曰"(前略)以上可见,上月二日发布之文部省令,清国留学生对此规程心怀不满。该省令既可从广义解释,亦可从狭义解释。清国留学生对该省令不满,乃由相对狭义之解释,以及清国人特有放纵卑劣之意志,以此所成之团结,亦属薄弱。(中略)两三日之内,本问题宜不了了之"云云。余自该报道知日本人对于吾等谬误实甚,同时,文部省当局以斯态度临之,则治丝而棼,终致溃不可收。近来渐萌之东亚发展气运亦将顿挫,深恐生出或令日清两国遗憾之结果。

报纸曰"清国留学生对该省令不满,乃由相对狭义之解释"云云,于情事尤属失察。吾人所愤慨者何?乃在文部省强加吾人头上特别管理之实,吾人断难接受,而不在其内容之广狭也。夫日本于日本学生有相关规定,吾人来此接受教育,当事者宜以教授自国学生方式教授,以管理自国学生方式管理,吾人高兴受此教育,受其管理,事简捷而著实效。然文部省以一种特别省令,横加吾人头上,将吾人与日本学生区别。吾人在日本学校,应受与日本学生同一待遇,未知何以使吾人接受日本学生以外之管理规定也。此即吾人愤慨所在。至于规程,无论其广义如何宽广,吾人绝难服从。

夫清国商人在日本历受歧视,往年改正条约,在日各国国民许其杂居,清国商人独遭排斥,曰彼等不爱清洁,品行不良,不应许其杂居。后清国商人抗议甚炽,遂得允许。彼等于日本国法之下,与日本人同一待遇,现杂居于筑地等,从事自由职业,未闻日本政府于彼等设置特别管理规定。况在日之清国商人,多数在本国属中等以下水平,而留学生在本国悉属中等以上子弟,同在日本,中等以下者不受管理,中等以上者反受管理,到底非吾人所能容忍。且留学生管理规则,于世界任何地方绝无其例,日本独发布之,欲加吾人头上,吾人对该省令定然拒绝。

日本某绅士曾云:“我之对待清国留学生,宜与本国学生同。”吾人所耳闻目见者,日本教育家对于吾等留学生确如此言。彼等以教育本国子弟之心教育我等,并得清国留学生翕然信赖,所以学生成倍增加。是以,若日本文部省欲招徕更多清国学生,指导诱掖,开发新知,以图东亚发展,宜如从前简易临处,而绝不应加诸特别省令。

如今在东京之清国留学生,集中于弘文学院、同文学院、经纬学堂、法政大学、成城学校、振武学校、早稻田大学,其他散处帝国大学、高等学校等学校,总数几达九千。其平时温和者有之,激进者有之,刚柔不一而足,宗旨亦随之而异。虽然,今于文部省令,激其不法,愤其无谓,引为深耻极辱,矢求日本政府,期其废除。吾九千人,于兹一体,绝无异议,并于前日九千人联袂罢课。此次罢课,乃各人胸中不平一时激发,固非预谋者也。然于学生言,弃学业以维自身尊严,固有非常决心。是以,吾人罢课之先,已将吾人胸臆向学校干事披沥陈之,干事亦体吾人心志,而后吾人唯有同盟罢课。即若吾人意愿无法达致,甘愿离开日本,自来自往,天地悠悠,世界所到,任我翱翔,且既厌本国专制,决意摧除,又何必郁郁接受别国专制乎?

报纸曰“清国人特有放纵卑劣之意志,以此所成之团结,亦属薄弱”云云。吾人今日不谨慎言论,或能导致事情破裂。呜呼,“放纵卑劣”为清国人所特有乎?即令退千百步,吾等留学生皆为“放纵卑劣”之人,与同盟罢课亦有何关系?所谓放纵卑劣导致团结薄弱,正如对于吾人之冷笑,必将激起吾人更为强烈之反抗,于事无补也。或曰:“清国留学生中,往往传出丑闻,所以有管理之必要。”吾人闻诸我留学生中亦有此丑类,然良莠不齐,于兹九千学生之中,究有多少恶劣书生乎?盖征诸欧美或日本,在所不免,是以难作省令发布之理由也。

要之,该省令有害无益,尽可废除,纯然无用,徒事多端,唯惹清国学生之反感耳。吾人期望文部省当局早日废止该令,同时切望有识之士,深入调查研究,给予适当解释。吾人衷情如斯,然应讲究辞仪,断不可为粗暴之举。吾人愿本士君子态度,公开解决此事。

附记　余在日八年,去年从农科大学卒业,现非学生。然兹事体大,应为留学生剖解事实真相,徒博识者一粲耳。

【《朝日新闻》明治三十八年十二月十日、十一日】

1034 清国留学生同盟罢课

○清国留学生同盟罢课

现于都下留学之清国学生八千六百余人,上月以来在神田骏河台之中华会馆集会,频议发布檄文,号召同志,遂自四日到五日各就所在学校一同罢课。致此原因,乃为前几日文部省发布清国留学生管理规程。彼等主张,该规程第一条,即规定清国人入学时,必须提交该国驻日公使馆之绍介书,殊失就学之便。即忍受此条,尚有第七条规定,招收清人之公私立学校,由文部大臣于其适当者中特别指定,通告清国政府。及第九条规定,公私立学校应令清国学生住于寄宿舍,或学校监督下之公寓,校外者应加取缔。日本文部省欲使留学生概入指定之校,同时取缔所谓指定学校学生校外公寓等泊宿场所。试验之际,如若认为必要,派遣官员查核。文部省非以管理本国学生方式管理清国学生,亦非以教育本国学生方式教育清国学生,在日本学生与清国学生间差别对待,直凌辱清国学生也。第十条规定,因品行不良,被某校退学者,不得再入其他学校,使其失去择校自由。故彼等要求撤废文部省令。如不能得同意,即联袂离去。七日,已有二百五十余名学生集会,决定不服省令,共同回国。另一方,经由清国公使向文部省请求取消省令。彼等此举,不乏对于省令之误解，对于放荡学生之不平，以及随风唱影者。更有传言，清国南部学生因感省令第一条之不便，踊跃参加本次运动。现闻诸当局，清国留学生罢课问题，就滞留骏河台附近该国学生行动观之，彼等频以文部省限制学生自由而加批难，甚望取消此令。然此次纷扰魁首，主要为广东地方前来游学之富家子弟，官费留学生未有加入，反对势力实甚薄弱。文部省历来对该等学生过于怀柔，以致近来专收彼等之私立学校泛滥，学生风纪不胜紊乱，不得不发此省令。是此类私立学校管理者，应自觉担负学生责任，并管理好无赖学生，固非以压制留学生为前提也。文部省自信，该省令既发布，若轻易撤去，必失信中外，所以断不可能。

【《教育时论》七四四号　明治三十八年十二月十五日】

1035 清国留学生管理

〇清国留学生管理

闻诸文部省上月二日发布省令，在京清国留学生对之横生恶感，冀其撤回，一同罢课，东西奔走，事若无忌。然彼等撤回之旨，未必在该省令内容，乃在为管理彼等特设法令而生不快。虽然，彼等认为不应针对彼等而特设管理法令，但我政府认其必要。而其内容，实于彼等并无不利，所以，对之并无任何理由。盖彼等存在若干误解，而所为此举，洵可解决。如答应彼等要求，撤销该令，吾将何其失却体统也。

【《教育时论》七四四号　明治三十八年十二月十五日】

1036 论说“支那学生与文部省令”

〇支那学生与文部省令

因府下私立各学校一再欢迎支那学生，并设特种教育方法，其负笈东渡者日益增多，殆以万计，然此实非我日本帝国足以夸耀世界之象也。

或者曰，今若不制定监督规则，恐有伤帝国教育体面之虞。余辈窃瞠目于帝国教育家自信过甚，或预想过度干涉失败，果然激发今日学生同盟罢课，岂省令个别条款有不当缺点乎？彼等支那学生宜以正道陈情，然彼等之骄傲，曾于某校试用罢课手段，以试帝国政府轻重，因其举动轻躁，难得我社会公众同情，彼等则拂袖而去。虽天地悠悠，得翱翔世界，但如游学欧美，不仅费用大增，且不得不与中小学儿童为伍，自甘其辱。或于支那内地自设学校，但其地方总督必定干涉之，于彼等权利束缚更紧。北京某校规则中，即明书"自由平等之邪说"。余虽未能以此完全证明，然宜如代表彼等评议员所提，先行停止罢课，徐图善后之计。如过信己方势力，试以一部敢死队之铁拳，维持其同盟行动，一旦被认妨碍治安，清国公使馆轻易假我警察之手，摒彼等于东京以外之地，实不待智者而知也。虽然，余辈于文部省令，断言其干涉颇不当。抑该省有何必要发布之，为防彼等频频转校乎？为矫正彼等败坏风纪乎？为助清国公使馆对学生之监督乎？频频转校，或有将来卒业落空之虞。然一一得公使馆保证，烦苛已甚。彼等有学生会馆，其组织亦已完备。除官费生外，据学校干事言，各省皆有同乡会。若由此等组织保证，足矣，尚何烦法令，必由公使馆进行专管乎？且为矫正风纪败坏，而限制学生住于学校指定之寄宿舍，以及监督其校外举动等，实愚蠢至极。试问神田警察署长，在该区散在之支那学生，与日本学生相比，孰为品行不良？曾被检举之无赖汉，绝难于支那学生中见之。对日本学生不加管束，独干涉支那学生自由，彼等已得法学大要，何以服之？其未享受与日本学生同等待遇，大声疾呼受到凌辱，亦非无因。且彼等清国学生，有三十岁以上官吏，有携妻带子共同就学者，多需赁屋共爨，是于学校寄宿舍没有饮食起居自由，且多费用。彼等于校外居住，其读书时间并未减少，且方便同乡学友往来，对其精神愉快有莫大帮助。如今没有充分理由，夺此自由。特文部省言，支那学生风纪云云，抱有嫌恶，余辈亦知其并无材料充分证明之。所谓省令第九条，不过画蛇添足，余辈特对其反对深表同情。而余辈更向文部省警告其对支那学生现状之无知。且不言彼官费生，各地自费生概未踏足北京，甚有来东留学数年，尚不知公使馆位于何街者。是为其国情所特有之一种极端地方自治现象，其官民关系殆出余辈想象，故彼等宁愿选出自己代表，并以留学生会馆为其临时政府。公使馆员亦往往仇视自费生，视为革命种子，禁止自费生进入军校，对于法政二科亦尽力压制，其情形恰如二十世纪再度上演李斯“以愚黔首”之策。彼辈称我文部省专制，固然可笑，但其实际结果，乃助彼国政府专制，盖难辞其咎。请以国际人道问题视之，切莫伤我帝国教育名誉。清国南部某总督，因甚忧留学生受革命热情感染，寄书于我国学校，要求加强管理，大家对此不过一噱。然内田公使，以优予留学生任官特权为交换条件，答应对自费生监督，文部省亦得外务省密旨，发布该令。万一真有此事，余辈提请此为内阁责任问题。呜呼，堂堂帝国，拥有百战百胜陆海军之强大战力，尚且牺牲世道、人道，取为政略，此实帝国一大耻辱。唯余辈绝不信有此事。余辈今后且征诸支那公使馆对自费生态度，鼓动激烈讨论。余辈直抒所见，彼文部省官吏高襟迂阔，相信一二教育家之浅见，或别有用心之某校长报告，甚为支那公使出卖。彼等之高傲不驯固难长久，我文部省法令竟惹如此冲突，难辞其咎。夫制一法，发一令，要极慎重，其利害影响所及，往往平地生波，今日之事即是也。世人往往仅凭表面臆想，而不穷究真相，故余辈据其可信之事，敢做判断如此。文部省高襟官吏莫为迂阔，罔顾社会利害，望勿再失策也。

【《法律新闻》三二二号　明治三十八年十二月十五日】

1037 文部省清国留学生管理规程说明

〇文部省清国留学生管理规程说明

文部省以此次清国留学生运动,源自对于省令误解,特发表以下说明:

近时来我国留学之清国人日渐加多,随此等学生增加,招收彼等之校及其设施,不完不备,以致留学者难达夙志。有鉴于此,文部省为使彼等达其志望,修习学术技艺,实现留学目的,对于招收清国人入学之校,认为有必要制定相关规程。是以本年十二月二日发布此一规程。此规程精神,不在约束清国留学生,而在监督招收彼等之校,以便不通我国情者,顺利入学,得修学术技艺,以达留学志望。是该规定宗旨甚明,一见便知。

今试就该规程略作说明。规程中主要者,莫若入学、转学、退学之际,必须清国公使馆介绍及承认之学校,以及簿籍种类、学校认定、住宿限制等。以下逐项略说之。

公立或私立学校,当其许可清人入学之际,应在其入学申请中附带驻我清国公使馆之绍介书,此不独为学校管理必要,亦便于清国公使馆掌握清国留学生入学各类学校详情。当各留学生按其目的决定合适学校,可得适当帮助,以免错误选择。且入学后,亦便于顺利达其志望。只要入学时提交绍介书,转学、退学时,便可得入学所需之清国公使馆承认书。当然结果,毕竟为帮助清国留学生达其完全修学目的。公立或私立学校,备齐与教育相关之职员名册、清国学生学籍、卒业生名册等,是教育者责任之所在。详细记载职员及学生教育之必要事项,在管理上不可或缺。以上皆为学校当然事项。故中学及认定学校,已有相关规定者,或没有相关规定而应整顿者,必须备齐此等簿籍,此为学校实施教育之必备。

文部省大臣于招收清国人之公立或私立学校中，适当认可，乃依该校之申请进行特别认定。调查该等学校之适否，通告清国政府，不外乎便于留学生选择学校，接受适当教育，以取良好效果。既要调查此类学校是否适当，通告清国政府，则对此种学校于一般学校外设相当规程，理所当然。例如，招收我国学生之私立学校，文部省有权认定其成绩，实行特别监督。独招收清国人之学校，并非如此。文部省选定之公立或私立学校，安排清国留学生住于寄宿舍，或学校监督下之公寓，让其住于该等地方，以自爨方式，共同生活，固非禁止，宁认其当。普通公寓，专以营利为目的，固不乏不良经营者，以清国留学生不通我国情，视若奇货，往往以各种手段欺骗引诱，难保其无误导。故学校择取适当公寓场所，并予监督，于保护留学生健康生活，极有必要。其旨趣甚明，非约束也。而于我国学生，曾有人言，即便熟悉各种情形，必要时亦应令彼等住于寄宿舍，或所认定之公寓，取缔校外居住。对于通我国情之清国留学生住所，施以相当保护监督，可谓理所当然。

因品行不良而被责令退学者，不许再次入学。若许该等品行不端、危害秩序、触犯刑律之不良者入学，有破坏一般学生风纪之虞。而保护善良学生，使其顺遂学业，乃宏旨所关。要之，招收清国人之公私立学校相关规程，其旨趣在指导诱掖清国留学生，以裨留学。且指导诱掖该等学生，接受各种良好教育，修得学术技艺，以遂远道来学之志，以成两国修好之谊，此为文部省所特别注意者也。

【《教育时论》七四五号　明治三十八年十二月二十五日】

1038 清国留学生同盟罢课事件

○清国留学生同盟罢课事件

关于该事件,本志前号已有记载。对清国留学生规程之不服,主要在第一条、第九条、第十条规定,及该规程关系清国留学生之体面。而彼等分为两部,一部仅请求废除不便之条,另一部则求撤销全部。多次集会讨论结果,后者占据强势,运动亦朝此发展。彼辈中主要人物,曾访问宪政党总部,并提交陈情。此次引起骚扰之主因,正如世人所云,与改革派没有任何关系,皆为诸如学校选定、公使馆介绍等妨碍学问自由之事。清国公使馆因恐革命分子,不许修习政治、法律、经济等科,据此亦不让学习之。用此规程管理一般外国留学生,亦无何等不服,然既仅限于清国留学生,清国体面上何能忍受。与政友会、新闻记者等会见后发表者,亦同一旨趣。

△彼等之运动　同盟罢课之初,官立学校在校生及其他不欢迎者甚多,但受威吓、胁迫,致使全体参与罢课,多地集会,决议要求撤销该令,归国在上海重建学校,招聘日、美等国讲师。甚而胁迫一部归国,就中尚有不堪其扰而拟地方旅行,竟被引拉回国者。本场运动既有暴举,又有与政党成员、新闻记者会见等静肃之一面。彼等于运动之先,便自定规约,诸如此际为保中国学生体面,规定不为伤害日本人感情之事,不上餐馆,不去公园游玩,不上百货商店,不在公寓骚扰,外出时尽可能采取谨慎态度等。附带违犯此项规则,同学会则加戒饬,以励实行,以示清国留学生谨严,然后相约开始大规模运动。

△学校之运动　目前招收清国留学生之官立学校中,第一高等学校有五六十名,高等师范学校有十数名,而私立学校中,弘文学院有一千五百名,早稻田大学六百名,法政大学六百名,经纬学堂二百名,与其他合

计,共约八千名左右。官立学校学生,皆无反抗情事,而其他学校,将罢课中学生所宣传十一日省令之误解,以及罢课之不利,对主要参与者种种恳谕,对于仍然继续罢课者,则命其离校,即以断然退学处分,使其迅速离校,促使学生各自就此迅速反应。多数学生,或须熟虑后方能作答。其中经纬学堂提出,要求暂时延缓向校长答复。然如早稻田大学,出席者不过五人,学监高田早苗氏训示学生,告以误解,及省令实为保护学生利益,另一方面,将各学校会议上文部省关于所质各条之解释,以示学生。其概要如下。

一、文部省令第十九号《招收清国人入学之公私立学校相关规程》之精神,丝毫非约束清国留学生自由,而以监督招生学校和保护留学生利益为目的。此规程中与留学生相关规定,实为明治三十四年文部省令第三号(《中学校令实施规则》)及三十六年六月该省令第三十四号(《私立学校认定规则》)中,对招收日本学生学校之相关规定。一面于日、清学生间,没有任何差别对待,一面未给予本国学生之便,则给予清国留学生,与以往丝毫无异。世上或将此规程称为"清国留学生取缔规则",虽然方便,但亦易招致误解。

二、该省令第一条规定,入学申请书应附驻本国清国公使馆之绍介书。规定虽如是,然其义非要公使馆或者领事馆直接开具绍介书。文部省对于清国公使馆认可之清国人(留学生会馆干事等)所开具之绍介书,亦认可同一效力,故留学生不应感此规程之不便。

三、该省令第三条规定,备付"装订往来书信",留学生解释为侵害通信秘密,此甚误解。正如条文明示,规定学校应保存校务上通信,与学生私信丝毫无关。(参照《中学校令施行规则》第三十四条第七项)

四、该省令中第一条至第六条规定与招收清国人之一般学校有关,但第七条后，仅与申请接受认定学校有关，故与不接受认定之学校毫无关系。

五、接受认定学校有关规定中，与留学生相关者，不过第九条、第十条以及第十一条三个条款，而此三个条款并非有碍学生自治。以下逐项说明。

（1）第九条正如文部省解释，其目的在为留学生能够顺利学习，而要求学校管理公寓。即便前述学校接受认定，适用此规定，亦不过要求监督公寓风纪、卫生等方面。另外，文部省已经认定通过自爨等方式，共同生活，诚为适当，故于此规定，留学生没有理由感到任何不自由。

（2）第十条，品行不端、触犯刑律等不良行为者，恐有感染其他学生之虞，而不能允许其入学。对于日本学生，亦有类此规定（《中学校令施行规则》第五十一条第一项），并非拒绝基于正常理由而退学、转学之学生。且所谓是否品行不良，由学校自行认定，非由清国公使馆或者文部省认定。

（3）第十一条规定，与招收日本学生私立学校认定规则第三条宗旨相同，并非日清学生间区别对待。

【《教育时论》七四五号　明治三十八年十二月二十五日】

1039 清国留学生同盟罢课

○清国留学生同盟罢课

留学我邦之清国学生，有年年增加趋势，洵为可喜。如此多数留学生中，以语言不通，视作奇货，为不当行为者，或亦不免。故文部省认有必要，加强管理，发布省令，要求彼等住于寄宿舍，或所认定之公寓等地。该省令引起留学生强烈激愤，彼等相继策划同盟罢课，其中竟有人断然取道回国。东京报纸连日详记此事,我辈希望清国留学生能谅解文部省令精神,慎取鲁莽举动,迅速恢复上课。

【《法学志林》七卷十二号　明治三十八年十二月二十日】

明治三十九年(一九〇六)

1040“清国留学生管理问题”(XY 生)

〇清国留学生管理问题(XY 生)

文部省以三十八年十一月二日省令发布清国留学生管理规则,约一个月后,清国学生发起反抗运动。据言如不撤回此令,清国学生即拟联袂回国,一时之间几不可遏。

此运动恰起于帝国大学教授发动同盟罢工之时,其间或有阴谋煽动者乎?若非,则只能解为文部省力弱,以致见侮。若果如此,彼等纷扰之动机实甚可笑,其结果必成一世笑柄也。

彼等留学生曰:我等既遵从日本法律,根据日本学校规定来留学,别无理由制定特别法令束缚我等。束缚我等,即侮辱我等之体面也,继而有损大清国之体面。然须记取,日本国家有权制定特别法令,管理特种学生。无论文部省制定如何法令,彼等留学生自应遵奉,不可决然离去。所谓污损大清国及学生体面,实为不通之论。要之,文部省令涉及彼等留学生及事实利害,谨此略作梳理。

彼等留学生第一不便处,入学之际,须获驻日清国公使馆承认保证。然于清廷或各省督抚等选拔派遣之留学生,实无不便。唯于欲掩清国政府眼目之所谓革命派,始生不便也。其本国革命派(或非政府派)学生,欲得公使馆之承认保证,实非易易。故革命主义者对此条反对,闻之在理。然若督抚派遣之多数学生，至户籍清白缙绅富家之学生，相率反抗此令，则不可解。

彼等第二不便处，在学校管理彼等寄宿公寓。彼等若于公寓放纵无度，饮酒渔色，伤风败俗，毫无忌惮，受到学校监督，确实不便。然彼等纵非端正勤恳，唯取普通学生态度，接受如此监督，又有何碍？问题在于，乘彼辈放纵，牟取暴利之公寓房东，及恣意骄奢淫逸之彼等。彼等岂不明，东京有信誉之学校，对学生公寓多有限制，或完全禁其下宿。

第三在命其他学校，于品行不良而被令退学者，禁止其再入学，亦为彼等引为不便而反抗之由。颇讶其无耻放纵，因不良而被甲学校退学者，岂可得入乙校乎？彼等反对此限，到处放纵而被退学，辗转于甲、乙、丙、丁、戊、癸各校，欲成一种学校无赖乎？学生苟有常识，公言非所宜言，彼等心态卑劣，实令人无语。

彼等又言：我等一人每年平均消费约四百元，今我等若有万余人全部回国，日本至少要丧失四百万元利益。彼等如斯放言，以求撤销省令，唯利是图之清人劣根性，于此暴露无遗，吾日本人只得掩鼻而走也。

非敢言其全部如此，然彼等最近实有沉溺酒色，到处伤风败俗，迸发清国人特有陋习，甚为吾人蹙额者也。彼辈中或有能日语，流利阅读日本宪法条文，但至其意义，则多有不解。彼等理解力之迟钝，实出我等意料。如此招致学生，抑几许有益清国文明乎？吾人先祖，自唐宋以来，从彼国输入文化，此恩谊绝不可忘。为世界人道，为清国文化，今日吾人更望以吾人现有之学术技艺启发彼等。然彼等恣意伤风败俗，固执傲慢，恃众以侮日本政府，断难宽容。

至于文部省发布此令动机，吾人亦大有异议。清国政府及各督抚等，恐于改革派汇集日本，与日本政府达成密约，不得招收改革派学生，日本政府亦迎合之,予以首肯,文本省令即为此结果也。我政府迎合清国政府,意在招收更多留学生,助其发达文化,固非不可,然不引渡政治犯是国际法通义。我政府故意约束反清学生,甚属不妙,宁采不闻不问态度。热爱自由,嫉恶专制,民间于革命派志士素表同情。然我政府于不左袒清国政府同时,亦不应偏向革命派。唯欲研习学术技艺者来,即应使其自由钻研学术,习练技艺。学术技艺,非政府专有,亦固非一国所独占也。

【《中央公论》第二十一年第一号　明治三十九年一月一日】

1041 清国留学生同盟归国

于大学校长更迭,文部省无端陷入批难中心之际,更惹起清国留学生纷扰,无异火上浇油。纷扰乃因十一月二日文部省发布第十九号省令,即招收清国人公私立各学校相关管理新规而起。东京清国留学生已有八千六百余人,分别就读法政大学、东京同文书院、东斌学堂、早稻田大学、大成学馆、经纬学堂、弘文学院、东亚实业学校、成城学校等,因不认可文部省令,自十二月六日以来,悉数同盟罢课。在学诸校,费尽心思,徒事镇抚。此等学校校长训示,清国公使杨枢氏告谕,皆不足以遏制彼等好事恶习,坚决主张撤回省令。已有十数日,纷扰依然持续,竟未见一名学生出校。彼等留学生曾放言,“欲去即去”,决议相继回国。其中二百零四人,已于十四日搭乘邮船公司至上海之安菲号,首途归国。然彼辈皆归期临近,大多数人尚在犹豫。欲去则去,日本学校不必强使喜闹事者接受教育。文部省令一经发布,无论其是否失当,断不许朝令夕改。唯文部省欲管理彼等,第一失策,在各学校为争彼等,特开方便之法,特欲来我学校,接受正式教育者绝无一人,遂至留学生数量无序增长,驯致放纵无羁恶习。根本之弊,在于设置简便课程,漫向彼等贩卖学术技艺。观诸日本海外留学生,皆简选优等学生,派送海外。在无检束之美国各大学学习者,成绩多未足见,然未闻各国为日本留学者特设简易课程者也。独日本学校,何自弃师道,为清国留学生,一意苟合,却助长彼等放纵。文部省管理彼等,唯思取得良好成绩,既甚招误解,而默许各校轻怠,更为根本一大失策也。

【《太阳》十二卷一号　明治三十九年一月一日】

1042 清国留学生纷扰问题

○清国留学生纷扰问题

因反抗去年十一月二日发布之第十九号文部省令,即招收清国人公私立学校规程,八千余名清国留学生一时同盟罢课。据云,无论省令内容如何,专为清国留学生特设规程,实属压制凌辱。然文部省令,与彼等见解全然不同,反以保护彼留学生而设,欲其达致留学目的,归国后,于诸方面为国宣力。然由自己之误解,浪掷学业,出以轻率,罔顾自身地位及所负国家责任,恣意回国,于我等无关痛痒,唯于彼等轻率之举,甚感惋惜而已。

《东京日日》(十二月十一日)报道云:

当局采与日本学生相异之法,实我当局于清国留学生特别关照,所以出此。吾人甚感遗憾,未将此管理法适用日本全体学生。况其管理内容,于留学生正当行为丝毫无所约束。唯于不当学校,及只顾营利之宿泊场所,严格监督,防止留学生堕落,以促其尽力向学。以为异国专制,误解实甚。

《读卖》(十二月十一日)报道云:

虽八千余名清国留学生，各自来游目的、情形各异，然进入我国学校，修得崭新知识，或亲炙我国山川风物，扩展见识，其道一也。本应慎行谨言，致力所学，徒事纷扰，本非所宜。若当局有无故迫害学生，干预主义信仰等不当行为，我辈非为学生吝惜微力之人也。

《东京朝日》（十二月十二日）：此次纷扰主因日本教育者自始即给予彼等特别待遇，自然使彼等些许骄傲。在论及特别待遇之错误时，更论及：

吾人于责怪少年学生前，不可不先意识日本教育家从前给予特别待遇之非。学问为世界的，固无论矣。为学生实施世界的教育时，岂能内外有别。至于军事学等课程，有时涉及日本秘密，不许外人窥视。要之，支那学生若不喜文部省特别规程，何不自始即排斥特别待遇之特别学校，而入日本之中小学乎？

为友邦将来，吾人希望清国留学生能早一日考诸自身责任，大力猛省。

【《太阳》十二卷一号　明治三十九年一月一日】

1043 日华学生会结成

○日华学生会

为如下旨趣，成立日华学生会，规定会规八条，并设事务所于分锦辉馆。其目的为图两国学生间亲睦，进益德智。今后隔月开一次例会。

移檄

吾日华两国之交际尚矣。昔者国家玉帛修好，士民缟纻订交，故遣唐使留学生史不绝笔。自兹以降，虽世有隆污，事有得失，然于宋于元于明于清，舟楫往来，冠盖相望，迨至晚近，复寻旧盟，朝野臣民，相资取善。

是以华人负笈东航，来游东京者，实不下万人，是不亦盛矣哉！是时也，吾两国学生之志于四方者，互相集会，披胸抱襟，叙款曲，以洽彼我之交情，务期贯通两国事情，以速将来文明之进步，岂非今日当务之急耶！某等有感于此，精神若一，所谋胥同，乃创斯会，名曰日华学生会。传曰：善邻亲仁，国之宝也。吾东亚两大国之学生诸君，有同感者，其速来会，俾区区微衷，始终而有所贯彻也。

日华学生会发起者(以姓名为序)

日本		清国	
东京高等商业学校	井上□次郎	成城学校	屠　宁
外国语学校	本多辰三郎	东京高等商业学校	逯保恭
早稻田大学	川胜藏太	明治大学	张　继
庆应义塾	竹内恒吉	广岛高等师范学校	李祖虞
东京高等工业学校	中尾还太郎	弘文学院	夏道南
东京帝国大学	工藤十三雄	铁路学堂	韩汝庚
东京帝国大学	八并武治	岩仓铁道学校	曾鲲北
东京高等师范学校	有吉伴祐	成城学校	吴永珊
早稻田大学	三盐熊太	大成学校	胡承喆
		成城学校	姚　震

【《教育时论》七四七号　明治三十九年一月十五日】

1044 清国留学生同盟罢课事件

○清国留学生同盟罢课事件

本志七百四十五号曾载，各学校将文部省令第十九号之解释转与清国留学生，彼等暂时恢复平静。然泽柳普通学务局局长给《东京日日新闻》书信云，该解释看似文部省让步，却非文部省之解释，于是留学生又起运动。旧腊二十三日，招收清国留学生之各私立学校在一桥事务所集会，种种协议后，决将此事之调停事宜，委诸长冈子爵为首之东亚同文会以及东亚青年会。调停者纷纷行动，以树威信。另一方面，二十四日，五百名清国留学生在牛込区药王寺前设立事务所，决议自一月起恢复上课，并设立维持学界同志会。其规程致力劝说同志，概要如次：

一、本会以维持学界秩序为目的。

二、本会研究学界留学生利益相关事项，但并不涉及政治或国际问题之研究。

三、此次发布文部省令，已由文部当局者解释，本会目的既得贯彻，应速对各校学生早日发出上课劝告。

于是产生复课派与归国派两派，复课派占其优势。另外程家柽等十九人，发起组织学界调停会，意见书略如下列，以劝复课。

一、本会同人负责调停。开学时，应一同前往上课。但另一方面，仍以废止清国留学生管理规则为唯一目的。

二、本会事必求其实践，不为极端之论、意气之争。本会设有名簿，表示赞同者，可亲往事务所报名，或邮寄亦可。

三、本会事务所设在麹町区饭田町三丁目九番地北辰社巷内。

四、本会仓促创立，其不完善处，请同学诸君不吝赐教。

虽两派间相互倾轧，但归国派势力日减。旧腊三十一日，各学校留学生代表相聚，决议新学期复课，而现在归国派中所谓骨干不过五六十人。招收清国留学生之各校，业于一月十一日开校。由于清国公使特别要求，对于此次事件中退学者，特予宽典，允其复课。

【《教育时论》七四七号　明治三十九年一月十五日】

1045 关于明治三十八年文部省令第十九号第一条绍介书之答复要点

(第四集　再录资料编号 751)

(文书目录)

六、对私立法政大学等九校关于明治三十八年省令第十九号第一条绍介书之答复要点通知

文部省文书课	午发普一二号

去年十一月本省令第十九号第一条之绍介书,贵辖区私立法政大学等九校代表径询本省,现于附件中予以回答。

明治三十九年一月十七日

文部省普通学务局长泽柳政太郎　印

致东京府知事男爵千家尊福殿下

……………………………………………………………………………………

问询书

文部省令第十九号第一条规定,公立或私立学校,在许可清国人入学之际,在其入学申请书中,应附加驻本国清国公使馆之绍介书。谨此问询,清国公使馆委任其他相当机构提供绍介书,并获文部省认可时,该代理之绍介书与公使馆之绍介书是否具有同一效力?

法政大学

经纬学堂

早稻田大学清国留学生部

弘文书院

东斌学堂

成城学校

亚东实业学校

大成学馆

东京同文书院

明治三十八年十月十八日

以上代表东京同文书院长

子爵长冈护美代理　十时弥　印

致文部大臣伯爵桂太郎殿下

………………………………………………………………………………

杂普二二二号

本月十八日，关于本省令第十九号第一条规定之问询，即公立或私立学校许可清国人入学所需之绍介书相关事项，具体答复如上所示。敬请查照。

明治三十八年十二月二十日

文部省普通学务局长泽柳政太郎

法政大学等九校代表

致东京同文书院长子爵长冈护美殿下

再启者，承问询“相当机构”，乃指清国委派之官吏。敬请查照。

【东京都公文书馆　明治三十九年　文书类别　第一种　学事 私立学校　第四卷　图书编号　627B525】

1046 学校学生校外管理相关回答

（第四集再录资料编号 750）

〔文书目录〕

七、学校学生校外管理相关回答　文部次官

七月十八日所收第八四一号之一，问询是否有学生校外管束及监督之法，相关规定如下所示，敬请查照。

明治三十九年七月二十日

私立法政大学总理法学博士　梅谦次郎　印

麹町区政府

记

对清国留学生以外之学生，与其保证人协议，努力监督其校外活动。

对清国留学生，渐使其住于本大学寄宿舍，在职员直接监督下，可进行充分管理。现寄宿舍工程正进行中。

【东京都公文书馆　明治四十年　文书类别　学事　图书编号 627D84】

1047 清国留学生问题之解决

〇清国留学生问题之解决

清国留学生激于文部省令，同盟罢课，或有决然归国者，至可悲也。旧腊三十一日，各学校留学生代表集议，新学期开始复课。而所谓归国派之骨干，不过五六十名，且渐为减少。招收清国留学生之学校，业于十一日或十六日开学。由于清国公使要求，对于此次事件中退学者，施以特别宽典，允其复课。相信同盟罢课此一纷扰，乃因一时误解而起。我辈乐见其解决也。

【《法学志林》八卷一号　明治三十九年一月二十日】

1048 清国留学生问题之完结

○清国留学生问题之完结

昔清国留学生不服文部省令，遂惹纷扰。自十二月十四日始，二百零四人回国。十七日，又有早稻田大学、法政大学、成城学校之学生二百二十人，在横滨搭乘邮船归国。十八日，进步党因之召开内务部调查会，决议"一面劝告文部省撤销省令，一面责留学生不应同盟罢课，并忠告其速速复课"。同日，各校留学生代表又行集会，决议"认为撤销省令之目的不可达，只好一同回国"。然不久留学生中分为复课派与归国派，两派间互为倾轧争论。相关各校就留学生将来，亦行训示戒饬，归国派日少。最终除少数外，其他皆决于一月十一日开始复课。至十三日，留学生全部复课。对于归国之二千余名学生，通报准其复归。如此，该问题得见完结。清国留学生甫平静，接连数日，韩国留学生又起退学事件。此乃因对日韩协定不满所致，至一月十八日退学者已有六十名。

【《太阳》十二卷二号　明治三十九年二月一日】

1049 新建法政大学寄宿舍

○新建法政大学寄宿舍

伴清国留学生增加，颇有建设寄宿舍之必要，夙所计划。此次在本大学附近富士见町三丁目选定一高燥闲静地，开工建设，竣工谅不远矣。

【《法学志林》八卷八号　明治三十九年八月二十日】

1050 杨公使之留学生谈

○杨公使之留学生谈

目下清国留学生已逾万人，每船尚有多人来日。清国公使杨枢就是等留学生发表谈话，如下：

留学生如斯加多,可见日俄战争之精神感召力何其伟大。清国民上下发奋觉醒,实新学流行之结果也。留学生之种类,向分政府选拔生、各省公费生、自费生三种。遗憾者,日本诸学校无招收支那留学生设备,或留学生学养不足,致不能修习专门学科。近来专为留学设置者,多为私立学校,其经营、教育方针往往倾于盈利。不唯如此,学生素养不高,无法入官立或私立学校,空流连旅馆,最终沉溺酒色,而误其身,似此者几有三千,实堪浩叹。而是等无赖学生,常就外交等问题发表感想,于本国政府或当局友人,发不负责任之电报,致公使馆员等意外迷惑。关于此次管理规程,既已提交一篇意见书于本国政府,大意今后留学日本学生,应该于清国小学、中学卒业,或有相当学力,且于本国出发前,提议设立先修课程等。

【《法学志林》八卷十号　明治三十九年九月二十日】

明治四十年(一九〇七)

1051 中国青年会设立

〇中国青年会

清国留学生来我东京者日多,殆有万人,结果种种丑闻不断传出,至被目为我男女学生堕落之主因。英国人克林顿氏、威廉氏等,决定亲采措施,助其修养品性,在获清国公使赞同后,于神田区美士代町青年会馆院内,设立中国青年会。与其中枢机关,同在白天教授日语、音乐,在夜间专门教授英语。且为加强高尚娱乐趣味,而设游戏室,以期根本实现品性修养之目的。已有三百余人入会,将于本月十一日举行成立式。

【《法学志林》九卷一号　明治四十年一月二十日】

1052 清国留学生指定学校

○清国留学生指定学校

为举监督清国留学生之实，此次清国公使馆在其馆内设置教育协会，为该国学生入学特别指定学校，共十九所，其校名如下：

△早稻田大学　△明治大学　△法政大学　△中央大学　△东洋大学　△弘文学院　△经纬学堂　△东斌学堂　△成城学校　△同文书院　△东京实业学校　△大成学堂　△东亚公学　△大阪高等预备学校　△警监学校　△东京警察学堂　△东京铁路学堂　△东亚铁道学堂　△实践女学校

【《法律新闻》四〇七号　明治四十年二月十五日】

明治四十一年（一九〇八）

1053“对清教育政策之今昔”（樋口龙峡）

○对清教育政策之今昔（樋口龙峡）

作为现今世界最具铁腕之政治家，美国总统罗斯福曾公开声言，清国人之教育为美国人天职。同为最活跃之君主，手段强悍之德皇威廉，亦欲于清国扩张其语言和势力，企划设立大学。虽此二强国与清国分处大洋东西，人种、历史各异，至其文明源流，更属风马牛不相及，然能洞察清国未来，扶植自己势力，知先于教育上巩固根基，最为得策，并锐意于此。不唯此二强国政府，其国民亦然。英国、法国识见高远，明于时势，洞其未来，亦皆努力注意此问题也。我日本作为邻邦，一衣带水，文明源流相同，人种相同，文字相近，自古以来交往甚密，今对清国教育政策之现状又如何？每念及此，吾人不胜惆怅。

我日本招收清国留学生，始自小村伯在北京任公使之时，迩来已有十三年矣。其最盛时，乃在明治三十八年，若含游历之人，殆以万数。即以真正留学生计之，亦有八千。于清国任教习之邦人，垂有千人。然仅阅三年，今日留学生数量殆不及当时一半。我教习被解雇者，亦接踵发生。相反，留学美、德之学生独增。我国于清国教育之影响日减月退，是抑何由至此耶？虽固由几多纠纷、误解，以及障碍，然若寻其根本，实我外交及文教当局只知清国政府，而不知清国民众，对清教育之失策也。

小村氏于燕京担任公使时，彼与当时政府未必皆能领会，为促清国开发，扶植我国势力，教育其青年，并在清国普及我国语言，为一长远适当之策。对此虽或有疑，而招收学生之功实巨。留学之热顿兴，人数多达数千。俨如我明治初年，始闻自由民权学说，虽一知半解，或言民族主义，或谈革命之说，危险过激之论突起，引发清国政府杞忧，百计预防而压制之。我当路亦恐伤害清国感情，谬赞其留学限制。内田公使与张宫保协商，更具体者，颁布三十八年文部省第十九号令，至对清教育政策丕变。

清国留学生中，标榜革命主义者确为不少。然所谓革命者，果为严格意义上之革命，或不过为政治上之改革乎？稍知清国民性情，其政治上知识，留学界风气，便易领会。彼等所谓革命，未必变革国体，颠覆清朝统治。如孙逸仙一派之过激者，不过极少数人。其发端并不在我国留学界，而源于德、法。限其来我留学，反促其往本家源头之法、美、德国，此一谬也。除此极端一派，其他虽高喊革命，端在要求改革行政，或仅吁求清国政府建立立宪政体。且叫嚷革命者，不过清国一般夸张修辞，所谓“雄兵百万”笔法，但闻虚名，便恐若蛇蝎，实通革命语义者甚少。清国官方尤如此，我当轴诸君亦同杞忧，诚可笑之极，此二谬也。不少学生口称革命,以为恐吓旧官僚手段,试看昔日革命派首脑,今日多为政府之忠仆也。因恐连累及之,姑不列其名,然吾等实有确证。不辨真伪,一律惧之,此三谬也。

退而言之,假令我国留学生中多为真革命派,然于我国教育界,何人向其传授革命主义耶?我历史无革命之实,我思想界亦无所谓政治革命。仅有一些社会主义之声,然与欧美相比,犹如火炬之于太阳,不值一视。若将政治改革视作革命,不过四百州到处激荡之气运,假留学生之口而出也。然则渊源在于清国自身,而不在我学术界。若认其为真正革命,殷鉴应在欧美近现代史,而不在我国。然事果如何?革命呼声,生于我国留学生中,清政府唱之,我国亦不以为怪,不明不白,不为已甚,此四谬也。

据闻,某氏曾于某公开会议上,亲聆林外相质疑清国人教育到底能得几多利益。余虽不信聪明如我之外相持此意见,然一部分人实抱此意见也。眼前利益姑不论,作为一种社会结合力,国语具有若何强大效果,早为学术所认可。今不赘言,姑征诸史训。殖民地与本国间之亲和力,依靠同一语言维持,岂非明白之事实乎?埃及伴随英语势力之普及,其保护权之根基岂不益固?随英语世界之扩张,英国商权之范围岂不愈广?日英同盟之基础,亦因英语而结,两国国民间相互了解,亲善岂非更牢?如此事实,该同盟之当事者,或通晓英国之林外相,既所能知,竟亦持有此种见解,此五谬也。

或曰,即清国留学生是否真倡革命尚存疑问,但因清国政府甚忌之,故不顾害及感情,而强行招收留学生,其他交涉案件,势将招致重大损失。不难解者,清国政府权威,在其国民中尚存几许?岂不见三十八年省令发布后,学生愤而返乡,到处引发排日风潮。即退一步思之,媚于清政府对此问题之误解，伤害后将得势之青年才俊感情，果能在其他交涉中获致良好结果乎？事实历历清楚，非可否定之也。此六谬也。

以上六谬之外，尚有几多谬见，无待详辨。此之结果，我国对清教育政策产生退缩主义、偷安主义。作为发起招收留学生之日本，及至文部省令出台后，事实上采取相对拒绝之策。其他强国则以此为契机，从根本上扶植长远势力。

我外交当局受清政府委托，命文部省发布省令之理由，在于消灭革命派。然文部省发布省令之目的，据其自述，并不在此，尚有别项目的存焉，曰为清国谋，为我教育界名誉，以收良好教育效果为目的，非为消灭革命派云云。此言甚佳，然事实却与预想相反。

据我文部省所发声明，其第十九号省令，乃为督促招收清国留学生之日本学校，实现充分教育效果。时值留学极旺之际，不完备、临时拼凑之小型学堂频频兴起，其间殆不解教育为何物，借留学教育之名唯利是图者不少。或于公寓楼上径办学堂，或以三十五金，将三年修习才能得之卒业证即行贩卖，乱象极矣。当此之时，我文教当局严格监督，振兴教育，以副清国之托，理所当然，且极为适当。然其精神可嘉，方法却全归失败。试考省令内容，殆不解清国学生之禀性，不解清国之现状民心。对清国人，到底不应实行太多条款，该省令终归死文徒法，乃其命运使然。所得结果，不过使未来清国中坚、有为青年反抗怨恨，对清教育衰退堕落也。

今毋庸赘言，该省令归于失败之第一原因，在没有清国公使馆绍介书，即不许入学之规定。当局者虽欲借此消灭不完备之教育机构，然实为根误解。省令目的，在管理招收清国学生之日本学校，接受管理，乃日本政府当然责任。然关于清国公使馆绍介书之规定，实借清国公使馆之力,监督自国学校,无异将自家职责委诸他人。换言之,等于宣告自己监督学校不力,有失体面,不亦甚乎？此姑不论,清国公使馆果能统御诸生,并甄别良否,固应用此利器。其实,出于根本误解,利刃竟为凶器也。前之监督处置,于事务上果熟悉否？留学限制,或出其他用意,无论如何,皆不当舞此凶器也。与本国大官相夤缘,或与自己有关系者,无论其言论过激,易得就学之便;否则,虽为成绩优良笃学之士,亦不易取得绍介书。其他虽不便明言,然此凶器,弊害百出,致留学界大混乱,纷争之,反抗之。八千留学生代表,曾于北京学部诉苦、请愿,学部方针亦属高明,一进一退,左顾右盼,于纷乱中酿成留学教育之颓势。触公使馆之忌者,无由获得绍介书,罔顾浮海负笈而来之青年,只得进入依省令而为营利之非法学校,陷其悲惨境地。其学问终无长进,郁不得志,亦无法归国,于父母故旧前衣锦还乡。以致对自国政府及日本,恶骂怨谤,以泄其愤。文部省教育振兴之策,终致留学教育堕落,购得日本之恶名也。

加之,若文部省当局果能贯彻省令精神,追究只顾营利之伪教育者,严格省令规定之责,多少亦能获得良效。然宽大之文部省,迄至去年年末,悠悠二十五月,方巡视少数社会公认之学校,且不过试作一次查阅。虽然聊胜于无,然为时已晚,此时留学界已濒衰败。

日本大概如此。再察清国国内情状,京师大学堂之总教习虽为日人,但难副其实,其势力实不过止于高等师范部。"数岛楼上弦歌低,芙蓉馆里春梦浓",天津租界里,我官吏欢声正酣。京师大学堂之语言教育,却归入英、法、德势力,日语全被排斥。所幸在其他二三学堂,尚有权威敏锐之我国学者,独守孤城。然南京之学堂,于纷拿中逡巡不前。耶鲁大学拟于南清开设分校,德国亦努力兴办大学,此时我国尚纠缠于每年几百学生之学费津贴问题,悬而未决。私立学校由于绍介书之影响,无奈陷于衰退。环视对清教育之今昔,谁能禁此惆怅之念。如此,将来对清政策如何,吾人仅为私学乎?爰述现状,尚烦经世家察之。

【《中央公论》第二十三年第三号　明治四十一年三月一日】

1054 清国留学生问题

○清国留学生问题

关于清国留学生教育,我国政府殆采开放主义,既无干预,亦无特别照顾,学校选择,全凭各自喜好。前年应清国政府之请,文部省发布一种管理留学生令,招致学生反抗,大感棘手。过去政府取日益放任态度,其结果,以留学生为目标,不负责任之速成私立学校相继而起。在此接受教育者,不能得充分修习,半生不熟之辈屡出,即在本国,人缘亦恶,至影响我国学校声誉。去年东京负责任之私立学校,协商撤废速成科,相约对今后留学生进行完整教育。虽未知其果奏效否,一方接受不完整教育,回国工作者,以其一知半解,对于我邦事物易生诋毁,妨碍两国国情沟通,此种情况不少。无论如何,使彼等至少接受完整教育,其数固不求多,然既来之,即应给予其充分知识。以前曾有议论,此顷一部有权者间其念益增也。

【《朝日新闻》　明治四十一年六月十日】

1055 清国留学生减少

○清国留学生减少

清国留学生一时数量,殆有二万,由于对速成教育之讥,及文部省干涉问题,一时留学生联袂归国,其数锐减。今年一月,根据该国公使馆调查,官私费留学生合计约七千人。目前,除仅招收清国留学生之弘文、同文、东斌、经纬、成城五校外，与日本学生同修之留学生，东京帝国大学有五十四名，京都大学有十余名，早稻田大学有四百二十余名，法政大学有四百名，明治大学有四百八十二名，日本大学有一百五十一名，东洋大学有五名，合计一千五百二十二名。另，早稻田大学留学生部有三百九十四名，明治、法政两大学留学生部约有三四百名，合计二千三四百名。余下主要在前述五校。各学校今年卒业约有一千名，此外尚有因种种理由归国者。截至本年九月新学期，通计各校，其数应减少至五千左右。

【《朝日新闻》　明治四十一年七月六日】

1056 清国新考试法

〇清国新考试法

清国海外留学日益增多，归国后占据枢要者不少，但留学欧美学生与留学日本学生，感情上每欠融合。留学日本学生疏远留学欧美学生，留学欧美者亦蔑视留学日本学生，到底非堪其匹。然此时于留日学生最为不利，清国政府新设举人试验制度，设置留学生资格等级。第一等为欧美留学生，第二等为日本东西两京大学卒业生，第三等为日本私立大学大学部卒业生，第四等为日本私立大学专门部卒业生。又规定第二等以下者，要扣除考试分数，即第二等减十分，第三等减二十分，第四等减三十分。日本留学生即使获得优异成绩，也不易超过欧美留学生。希望以试验登用，或得朝廷信任者，皆不愿来日，而倾向欧美留学。一般清人亦渐怀疑日本留学生之真价值也。如此，于来日留学之清国人独不利，我国亦不可轻视。此为自清国甫回者所言也。

【《法律新闻》五一〇号　明治四十一年七月二十日】

明治四十二年(一九〇九)

1057“支那人教育之所见”(服部宇之吉)

○支那人教育之所见(附北京朝廷之现状)

文学博士　服部宇之吉

近来欧美各国皆注意支那人教育问题,纷纷建设面向支那之大学。就中美国自前年即在湖南长沙设立所谓耶鲁大学分校。德国在胶州湾亦建立大学,并经两国交涉,以清国政府出资为条件,派一支那人任会计监督。美国另在山东建设大学,英国虽地方未定,然亦主建设大学。即俄国在北满之吉林,也将建立大学。大致情况如斯。居住北京之日本人,认为清国人教育,最好于北京周边建设大学。刻下清国由日人经营之学校,除同文书院外,皆为私人创办,从来规模较小,设备不全,成绩亦非上乘。各国态度已如前述,此事切莫单凭私力,宜由国家或政府公力为之。虽尚未提出具体方案,但总有人持此想法,且有若干筹划。然问题只在金钱,如能获得大量资金,建设一所优秀大学可立得也。

今暂就北京言,美国长老会所建大学,规模颇大,虽似从中国政府得几许资助,但并非公立。法国在北京建有四个教堂,中北堂之侧有法语学校,建筑庞大,学生众多,外观上虽为教会,然实由法国政府资助成立,与教会没有直接关系。以上之外,尚有一大型学校,由伦敦教会建立,称为协和医学堂,不仅设医院,兼有化学研究室、图书馆,建筑设备齐全。其他例证,不烦备举。

今若日本不任私人而由政府兴建大学,一定可与之相抗。首先,建筑需要二三十万元资金,其他设备费用从经常项目中开支。如若不能,则与私人经营无异,支那来学者仍少。欲聚集支那人,必须有壮观之物资设备。如有此等设备,场所未必限于北京,即在北京以外地方,亦无不可。各国于支那不断兴建学校,而我日本岂毫无作为,袖手旁观乎? 对此问题,宜先事研究。若日本不能于支那内地建设大学,在日本内地亦可。尽量扩张我国学校设备,招收支那学生,进行完整教育。以前支那曾派遣速成学生,如今支那不再出此。支那文部当局认为,即使年限加长,亦须接受完整教育,当我稍早回国之际,决定以后只派遣普通科学生,并要求给予彼等完整教育。

虽我国公立学校大量招收支那学生,并使之十分满足,但设备困难,专为支那人设立学校,彼等亦甚厌之。如高等学校专为支那人特设班级讲授,即遭厌恶。彼等必要与日本学生同受其教,若因支那人而受特别对待,即没必要专门渡海来学。于中国内地设立学校,并从日本聘任讲师,即可也。专门来日留学,实欲与日本学生接受同等教育训练,并在教育训练以外,尚欲学到更有用知识。

然中国学生与日本学生,学力根底不同,彼方要求预备教育年限,延长至实际必要程度。以此为基,与日本学生接受同等教育。从来自日本等外国归来之留学生,实行学位试验,兼有录用考试性质。然自为支那人特设学校或特设班级卒业者,不能参加,未给予彼等考试资格,即不承认彼之学力。欲知何故,如前所述,如此培养出来者,非有日本学生相同学力,低人一等,不堪其用。

今后支那必欲派遣更多留学生,然因前述情事,日本招收留学生必感困难。虽然可由支那内地派遣,但如我国内教育忽遇上述困难,即设备完善,经费亦将无着。何如外国,专门花费巨资,在支那建设大学,在内地为支那教育略尽绵薄。非唯政府,国民亦应勠力于此。

外国人于支那教育,热衷扩张自国势力。特如德国提议,若支那建立学校,则其无需俸给,派遣教员。然对如斯提议,北京总断拒之,认非如此简单,必有其他潜图。若于其他地方,未必断然遭拒。南京某些官立学校,即有无俸给工作之德国人。虽无俸给,然其责任、条件,与其他教员并无不同,是以非同寻常。亦就上海帮助支那建设学校,德国领事派遣两名无俸给教员,更捐经费一万马克。

又德国为销售教育器械标本,举办巡回展览,在支那各地巡回展示其商品,同时接受订单。若彼等展示之器械在教育上非常有用,且如此推销解说,并接受订单,将会使日本现在彼地之教育器械销售大受冲击。所幸其展示标本器械并非十分有用,准备亦不充分,关注有限,订单无多,无果而终。即便如此,彼等与日本人不同,不会坐待顾客,通过展示获取订单之法,绝不可等闲视之。

此非私人之计划,而有政府资助,即通过驻北京公使向外部交涉,租借展览场所,又要求支那文部省令各校师生前往参观。或有领事之地,由领事直接向官宪提出,无领事之地,则以书面致意官宪,劝导教生前往参观。再或在支那西陲之甘肃,曾有德人将物理化学器械药品运往,在如此不毛之地,售以廉价,大受欢迎。且与官府亲近后,如有何等工程,亦可承受,毫无损失。德国已在各个方面着手,其他国家亦多类此。

日本就教育方面,已派多数教员,然此外皆无。一面在招收留学生,然因经费关系,又难充分接受。宜如何讲究,亟应思之。

日本于支那人之教育,数请注意。支那人来日本研究学问,然对日本文化本源、文明精髓了解甚少。即教育支那人者,亦很少有人注意及之,并为努力。无论官立学校,抑或私立学校,皆急于教授眼前之急,且多粗疏。虽亦可由支那人一方提出改进,然皆乏兴味。故日本一方,必加了解,而取主动。西洋文化进逾日本,日本自有根源,是以可相融合,然于此能洞察理解之支那人甚少。支那人大抵知道自己与日本人,人种相同,文字相同,故认为日本人能成者,支那人亦可成之。然非如此也,若知日本能够吸收西洋学问,取得进步,实因日本固有要素。当支那移植时,在融合支那特性方面,必多少有所改变,必要知晓日本特性。支那人应于此进行充分研究,兼有必要研究日本历史文学。若由学校教之,恐被认作不必要之物,导致必要学科时间减少。然即不设为正科,尚有其他适当方法,通过游历各地了解日本者中,多少有人明乎此也,唯人数较寡。

次观其整体,事亦颇有希望。留学日本之支那人,回国后皆从事重要工作。今日官吏位高者尚少,与日本敕任官等级相当者三四位,然与此等级相近者较众,地位稍低,各色实任者中,留学日本者则占多数。彼等于现在支那政治社会,已举足轻重。

留学欧美之学生数量少,又多髫龄即去欧美,能熟练掌握欧美语言,但不懂支那学问,汉文亦不甚佳。是以在支那为官做事,不如日本留学生,在各个方面均劣于后者。

但今后去美国留学者多数,情势或有改变。若一贯如此,维持现状,相互皆所利便。就此,政府与一般国民,对支那留学生,应尽力亲善相待,宜使其充分了解日本。支那留学生主动与日本人进行交往者较少,日本人亦不甚与之来往,偶尔为之,似有利用之心。衡诸两国关系,察诸东亚局势,为增厚日清两国情谊,亲切对待彼等,并给予一定利益,使其愉快而归。此种事虽未必关于金钱,然亟应注意及之。此乃吾居于支那时痛切所感也。

继言所见之北京现状。昔因满洲问题等冲突,伤害两国感情,然近有大幅改善,此多少与日本政府方针改变有关。清国两宫驾崩之际,日本皇室所采态度,以及政府国民态度,为其主要原因。在支那居住日人之态度影响,自不待言。总之,支那人于我国感情,与以前有所不同,已经非常友善,要在继续维持之。

北京政府之现状如何?乃一极有希望之政府也。两宫驾崩,内外皆传或有事情因之而起,实则无之。凡所设施,皆照预定稳步运行。两宫驾崩后,并未急发政见,故政府少费周章,仍前一致。最初二三日,一般民众或有动摇,然立趋平静。政治中心权归摄政,于京中大小官吏,颇著名望,多心服之。年龄虽轻,但极公平,且有素养,谦逊为德。素养者云,该王甚廉,有损公平之事甚少,凡所行事,正大光明,对待官吏亦甚公平,绝无徇私枉法,左右大小官员尤为心服。

虽如上述,然国事多端,际此时局,难免其忧。不仅如此,事实证明,摄政王颇富决断之力。虽谓决断,绝非妄断,乃经深思熟虑,审时度势,当机立断也。此摄政王之德,现在虽不直接为一般国民所知,然通过普通官吏,自会逐渐明白,以至官民共同心服,官民声望系于王之一身。总之,有王若此,物运顺遂,相信支那将来甚有望也。

政界摇动,多少与政治中心之变动相关。对于此点,应颇注意。为防政治摇动,为挟制袁世凯,内外皆恐推迟新政。按照先帝所定,发布上谕,训示各方,按预定方针、预定日期实施新政。计自今始,八年后,新政告成。为东亚大局,为善邻友好之必要,日本政府及我国民,应予道德或其他方面之充分援助,是所至望。

【《中央公论》第二十四年第三号　明治四十二年三月一日】

明治四十三年(一九一〇)

1058 清国留学生会馆关闭

〇清国留学生会馆关闭

作为清国留学生策源地,神田骏河台铃木町之中国留学生会馆,听闻于本月十五日由于租借期满,断然决定返还,更选相当房屋,重开会馆。此不过表面说辞,据言因为规划其他事情。清国公使馆为维持此馆,每年支出数百万元之保障金。

【《朝日新闻》　明治四十三年一月四日】

1059 清国留学生减少

〇清国留学生减少

一时号称四万之清国留学生,于速成学校不被认可,及感文部省管理不公而联袂回国后,其数量骤减至二万,乃至于至一万。前年以来,维持七八千之数。与各校卒业人数相比,新入学者尚在减少。清国派往海外之留学生,要求具有本国中学卒业程度,去往英、美、德等国之留学生陆续增加。结果,现在留学生中官费生约有一千八百人,自费生约有一千八百人,共计三千六百人。此仅为公使馆申报之数,其他没有申报之自费生应有一千,总计在五千内外。除今夏卒业回国者,现在四千内外。招收该国留学生之主要学校,除属于陆海军管下约三百名外,明治大学与早稻田大学各有四百名,人数最多。他如法政大学、中央大学、东亚同文书院、成城学校、帝国大学、各地方高等工业学校等,皆被认为正式学生。有传言谓,位于神田某私立大学之事务员贩卖卒业证书,诧为怪事,固非校长、教员等所知也。该方面人言,招收留学生之学校,必要严加监督管理。

【《朝日新闻》　明治四十三年七月十六日】

1060 清国举行各国留学卒业生考试

〇留日学生取得好成绩(二日北京特派员发)

学部举行各国留学卒业生试验,合格者共计五百六十一名,其中英、美合计三十四名,法国七名,德国三名,俄国一名。其他五百一十六名,为接受日本教育者。

【《朝日新闻》　明治四十三年九月四日】

解题　清国留日学生与法政速成科

法政大学为清国留学生实施短期速成(一年,后改为一年半)法学教育,于明治三十七年(一九〇四)开设法政速成科。从第一至第五期(四十一年)五届[1]共计一千二百六十二名卒业生。清国留学生归国后,各就要职,十分活跃。法政速成科卒业生中,如汪兆铭等著名政治家辈出。

此法政速成科之创设运营,全赖法政大学总理梅谦次郎。和法法律学校自明治三十六年八月,根据专门学校令改称法政大学,梅校长就任大学总理。

---

① 第二十四届法政大学卒业证书授予式(明治四十一年7月12日)之学务报告。创立以迄该年,法政大学卒业生共计一千四百八十五名。(译者按:原文为文内夹注,为方便阅读,今统改为页下注,下同。)

(一)清国留日学生

中国将留学日本学生称为留日学生。日清战后,翌年即明治二十九年四月,清国初派留日学生十三名,入高等师范学校嘉纳治五郎校长所办私塾学习。此前一年(一八九五年),朝鲜政府已派一百八十二名留学生来日。然早在明治十四年,朝鲜即有二名学生入福泽谕吉之庆应义塾学习。日清战争中,日本取得胜利,清韩两国方正式向日本派遣留学生。日俄战争期间,尤为大增。清朝传统之官吏选拔考试科举制度废除当年,即明治三十八年(光绪三十一年),清国留日学生人数从八千增至一万。

亚洲留学生选择日本作为留学之地,较径赴西洋学习,来已经汲取西学之近邻日本学习,于文字、风俗、费用等更为便宜。

作为清国采用西方军事技术之洋务运动之一环,一八七二年(同治十一年)以后,清国就向美、英、德、法派遣官费留学生。日清战争败后,以日本明治维新为榜样,拥护君主立宪制之康有为、梁启超等人,为光绪皇帝所用。一八九八年(光绪二十四年)六月,变法自强诏书发布,政治改革开始。然因西太后等保守派反击,以及袁世凯之背叛,引发政变,使变法百余日后归于失败(戊戌政变),康、梁获得恰好正在清国游历之伊藤博文的帮助,亡命日本。

戊戌变法开始之前月,即明治三十一年五月①,驻清公使矢野文雄(龙溪)向清国总理衙门(相当于外交部)传达日本政府有意援助清国留学生,并要求派遣学生,获得康有为等共鸣。另一面,明治三十二年,访清之参谋本部福岛安正大佐、宇都宫太郎少佐,劝说反对变法之洋务派

① 引自河村一夫《作为外交官的矢野龙溪——关于清国留学生招聘策略》,《政治经济史学》一六七号,昭和五十五年。

高官张之洞、刘坤一、袁世凯，向日本派送陆军留学生。

湖广总督张之洞针对变法派激进改革观点，发表改良主义之“中体西用”论，欲以中学（中国学问）为体，以西学为用，著作《劝学篇》（一八九八），劝导学生赴省力高效之日本留学，并经皇帝允准，在国内颁布。

亡命日本之梁启超，于横滨创办《清议报》，主张以学习东文（日本语）为捷径。

如此，清国留学生一到日本，准备学习陆军者，送至成城学校，进行预备教育；准备学习文科者，于明治三十一年六月开设之日华学堂学习。

另外，海军留学教育自明治三十九年五月（商船学校）始。

明治三十五年（一九〇二），京师大学堂总教习吴汝纶来日视察教育，决定派遣学生到日本进行速成教育。另一方面，聘服部宇之吉为师范馆总教习，进而招聘“日本教习”，并通过日本人帮助设立北京东文学社（中岛裁之）等。

次则列举设置留学生教育之东京主要学校。

（1）成城学校　一八八六

明治十九年，由文武讲习馆改称。（十八年一月设立，筑地。）为进入陆军士官学校、陆军幼年学校之预备教育。二十四年，赐以牛込原町校园。三十一年，清国代表参观该校，浙江巡抚派遣四名学生入学。翌年始，刘坤一（南洋大臣）等选送陆军留学生。三十三年，第一届卒业生四十五名，入学陆军士官学校。应清国杨枢公使等所请，三十六年，认可文科生入学。至清朝灭亡，共有五百五十九名卒业生。大正三年开始，重开军人预备教育，持续至昭和十二年（一九三七），留学生教育结束。现为成城高等学校（新宿区）。早期卒业生有：清末革命派蔡锷、吴禄祯、蓝天蔚、蒋方震等。参谋次长川上操六兼任校长，数学家冈本则录再任校长。

中村义:《成城学校与中国人留学生》,载于《中国近现代史论集》。

(2)日华学堂　一八九八·六

明治三十一年六月,高楠顺次郎(印度·梵语·佛教学)于本乡西片町设立。正式课程分为:普通预备科(二年制),高等预备科(一年制)。自清国南洋公学进入本校之章宗祥,考入东京帝国大学法科,后成为段祺瑞执政时期驻日公使。

(3)东京同文书院　一九〇一·二

东亚同文会(近卫笃麿会长)开设东亚同文书院(上海·日本人教育)。同年(明治三十四年)二月,将东京同文书院与目白中学合并,移至赤坂临时校舍,教育清国留学生①,翌年搬至神田,院长由根津一兼任。为进入高等专门学校之预备学校,主要学习二年日语课程。明治三十九年,接受一名越南留学生,翌年又接受十六名。至大正十一年关闭,共有卒业生八百六十四名。

《东亚同文书院大学史》,沪友会,昭和五十七年,第63—64页。

(4)东亚商业学校　一九〇一·四

明治三十年,梁启超于牛込东五轩町设立东京大同学校(高等大同学校)。最初十八名学生,有蔡锷、范源廉等。后移至小石川传通院旁,名曰清华学校,犬养毅任校长。三十四年四月,改为东亚商业学校(犬养毅校长)。

开校典礼有大隈重信(前首相)、副岛种臣(东邦协会会长)、近卫笃

① 据实藤惠秀《增补中国人日本留学史》(黑潮出版,一九七〇),于一九〇二年二月十九日成立。(第67页)

磨(贵族院议长),以及横滨华侨著名人士一百多人参加。(实藤书,第48、66、67页)

(5)弘文学院(宏文学院)　一九〇二·一

最早招收清国留学生(一八九六)之嘉纳治五郎,于明治三十二年将私塾改名为亦乐书院。三十五年,设立弘文学院。至四十二年十月关闭学校,共有三千八百一十卒业生。辛亥革命领导者黄兴,进入仙台医专之作家鲁迅,从高师速成科卒业、中国共产党之创始人陈独秀曾在此学习。三矢重松(国文法学者)教授日语。

(6)振武学校　一九〇三·八

明治三十六年八月,为中国陆军留学生特设之预备教育机构,于成城学校留学生部之校外寄宿舍(牛込区市谷河田町)所在地开设。在解除成城学校委托教育后,将学生移至参谋本部所辖之本校进行速成教育。最初为一年制。三十九年十一月,清国练兵处派遣七十名学生,开始三年教育。辛亥革命后,因无学生而名存实亡。大正三年(一九一四),学校废止。

小林共明:《振武学校与留日清国陆军学生》,前揭《中国近现代史论集》。

(7)东斌学堂　一九〇三(一九〇四)

寺尾亨(法科大学教授)于明治三十六年(或三十七年)设立。因为清国政府禁止私费陆军留学生,以致振武学校拒绝革命派青年入学。寺尾亨基于"侠义之心",设立所谓"私立振武学校",教授具有革命思想之自费中国青年军事知识。在芝公园持续五年,寺尾付出经济上巨大牺牲。另外,还设有警监学校。(实藤书,第71、74页)

寺尾博士为法政大学前身东京法学校讲师,和法法律学校讲师、理

事。于法政速成科第一次演讲会发表《国民思想之变迁》。校友会副会长。(明治三十二至四十二年,会长梅博士)

(8)法政速成科　一九〇四·五

(参照别项)

(9)经纬学堂(明治大学)　一九〇四·九

日俄战争中,明治三十七年九月十七日,明治大学于锦町校区设立,招收清韩两国学生。“以东亚先圣之教为经,以欧美百科之学为纬”,为其创立宗旨。

同年九月二十八日,报纸《日本》报道速成师范科开课,并举行创立式。(普通科八十六名,速成科五十三名)至明治四十三年关闭,入学者共二千八百六十二名,卒业者共一千三百八十四名。

《图录　明治大学百年》,明治大学,一九八〇。

(10)早稻田大学清国留学生部　一九〇五·九

日俄讲和条约签订(明治三十八年九月五日)后之明治三十八年九月十一日开设。早在明治三十六年末,青柳笃恒已向学监高田早苗建议开展清国留学生教育。三十八年三至六月,两人视察访问清国各城市学堂,与袁世凯、张之洞进行会谈。

清国留学生部之目的,在开展师范教育与实业教育。预科(一年)由日语、普通学组成,本科(二年)由政法理财科、师范科、商科组成。师范科又被分为物理化学科、博物学科、历史地理科,特别物理化学科卒业生辈出。日语教员里,年轻之津田左右吉名列其中。青柳教务主任反对速成主义,与其他学校相比,坚持长期教育方针。预科第一届卒业式于三十九年七月二十日举行,鸠山和夫校长等列席,杨枢公使发表演说。

改变当初方针,预科结业后,只能进入本校专门部学习。申请大学部者,则要经过特别预科、高等预科。结果,本科仅设置师范科。四十一年七月,二年制师范科结束后,本科第一届学生一百八十四名,在补习科又学习一年。翌年七月,八十一名修完课程。此因清国学部(相当于教育部)发布通告,要求师范科留学生年限必须在三年以上。四十二年七月,清国留学生部关闭。

《早稻田大学百年史》第二卷,昭和五十六年,第95—160页。

(11)志成学校(立教大学) 一九〇六·四

美国圣公会所派威廉姆斯主教在筑地设立(一八七四年)立教学校,后改称立教学院。总理塔克为让清国留学生接受基督感化,且作为日本学校预备教育,向传道局申请设立新校,并获许可与帮助。明治三十九年四月,将学校设在学院内。主事为越石乙太郎(台湾长老教会中学校教师)。在小田原町设置寄宿舍。明治四十一年末,有学生四十至五十名。持续至大正二年(一九一三)。

《立教学院百年史》,立教学院,昭和四十九年,第30—219页。

《教育时论》七二四号(明治三十八年五月二十五日)《清韩留学生之德育与宗教》一文中,日本教育当局曾介绍:三千名清国留学生,五十名女学生,以及韩国留学生,让彼等信仰基督教,此为"我国牧师诸君之事业"。(1026)

(12)东洋大学日清高等学部 一九〇六·七

哲学馆大学(名誉校长井上元了)于明治三十九年六月改称东洋大学。同年七月一日,开设日清高等学部。以六个月时间教授清国留学生法律、经济等学科,入学者众多。翌年即四十年十二月第一届卒业生卒业。第一届卒业生在学业上用时一年半。

《图录 东洋大学一〇〇年》,东洋大学,一九八七。

且设置警察速成科。讲师中包括语言学者新村出。(实藤书,第 74 页)

杂志《东洋》三号之广告(明治四十年二月)中有高等师范科、高等法政科、警务科、普通科、邮电科招生。

另外,女子教育方面有实践女学校与成女学校。

一九〇一年,清国女子留学生乃随父兄或丈夫来日本,接受华族女学校学监、实践女学校创始人下田歌子指导。实践女学校设置中国女子留学师范科(一年)、工艺速成科(六个月)。一九〇五年,湖南省二十名女生、奉天省二十一名女生至日本,在该校速成师范科学习。一九〇七年,仅东京就有近百人,其中七十余人组成留日女学生会。同年在中国被处刑之革命运动家秋瑾,即在工艺速成科学习。

成女学校设置速成师范科(一年),宋教仁教授中国女学生汉文。(片仓芳和:《宋教仁(一八八二——一九一三)年谱稿》,一九〇六年,12 · 11 条)

明治三十八年八月,留学生在籍数(1029)中,弘文学院最多,一千一百人;振武学校,三百零五人;继为法政速成科,二百九十五人。(《朝日新闻》,明治三十八年八月七日)

(二)清国留学生管理规则事件

明治三十六年(一九〇三)开始,汪大燮作为第一任留日学生总监来日本。此前一年,被成城学校拒绝入学之私费留学生发起反对运动。同时由于前驻日公使难以充分指挥各省留学生监督,清国政府以此为机,决派遣公使级别之总监督,汪乃获任此职。作为办事机构,设置留日学生监督处,发行关于留学生之官报,直至清末。(实藤书,第 74—75

页）

翌年即三十七年，清国政府与驻清日本公使协商，以“游学生”为对象，制定《约束游学生章程》与《鼓劝游学卒业生章程》，规定“中国出使大臣、总监督”之监督内容，并由日本文部省向各相关学校发布。（1020）同年五月，参加法政速成科开讲典礼之杨枢公使，作为“钦差大臣兼管游学生总监督”发表祝辞。（932）于是中国将海外留学生称为“游学生”。

清国为实现现代化，一方面向日本派遣留学生，另一方面又警惕留日学生奔走革命运动。清国政府曾令张之洞制定管理留日学生政治活动法案。一九〇三年六月至七月，张之洞与驻清公使内田康哉协商，以卒业回国后对官吏之特别委任为条件，希望日本制定规则，以管理留学生。

一九〇五年（明治三十八年），朴次茅斯和谈中，八月二十日，兴中会、华兴会、光复会等革命团体在东京合并，以上月自美来日并已返回之孙文为核心，成立中国革命同盟会。法政速成科第二期在校生胡汉民、汪兆铭、宋教仁等，曾帮助孙文，留日学生活动逐渐引起注目。

鉴于此种事态，清国政府迫使日本政府履行此前张与内田之约，于十一月发布留学生管理规则。《中央公论》三十八年一月号杂志上，已有人发表关于防止清国留学生放任，加强监督管理必要性之论说。（1023）

文部省第十九号令（明治三十八年十一月二日公布）“招收清国人公私立学校相关规程”于三十九年一月一日开始实施。文部省次官木场贞长发表关于省令之谈话中，虽曾谈及“要一方面加强管理以营利为目的之学校，另一方面纠正堕落留学生之生活，绝没有约束留学生自由之意”，但又泄露真实意图，“留学生中革命派人数众多，此次一定会遭重大打击”。(《读卖新闻》，明治三十八年十二月十五日)确有被称为“学店”“学商”之营利学校，但留日学生将省令视作管理留学生规则，而展开激烈反对运动。

全部十五条条文中，特别被认为有问题者，有如下几条：

第一条　公立或私立学校在许可清国人学时，应要求其在入学申请书中附加驻本国之清国公使馆绍介书。

第九条　接受选定之公立或私立学校，应使清国学生住于寄宿舍，或学校监督下之公寓，校外者应加以取缔。

第十条　接受选定之公立或私立学校，对品行不良而被其他学校开除之清国人，不得让其入学。

由此，因参加革命运动而被认为“品行不良”被开除之学生，根据第一条规定，无法获得“清国公使馆之绍介书”，亦即完全被日本学校拒绝。

十一月二十六日，清国留学生所在各校，以于该月二十九日前申报学生原籍、现住所、年龄、学历，向学生发布通知。十二月三日，留日学生在神田骏河台清国留学生会馆召开总会，向公使杨枢以及文部省提出质疑，但未得要领。弘文学院、经纬学堂、早大、大成学校、成城学校、振武学校、东斌学堂、东亚实业学校等八校，决定从翌日起一同罢课，要求撤销文部省令。(1032)十二月五日，法政速成科亦加入同盟罢课，当日仅第一、第二两班学生上课。自六日开始，速成科全部学生加入罢课。因为省令未被撤销，留学生乃渐采回国行动。

十二月七日，《东京朝日新闻》刊载评论指出，八千六百余名留学生同盟罢课，成为当下最大问题，是由于清国人特有之“放纵卑劣”意志所引起。对此，正在法政速成科留学之陈天华，将其“绝命书”邮寄杨度（清国留学生会馆干事长），十二月八日于大森海岸投水自杀，以示抗议。陈天华作为湖南省官费留学生，于明治三十六年来日留学，翌年回国，与黄兴等在长沙计划革命起义，失败而亡命日本，后入学法政速成科。遗书（绝命书）中，愿努力除去难忍屈辱之“放纵卑劣”四字。

永井算巳：《陈天华之生涯》，《史学杂志》65 编 11 号；《所谓清国留学生管理规则事件之性格》，信州大学纪要 2，昭和二十七年。

《朝日新闻》于十二月十、十一两日，刊载程家柽《反对清国留学生管理规程之理由》。（1033）笔者在日八年，为前一年农科大学卒业生。《法律新闻》也于十二月十五日（第三二二号）发表评论《中国学生与文部省令》，断言干涉不当，并论及清国公使馆员往往认为私费生为“革命之种子”而加仇视，难辞帮助该国政府专制之责。（1036）与此相反，同日发行之《教育时论》，则支持文部省令，认为同盟罢课由于留学生误解而起。（1034、1035）

于反对管理规则行动漩涡中，稳健派之汪兆铭因为安抚留学生，而被指责为“媚日”“汉奸”，甚至在法政讲堂而遭学生殴打。（郭定森笔述：《法政大学报》18 卷 7 月号，昭和十五年）

汪兆铭接孙文电报指示，一起归国，可能招致清国政府对革命同盟会员一网打尽，并非良策。汪兆铭乃组织留学生维持会，呼吁学生复课。（《早稻田大学百年史》第二卷，第 177 页）同时，学校亦劝学生复课。

明治三十八年十二月三十一日，在法政大学附近之富士见轩，各校学生代表十数名举行会议，虽有少数反对，仍决议从一月十三日开始复课。法政速成科一月十五日重新开始上课，梅总理对学生发表训谕。（939）

此事件中，一齐回国之留学生中，尚有如黄尊三者，回到日本复课。（《清国人日本留学日记》，实藤、佐藤译）

留在母国之学生，则在上海设立招聘外国人教习之中国公学，胡适即卒业其中。

三十九年秋，法政速成科第五期有八百四十六名学生入学，或可认为此事件影响已销。

（三）法政速成科与梅总理

法政速成科乃应在日清国留学生之愿望而生。大学总理梅谦次郎在其“法政速成科之来历”（956）中曾言及“应清国人士之请而设法政速成科”，由此可见梅之意图。

明治三十七年三月，清国留学生范源廉与梅总理会面，恳请设置清国留学生速成科，最好作为法政大学一科，学习年限欲为一年。振武学校与宏文学院之速成教育，皆为一年以内。梅在获得外相小村寿太郎赞成后，会晤清国公使杨枢，其赞成劝说清国各省督抚，并上奏皇帝，派遣留学生。于是，四月二十五日，梅给各位教师递送以下书信。

《法政》四卷二号“梅谦次郎书简”（松尾章一）

敬启者。此次于本大学设置清国留学生法政速成科，希望以下教师担任，且诸事需要商议。百忙之中，殊觉其难，请于二十七日（星期三）下午四时，驾临九段坂上富士见轩。果否能来，烦请一报。

敬启

四月二十五日

法政大学总理　梅谦次郎

收信人：

松本烝治　　　松浦镇次郎

美浓部达吉　　岩田一郎

板仓松太郎　　小川滋次郎

金井延　　　　冈实

中村进午

法政速成科之设，于三十七年四月二十六日向文部省申报，四月三十日获得许可。(914)五月七日开课，并迅速运转。《法政大学百年史》与前述之经过稍有不同，以下介绍曹汝霖《一生之回忆》相关内容。[1] 文虽稍长，仍从该书转载如下：

> 我卒业后，思实习审判及参观各级裁判所，以资实习，得司法省之许可，派判事一人为我领导，到地方裁判厅，且观且讲，即在判事座后设座观审，比在学校得益更多。又导观监狱，……狱内设有工厂，教犯人习一艺，女犯则有纺织及手工，其意令犯人出狱后，得有一技可以糊口，用意甚善。导观之人告我道，当时日本要收回治外法权，特派专家到欧洲国家考察司法制度，对于监狱，特别注意，故日本监狱，都采各国的办法。后又参观执行死刑，先将犯人解除刑具，另至一室，饷以酒食，并由宣教师(僧人)为说三世因缘，希望他来世做好人等语。……
>
> 余正拟束装回国，范静生(源廉)来看我，他说，我们今年均将

---

① 译者注：本处文字根据日文文意，直接采自汉文版《曹汝霖一生之回忆》(中国大百科全书出版社，2009年，第24—27页)，表述略有不同，特此说明。

卒业归国，我学师范，回国后拟在教育方面致力，君学法律政治，回国后当然在那方面有所贡献。惟政治不良，教育亦无从着手，两者相辅而行，政治比教育还要紧。但人才缺乏，又不能立刻造就，我来与君商议，想在日本办一速成法政班，虽不完全，总比没有学过的好。君若赞成，君在法学方面认识的人，比较的多，经验也比我丰富，君想如何办法好？我说尊意我很赞成，……我考虑之后，去看静生，我想到了一位大法学家，即法政学校校长梅谦次郎博士，他可算法界权威。我与梅博士请教过几次，见他对中国很关心，人亦爽快明通，倒不是埋头苦干，不问外事的人，地址即借他法政学校。只要他肯担任，我想最为合适，我们先去拜访他，跟他讨论这事，看他有没有意思领导？静生欣然，遂与梅博士约定日期，先去访问。梅博士很赞成这办法，……过了数日，梅博士约我们同去见他，他说你们两位为中国热心，养成人才，我很感动，我也愿意为你们出一点力，担任此事，地址即可在本校。惟时间不能与本校冲突，有时只好排在晚上授课。教师由我约请，课程由我同教师商定。……课程有刑法、诉讼法大纲、民法大意、行政法通则、日本宪法与宪法比较、警察法、地方行政法，教师都是各大学教师，第一流法学家。开学后，学生有已来日本尚未入学者，已有百数十人，来学者都很满意，因翻译听讲，比较稍通日文者更为明白。静生任两门翻译，宪法及行政法，余亦任两门，刑法及刑事诉讼法。余回国后，第一班卒业，归国宣传，来学者顿增至四五百人，课程改为一年半。后又改为两年，是较充实。闻后来学者，竟至三千人以上。这些种籽，散播各省，却是一支无比的政治生力军也。

余回国时，在日本进学校者已近万人，闻后来最多时，超过两万以上。孙中山先生在日本从事革命活动,组织同盟会,来日者分子更加复杂。闻有不进学校,专搞政事党务,日本政府颁布取缔中国留学生会,大闹风潮,余已回国,不甚了了矣!

(曹汝霖《一生之回忆》,第15—16页)

[开讲式·卒业证书授予式]

曹汝霖(东京法学院卒业)在法政速成科第一期开讲式上作为清国留学生代表致答谢辞(932)。言道:现在留学日本之留学生中,清国学生约有一千五百人,有志学习法律、政治学问者不过五六十人,很期待这方面教育。曹与范源廉、章宗祥、蔡锷等组成励志会,在当时留学生中处于中心地位。归国后,在对华要求"二十一条"时任外交次长,后任交通总长。属于亲日派,一九六六年死于美国。

清国公使杨枢莅临各期开讲式。第一期仪式上,梅总理致开讲辞后,由波多野敬直司法大臣致祝辞。(932)第五期因梅正游历清国,未能出席。

卒业证书授予式,清国驻日公使每次皆莅临现场。(第五期由张参赞代理)。顺序一般为:①总理告别辞、学务报告,②教师代表、③来宾、④校友代表祝辞,⑤卒业生代表答谢辞。②③中有中村进午、穗积八束(法科大学长)、松田正久(法相)、小野冢喜平次、一木喜德郎、千家尊福(法相)等。补习科卒业式(946)上,教师代表东京帝大教授松波仁一郎(海事法学)劝诫云:"诸君切勿日本化!"

[通译授课]

速成科特色即将授课内容通译中文。如前所记,主要由曹汝霖和范源廉担当通译(前揭)。如此可省学习日语所需要之三四年时间与精力。但一年时间所学内容，实际上仅为半年，因此夏季不休假而补充授课。

[学习年限·学科·授课费]

校规规定学习年限“一年以上、二年以下”。梅总理对于范所提出之速成方式，表示授课一半时间要花费在通译上，一年学习年限很不合理。但因其愿望恳切，所以当初即定为一年。然自尝试后，范亦不得不承认一年时间过短。梅亦曾于开讲式中言及，乃将课程延至一年半（956），二个学期改为三个学期。每学期皆有试验。各讲员之试题，皆刊《法学志林》。（954、959、962—964、966）

入学费二元。授课费每月六元（未满八十名），或者三元（八十名以上）。改为三学期制后，六元下调至四元。（919—921）

明治三十八年，新设并开讲银行讲习科（六个月）。（922、923）同年十一月，速成科分法律部、政治部，（925）自第五期开始实施。三十九年，特许速成科卒业生编入专门部第二学年学习（资料缺）。翌年即四十年二月，开设“作为专门教育基础”之普通科（二年课程），主任保科孝一。（929—931）同年八月，新设专门部预科（一年），教授日语及普通科，结业者可入专门部学习。

速成科结束后，学习一年时间之补习科（946、1013、1015），于四十年一月有八十名学生卒业。其科目包括民法、商法、宪法、行政法、刑法、破产法、经济学、财政学、外交史。授课费，如学生未满八十名，则每月全体共收二百四十元；如八十名以上，则每月三元。另，通译费每月一元。“补休科规程”共五条（汉文），收录在（928）中。

[寄宿舍]

寄宿舍之准备，与留日学生管理监督问题相关。明治三十九年六月九日，牧野伸显文相就学生思想风纪振肃问题发表之训令中，语涉防范社会主义。七月二十日，梅总理回答麹町区区长关于学生校外管理与授课方法之问题，提到"未来要求清国留学生逐渐搬入本大学所设之寄宿舍，在职员直接指导下，进行充分管理。现在寄宿舍工程正在进行中"。(《法政大学百年史》)三十九年八月，法政大学理事会决定，让伊藤礼次郎承担寄宿舍之设立经营，位置在麹町区富士见町六丁目三番地，定员在百名以上。设立契约期限，从明治三十九年九月十五日开始，满二十年止。(《法政大学八十年史》)

寄宿舍(面积百十数坪)甫成，便于明治三十九年十月二十八日举行开舍式，邀请清国公使馆相关人员参加。(942)《法政大学清国留学生寄宿舍章程》(926)由九章(入舍及退舍、舍费及配餐、舍室、作息、外出、会见、食堂澡堂、班长、舍生须知)二十九条，以及参照事项、履历书、誓约书构成。入舍缴纳金，每人二元五十钱，餐费八元(每月支付三次)，餐费六元九十钱(六元九角，月末付)。除千田舍监外，尚配有舍医。

此寄宿舍在留学生中评价很坏，申请入舍者很少，经营不振，不到一年，至四十年九月，便与经营者解约关闭。

[讲师]

担任讲师者，大部一边坚持本职，一边讲课。(949、957、958、965)讲师阵容，正如曹汝霖曾所言，"梅博士请了各大学一流的法学家来上课"(前揭引用文)，都是杰出学者。

小野冢喜平次(东京帝大教授，后任校长)素坚持在帝大外不讲课，被奉献于日中两国发展之梅总理打动，讲授政治学，而被学生铭记在心。小河滋次郎(监狱学)带领学生进行实地考察，参观巢鸭、东京、市谷监狱和浦和监狱川越惩治所。(984、985)明治四十一年,小河受聘为清国政府狱务顾问。参观地点还涉及监狱以外之官公署、公司等地。(971、987)

明治三十九年十二月,加藤繁(中国经济史,后任东大教授)就任速成科副主任。

[刊物]

《速成科讲义录》(汉文)第一号于明治三十八年二月五日发行。每月发行二次。(校外生每月五十钱)(968、969)梅曾说过,汉文讲义录发行,比普通刊物要多费三四倍精力。(935)

《东洋》为清国留学生举办之月刊汉文杂志,于明治三十九年八月十五日创刊。(二十五钱)汉文学者久保天随任主笔。因收支不抵,于第十号(明治四十年十月)终刊。

创刊号目录(973)所载三上参次、菊池大麓文论题目,与同年速成科演讲会题目同。

第二号(明治四十年一月)以后之项目,有图画(照片)、主张、说林、杂谈、时论、附录等。执笔者除久保主笔外,还有美浓部达吉、河津暹、江木翼、梅谦次郎、泽柳政太郎、白鸟库吉、阿部秀助、大江卓、井上哲次郎、冈本监辅(遗稿)、加藤正治、佐藤丑次郎、山内正瞭、立作太郎、何元瀚(法大学生)、冈村司、古贺廉造、乾政彦、财部静治。(揭载顺序)

[学生]

入学、卒业人数见附表。入学者在开讲式后,尚在增加。(917)学务报告(940)中曾言:"第二期开始于明治三十七年十月,后来入学者总计三百三十六名。"《法政大学八十年史》和《法政大学百年史》所载各期卒业人数,皆为卒业证书授予式时之人数。例如第二期卒业生,在明治三十九年六月二十四日仪式当天有二百三十名，然据同年十一月二十三日第三期卒业式上之学务报告，则有二百三十九名（第二期），因追认而增加九名。第三期入学人数五百一十八名（《百年史》），然学务报告上有二百零一名。人数之差，有待考证。

第二期卒业（三十九年六月）二百三十名学生中，有汪兆铭等优等生十一名。梅总理评价："与其说不输于帝大优等生，不如说更具有某种优点，作为短期速成，实令人惊讶"，"为师甚久，竟有如此愉快之事"。（《法政大学报》20 卷 9 月号，昭和十七年）

入学速成科者，在本国已经有相当学习经历，很多人具有进士资格，甚或为"状元"。教师、学生皆非常热心，夏季亦不休息（917），因其努力，是以成果斐然。社会之中，经常有人指责速成科有害无益。对此，梅总理在《法学志林》七卷十号（三十八年十月）上，发表反对意见：《法政速成科之雪冤》。（956）

速成科卒业生姓名，可以根据各期卒业生名簿（998、1000—1002、1006—1011）确认，但退学、转校者无从判断。

宋教仁于法政速成科未卒业，即在早稻田大学学习。从其日记《我之历史》，可见如下记录：①

（明治三十八年六月）

十一日，雨。辰正（午前八时），至公使馆，晤参赞马廷亮，请其为余咨送入法政大学。马允之。

十二日，雨。巳初（午前九时），至申锦章寓，邀锦章偕至法政大学

① 译者注：本处文字采自《宋教仁日记》（湖南人民出版社，1908 年，第 75—78 页）。

报名。至其会计室,彼言公使馆信已到。余遂写履历书,交与五月份学费八元,购听讲券。

十四日,雨。辰初(午前七时),至法政大学上课。既至,则是日因事停课,遂回。

十五日,晴。辰正(午前七时),至法政大学上课。是日所讲为经济学,教师山崎觉次郎也。午初(十一点)毕,回。

十六日,雨。辰初(午前七时),至法政大学,因停课而回。

十九日,雨。辰初(午前七时),至法政大学上课。是日讲民法,讲师□□□也。

二十日,雨。辰正(午前八时),至法政大学。自是每日上课,皆不记。

松本英纪:宋教仁日记译稿《我之历史》(二),(立命馆文学三七一·三七二号,一九七五)第74—77页。

宋教仁自翌年即三十九年二月一日开始,在早稻田大学清国留学生部预科出现。(《早稻田大学百年史》第二卷,第181页)

[**大学财政与速成科**]

《法政大学八十年史》和《法政大学百年史》对此皆专立条目讨论。

通过分析明治三十二至四十二年间本校收支决算表与授课费收入,三十五年以后,持续亏损,但速成科学生膨胀之三十九、四十年度,收益急剧增加,授课费收入比前年大幅上涨。学校经营状况变动与法政速成科变迁有密切关联。

速成科暂时丰富大学财源,但实"使财政借款更多"。

[速成科结束]

清国政府学部于一九〇六年(光绪三十二年·明治三十年)四月,开始实施归国留学生录用考试。八月,接受考试之近百名学生中,虽大多数为留日学生,但全员不合格,且合格中前五名皆自美国留学归国者。(实藤书,第85—86页)

清国学部于同年八月七日(旧历六月十八日)对各省下达通知,停止派遣赴日速成学生。在中国之留日学生协会,亦停办速成。普通科、师范科之学生学习年限延长至三年以上。

因此,同年十月、十一月,法政速成科第五期法律部与政治部合计八百四十余名,为招生最多之一次,亦为最后之入学者。

四十年一月,尚有速成科(修业年限一年半)招生广告。(975)至三月、四月,发布普通科"学生募集"广告。(976)四十年七月招生广告中,有清国留学生普通科,但已无速成科。

《法政大学百年史》年表上明治四十一年四月五日事项,载:"关闭大学分校,将学生迁移至本校,停止法政速成科学生招生。"《法政大学三十年史》中关于"专攻科"之记载有:

"……普通科、预科入学者,未达预期数量,而速成科已停招生,因此不再需要分校校舍。自明治四十一年四月五日关闭分校,将学生迁入本校,并据清国公使请求,设置三年之专攻科……"(第25页)

四月五日,为分校关闭日期。速成科此前即已停止招生,但无资料明示停止招生。同年四月二十六日,第五届卒业生三百八十五名,且在籍学生有四百五十九名。(947)

[梅总理逝世]

明治三十九年六月,梅谦次郎以韩国立法事业差遣,视察清国。十月回国，会见张之洞、袁世凯等清国要员。

接受清国方面意见，最终停止法政速成科招生，设置三年制普通科。

四十年一月，第二次渡韩。二月演讲会上，发表《清国旅行谈》(994)。四十三年七月再次渡韩，八月二十五日在汉城(今首尔)去世。清国留学生怀念梅之逝世，沉重打击法政大学留学生教育。法政速成科所培育人才，自“附录”(1018)各期卒业生履历看，活跃于清国朝野，可谓对梅博士熏陶之充分报答。

主要参考文献

1.外务省外交史料馆藏(分类3-10-5-3)，《在本国的清国留学生关系杂纂》。

2.实藤惠秀著《增补中国人日本留学史》，黑潮出版，一九七〇年。

3.永井道雄、原芳男、田中宏合著《亚洲留学生与日本》(NHK图书186)，日本放送出版社，一九七三年。

4.上垣外宪一著《日本留学与革命运动》(比较文化丛书5)，东京大学出版社，一九八二年。

5.曹汝霖著、曹汝霖回忆录刊行会编译《一生之回忆》，鹿儿研究所出版社，一九六八年。

6.黄尊三著，实藤惠秀、佐藤三郎译《清国人日本留学日记(一九〇五——一九一二)》，东方书店，一九八六年。

7.辛亥革命研究会编《中国近现代史论集——菊池贵晴先生追悼论集》，汲古书院，一九八五年。

(安冈昭男)

第一表　法政速成科　入学・卒業者数

学事報告 明治年・月・日	第一班卒業式 梅総理 38. 6. 4	第二班卒業式 梅総理 39. 6. 24	第三班卒業式 清水幹事 39. 11. 23	第四班卒業式 梅総理 40. 5. 5	第五班卒業式 梅総理 41. 4. 26	法政大学百年史 173. 179. 180 ページ	法政大学八十年史 229 ~ 231 ページ
第一班 37. 5 ~ 38. 6 入　卒	94 → 67 入　卒		69 卒	69 卒	69 卒	94入 → 67 卒 (官 48 私 46)	94 → 67 入　卒
第二班 37.10 ~ 39. 6 入　卒		336 → 230 入　卒	239 卒	241 卒	241 卒	273入 → 230卒 (官 181 公 2 私 90)	273 → 230 入　卒
第三班 38. 5 ~ 39.11 入　卒		(在 161)	201 → 66 入　卒	76 卒	76 卒	518 → 66 入　卒	518 → 66 入　卒
第四班 38.10 ~ 40. 5 入　卒		(在 357)	(在 390)	388 → 238 入　卒 (在 141)	364 卒	388 → 238 入　卒	388 → 238 入　卒
第五班 39.10/11 ~ 41. 4 入　卒			(在 600余)	(在828) (政治 424 法律 404)	849入 →385卒 政治446 法律403 (在459)	844 → 385 入　卒	844 → 385 入　卒
補習科 40. 11 卒					80 卒	(年表) 67 卒	
					計 1, 215 卒		

(注) 入＝入学，卒＝卒業，(在)＝在籍

(安岡作成)

第二表　法政速成科　班別・開班（開講）卒業一覧

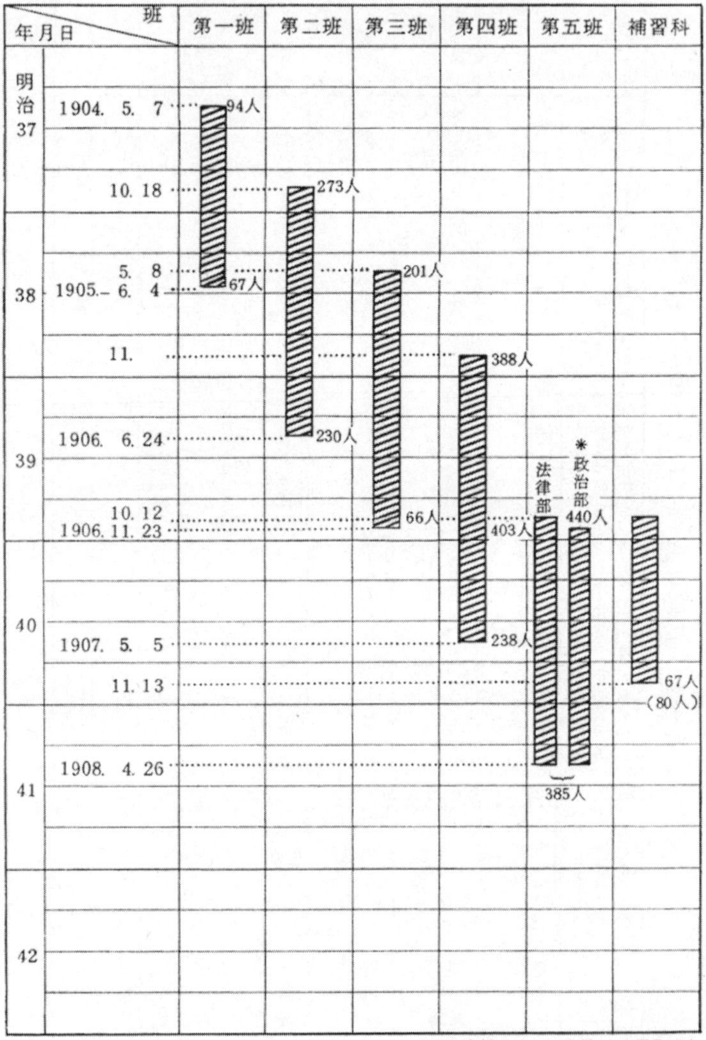

※政治部は39.11入学（安岡作成）

后　记

本史料集为李贵连教授所主持"日本法政大学清国留学生法政速成科史料丛刊"三种之一,现予呈献学界。承蒙日本东京法政大学慨允,并得日本松山大学法学部钱伟荣教授协助沟通,顺利取得中文版权,以广传播,至深感谢!

本书日文部分延请曾于日本早稻田大学法学科进修、现工作于华中农业大学文法学院之裴敬伟先生进行翻译,后经李贵连教授全面校订,并补缀书中汉文部分。孙家红参与全书校订编排工作。

校订中,为求接近历史语境,一方面,结合明治时期日语特点,心摩力追近代汉语之文辞表达,而于现当代汉语白话稍加摒弃。最终效果,难言理想,尚祈方家不吝赐教。另一方面,于清末出版物中大事搜罗,凡史料当时已有汉文译本者,则径采用之,或原有汉文版本(如曹汝霖《一生之回忆》),则择取相应文字,以作替代。书中相应出注,敬希读者鉴察。

甲午暮春之月下澣

新民說

Http://e.weibo.com/xinminshuo
E-mail:fanxin@bbtpress.com